BUDONG XINLIXUE JIUZUOBUHAO GUANLI

管理，管的就是心理。睿智成功的管理者都是洞悉人性的用人高手

不懂心理学
就做不好管理

你不是能力欠缺●只是不懂心理学

志　朝◎著

九州出版社
JIUZHOUPRESS

图书在版编目（CIP）数据

不懂心理学就做不好管理 / 志朝著 . -- 北京：九州出版社，2015.8（2018.7 重印）
ISBN 978-7-5108-3958-0

Ⅰ. ①不… Ⅱ. ①志… Ⅲ. ①管理心理学 Ⅳ. ① C93-05

中国版本图书馆 CIP 数据核字（2015）第 234023 号

不懂心理学就做不好管理

作　　者　志　朝　著
出版发行　九州出版社
地　　址　北京市西城区阜外大街甲 35 号（100037）
发行电话　(010)68992190/3/5/6
网　　址　www.jiuzhoupress.com
电子信箱　jiuzhou@jiuzhoupress.com
印　　刷　北京市兴怀印刷厂
开　　本　710 毫米 ×1000 毫米　16 开
印　　张　21
字　　数　240 千字
版　　次　2015 年 11 月第 1 版
印　　次　2018 年 7 月第 2 次印刷
书　　号　ISBN 978-7-5108-3958-0
定　　价　39.80 元

前言
PREFACE

作为管理者——

如何在团队中树立管理者的权威？

如何管理不同性格的员工？

如何提高团队的凝聚力？

是什么原因让优秀的员工变得消极？

为什么事必躬亲不是好领导？

为什么勤勤恳恳的“老黄牛”总是原地打转？

……

对于企业管理者来说，留住人心才能赢得未来。企业中的各种活动都离不开对人的管理，管理工作难就难在如何了解人的心理特点。所有从事过管理工作的人都会有体会，对人的管理其实就是场心理战，几乎所有成功的管理者都堪称专业的心理学家。优秀的管理者，不在于自己多能干，而在于是否精于统御之术，擅长支配之法。一个好的管理者必须要懂心理、懂人性，站在员工的角度，按照心理学规律去管理，而不是以己度人去管人！毫不夸张地说，不懂心理学就做不好管理。

中国著名企业家柳传志也说：“经营人才，最重要的一点就是经营人心。”从事管理工作，如果不懂心理学，那么他所从事的管理只能算是事务上的管理，而谈不上对人的管理，因为，只要有人存在，就有心理因素存在。在现实管理中，许多管理者也常有这样的体会：看到其他企业管理得那么好，也想学过来，可结果却恰好相反，究其原因就是没有把那个企业的心理环境也搬过来，而心理是企业制度实施的基础，企业经营的过程实质上就是一个经营人心的过程。怎样去满足员工的需求，怎样通过对人心理的把握和控制来充分调动员工的积极性，这些都离不开管理者对人心的管理与经营。

成功的管理者往往是“实践出真知”的心理专家。他要懂体察员工心理，要懂沟通和交往的心理，要懂领导和决策的心理，要运用心理策略招揽人才、鼓舞士气……会很清楚地知道，员工在想什么，并且知道如何让员工想自己所想的，最终让员工做自己所想的。

身为管理者最大的失败，就是下属认为他是一个无情无义的人。一个管理者不管有多聪明，多能干，如果不会做人，不懂带人心，那么最终的结局肯定是失败，会做人才能会管人，懂带心才能带团队。对于成功的管理者来说，善于揣摩人的心理只是一项基本功，而更重要的是，如何对在管理工作中实施心理管理，通过心理管理达到激励员工、提高员工忠诚度、化解员工心理危机等目标，并最终实现掌控员工心理的目的。

一个优秀的管理者应该注意到，员工的心态也是一种生产力，而且要充分发挥这种心态的正向功能。不同的员工因为不同的心理特征，而有着不同的工作风格，管理者应根据员工的个性心理去采取相应的疏导方法，这样才能获得事半功倍的效果。

一个成功的管理者，不仅要关注团队业绩的提升，更要关注如何通过引导员工的合理行为，从根本上提升整个团队的综合实力。员工可能在某些时候情绪不高，工作动力不足；有时候他们对工作的看法不全面、不科学，这使他们的工作态度不端正。一个管理者需要花费很多时间处理这些问题，让员工保持积极健康的心态。

本书运用通俗、简练的语言，结合大量的实例，从企业日常管理的各个层面介绍了管理心理学的知识、技巧、策略、建议，对提升管理效率、效能具有重大指导意义。书中引证了大量鲜活、真实的案例，并引用了众多心理实验和心理专业术语，集可读性、实用性与科学性为一体，此书不仅是总经理们的心理读物，也是商业人士、创业者、中层管理人员带队伍、与人打交道的心灵指南！

目录

CONTENTS

第一章

领导心理学：领导要有“一呼百应”的领袖魅力

树立领导形象的一个重要方面就是培养领袖魅力，也就是凝聚人心、一呼百应的气质和能力。这种强大气场会深刻影响团队成员的心理，从而促使领导者的影响力达到某种非凡的境界。作为一名管理者，一定要修炼过人的心理素质，培养一呼百应的领袖魅力，让追随自己的人越来越多。

第二章

识人心理学：用人先识人，识人先察心

世上只有偏才而没有全才，正所谓“尺有所短寸有所长”，领导者在用人之前要先懂得识人。“金无足赤，人无完人”，正确的用人手法在于求其人之长，而不是求其人为“完人”。你善用他人的长处，他就是你的“能人”，反之你只看到对方的短处，那他就成了“笨人”。

第三章

用人心理学：以心换心，赢得忠诚

作为一位企业的领导者，他最希望下属能够做到的是什么？忠诚，绝对的忠诚。因为只有忠诚的人，才能够全身心为企业服务；因为只有忠诚的人，才能够发挥自己最大的潜能，为企业创造价值。员工的忠诚，对企业发展来说非常重要，提升员工的忠诚度是领导者的一项日常功课。如何赢得员工的绝对忠诚？如何发挥员工的最大潜能？论语讲“推己及人”，赢得一个人忠诚的心，就必须也用一颗忠

诚的心去交换。以心换心，方能真诚相待，荣辱与共。

第四章

暗示心理学：巧暗示，让下属在不知不觉中拥有干劲

暗示，是对他人心理上的一种悄无声息的影响，是一门很高深的学问。暗示，有积极暗示和消极暗示两种。有些人接收到了消极暗示之后，心情便会糟糕，行动的积极性会减弱，自信心也会丧失。而当人接收到积极的暗示之后，往往会信心倍增，心情愉悦，干劲十足，充满斗志。所以，可以说，暗示是一把双刃剑，利用好它，它就会帮助你提升人才。这对于一名领导者来说，是一个很好的促进员工工作积极性的方法。

第五章

沟通心理学：换位思考是提升沟通效果的“催化剂”

掌管企业，最重要的是做好沟通。企业人员众多，每一个人都心思各异，身为管理者，要及时了解这些人的想法，要和这些员工进行有效沟通。这样在管理工作中，才能够做到直接有效地交流，确保心意相通。一个重要的沟通思路就是换位思考，从员工的角度想问题，理解员工最真实的想法，这样才能让沟通的效果达到最大化，使沟通行之有效。

第六章

激励心理学：队伍不能赶着跑，主动走起才是王道

员工有饱满的工作热情，在工作时才能全身心地投入，这样才能保证企业高效地运转。管理者管理企业，就要优化好企业的方方面面，充分调动起员工的工作热情，让员工觉得工作能够带来充足的利益。成功的企业，都有自己的一套管理办法，员工根本不需要管理者的督促，就能以最大的热情投入到企业工作中。

第七章

威信心理学：让你的下属心服口服

威信是一种客观存在的社会心理现象，是一种使人甘愿接受对方影响的心理因素，同时也是一项管理技能。而威信是领导者必备的一种气质。它可以使员工由衷地对领导者产生一种发自内心的归属感和信赖感。在管理企业的过程中，领导者要注意巧用威信，让员工心服口服，为了企业发展贡献自己最大的力量。

第八章

留人心理学：感情投资，用“仁爱”留住人心

“情感管理”在管理人才的去留上发挥着重要的作用。为了留住更优秀的人才，领导者在日常管理中要注意加入情感投资，这是最能体现领导者亲和力的一种方式，可以最大程度俘获人心，激发员工的热情和积极性。经验表明，情感投资在企业管理中非常重要，这种管理方式能够让你通过员工细微的心理变化掌控团队，让管理变得轻松和简单。

第九章

授权心理学：不会授权，只能自己累到死

合理授权，让人才各得其位，大家就能按部就班工作，提升组织运作效率。没有无用的下属，只有无能的老板。老板要做最重要的事，最紧要的事，而不是一天到晚在忙些鸡毛蒜皮而毫无效益的事情。一个好老板一定要学会抓大放小。老板做未来的事情，经理做现在的事情，员工做过去的事情；未来的事情是战略，现在的事情是管理，过去的事情是操作。老板需要面向未来，而不是纠缠过去。

第十章

决策心理学：克服定式思维，方能有所突破

通常，我们也把定式思维叫做“惯性思维”，是由先前的活动而造成的一种对活动的特殊心理准备状态，或活动的倾向性。在环境不

变的条件下，定式思维能够使人运用已有的方法快速地解决问题。但是，当情况发生了变化的时候，定式思维却会束缚你的思维，让你在原地打转，无法突破。想要在波涛汹涌的商场中有所突破，就必须克服定式思维。

第十一章

制度心理学：制度才是真正的老板

企业的管理，不可能依靠人盯人式的古板方式，管理者也无法做到这一点。每个企业都有自己的组织机构，它需要一套行之有效的规章制度。“无规矩，不成方圆。”制度才是真正的老板，可以管理人于无形之中。用对了制度心理学，你的管理将变得容易，你的公司将变得固若金汤。

第十二章

危机心理学：管理者要善于应变，学会未雨绸缪

中国自古就讲究不打无准备之战，凡事要未雨绸缪。晴天要想雨天的事，夏天要想冬天的事，一步计划不到就有可能会挨饿挨冻。居安思危的道理，我们一直在讲，没有完全太平的日子，生活中总会有不期而遇的险阻，作为企业的管理者，面对的是复杂多变的商业市场，必须要善于应变，在心理上做好充分准备。

第一章
DI YI ZHANG

领导心理学：领导要有“一呼百应”的领袖魅力

树立领导形象的一个重要方面就是培养领袖魅力，也就是凝聚人心、一呼百应的气质和能力。这种强大气场会深刻影响团队成员的心理，从而促使领导者的影响力达到某种非凡的境界。作为一名管理者，一定要修炼过人的心理素质，培养一呼百应的领袖魅力，让追随自己的人越来越多。

001 雷尼尔效应：制造具有亲和力的文化氛围

西雅图位于太平洋沿岸，大大小小的湖泊星罗棋布地分布在各处。每当天气晴朗的时候，抬头便能望见美洲最高的雪山——雷尼尔山峰。华盛顿大学的教授们留恋这里的宜人景色，即使领着低廉的工资，也不愿意接受高薪到其他大学任教。

华盛顿的教授们戏称这种行为是“雷尼尔效应”，即愿意为了美好的景色而牺牲更高的薪资待遇。风光旖旎的自然山水是大自然的宝藏，也是一种无形的财富，它能让一群教授们安贫乐道。那么，管理者是否也可以用“雷尼尔效应”来留住人才呢？

美丽的西雅图风光留住了华盛顿大学的教授，企业同样可以用“美丽的企业风光”留住人才。当然，管理者要创造的不是自然风光，而是良好的企业氛围和人际关系——用温馨舒适的企业环境来吸引人才的不断涌入，为企业发展壮大贡献力量。

人们普遍认为，只有高额的薪资待遇才能留住人才，但是有些公司并没有能力承担这样的薪酬，却依然拥有众多的人才，可见金钱并不是唯一的筹码。研究发现，这些公司依靠自身的优势，设身处地为员工着想，关心他们的成长，并没满足其心理需求，为每个人提供施展身手的舞台。

为了营造良好的企业氛围，实现人性化的管理目标，IBM 公司在组织内部建立了自由交流和相互平等的管理文化，在多年的实施中不断完善，而后成为业内效仿的典范。为了奖励优秀的企业员工和销售人员，IBM 公司“100%俱乐部”会举办一场为期数天的联欢会，公司的所有员工都会受邀参加，而那些表现出色的员工会荣获“金圈奖”。为了显示活动的重要性，公司在选择举办地点上颇下了一番功夫，最终敲定了具有异国情调的百慕大。

一位获得过“埃米”金像奖的电视制片人也参与了此次活动，他说IBM公司组织的每日“轻歌剧表演”具有“百老汇”的专业水平。没有人会拒绝荣誉，对于那些多次荣获“金圈奖”的员工来说更是难掩喜色，有几个人甚至20次被评选进入“100%俱乐部”。在颁奖之前，公司精心制作了关于这些获奖人的家庭纪录片，并在颁奖活动上把这些高质量的短片播放出来，每个人约占五分钟左右。获奖者看着这些短片，欣喜之情难以言表。而特别值得一提的是，公司的高级领导自始至终都全程参与，在现场与员工一起互动，这极大地调动了大家的热情，把晚会推向了高潮。

为了增强公司的凝聚力，IBM公司所做的远不止此，他们时常做出一些出人意料的决定，给公司员工无限的惊喜。一次，为了奖励一名在公司工作25年的老员工，领导层为他特别印制了一些蓝颜色镶金边的名片，这是他25年工龄荣誉徽章的复制图样，同时名片上还印有烫金的压纹字“国际商用机器公司”“25年的忠实服务”。

IBM公司用一些看似微小却意义重大的小事情凝聚了员工的归属感，并用这种方法感谢每一位辛勤付出的员工，让大家能深切地感受到来自公司的关怀，也让他们知道自己的付出是值得的。试想一下，员工拿着这样的名片示人，内心一定是欣喜的，必然加倍努力工作，并与每一位朋友分享这种喜悦。

对一家公司来说，做这样的小事情不在话下，但是这些不起眼的小事情却能在员工的内心深处激起巨大的波澜，让每个人为之动容，从而认同公司的价值理念，增强整个团队的凝聚力。良好的企业氛围是公司的成长之本，也是组织文化的体现。因此，从管理心理学的角度来看，营造出“企业是我家”的良好氛围有利于从根本上凝聚人心，稳定人心，留住人心。

健康向上的企业文化有利于帮助企业成功，这也是一家企业能否留住人才的关键所在。如果一家企业缺少自身的文化氛围，不懂得关心体谅员工的日常生活，只知道让他们拼命加班，干出业绩来，那这样的公司迟早会倒闭。营造出“企业是我家”的软环境，是许多优秀企业的成功之道。

良好的人际关系和亲和的文化氛围是企业文化内涵的重要体现，通过关心员工、爱护员工、尊重员工以及承认员工的劳动和成绩，构建企业自上而下的良好沟通系统，有助于让每一个员工都参与到公司的决策中来，贡献自己的才智。在一个团队中，如果每个人都能积极参与决策，同时又是坚定的执行者，就能极大地增强员工的认同感、归属感和忠诚感。显然，这会从根本上稳定人心，留住优秀人才。

管理心理学启示

管理是企业的永恒主题，我们常说没有规矩不成方圆。一个企业如果缺少合理的管理体制是不可想象的。一个企业用制度管人，就要加强制度建设，用完善、健全、可行的方式去统一员工的思想，规范员工的行为。但制度是死的，人是活的，在制定规定的时候，必须以人为本、以人为先，将亲和力融入到公司管理中来。

搞好企业文化建设，对员工进行“企业为家”的教育，是提升企业亲和力、凝聚力的关键。经验表明，只有事事处处都为员工着想，为员工服务的企业，才能让大家真正产生“企业就是家”的感想，感受到家的温暖，体会到家的温馨。也只有这样，企业才能真正提升实力，实现跨越式发展。

002 80/20法则：用关键的少数带动整个团队

创业、办企业要有一定的基础，否则就像是“无源之水”、“无本之木”，注定不能长久。具体来说，把企业做成功所凭依的条件就是当事人手中掌握的资源。对领导者来说，在各种要素中，一个企业要做大做强必须具备一支有战斗力的团队。而在一个团队中，少数的精英是带动整个团队的重要力量。

众所周知，一群羊必须有一只领头羊，一群大雁也需要一只带队的领头雁。在人类社会中，同样存在这种现象。卓越的团队主要存在于军政领域，比如我们熟知的“岳家军”、“戚家军”等，在这些著名的军政团队中，往往都有几个精英最广为人知——岳飞、戚继光等都是我们耳熟能详的领袖人物。他们凭借超群才能和人格魅力集聚了一群志同道合的英雄人物，组成了一个战无不胜的超级团队。显然，用关键的少数带动整个团队，是成功的法宝。

同理，在企业团队中也需要有少数关键性的人物来带动整个团队的运转。拥有一个较强的团队，并不是要求团队中的所有人都能力出众，只需要有几个佼佼者便能实现整个团队的高效运行。在一个团队中，总是会有几个关键时刻拖后腿的人，或者执行不力，或者思想落伍。这时候，就需要优秀的人来带动这些落后的人前进，通过发挥榜样的力量感化这些落后者，促进整个团队的人都团结一心、共同奋进。

华人首富李嘉诚曾经是一个卑微的打工仔，但他独具慧眼，且善用人才，从而将一个破旧不堪的小厂发展壮大为跨国集团公司，而他本人也变身为华人首富。这个巨大而成功的蜕变自然离不开他出色的领导才华。李嘉诚曾经说过：“如果不是有众多的人才为我办事，就算我有三头六臂，也难以应付这么多的事情。所以成就事业的关键就是要拥有一支高效的团队，协助你的工作，这便是我的成功哲学。”

创业之初是艰苦的，李嘉诚深深地明白这个道理。为了给员工树立榜样，他身先士卒，增强了企业的凝聚力。1980 年，李嘉诚提拔盛颂声为公司副总经理；1985 年，委任周千和为副总经理。盛颂声负责生产，周千和主理财务，拥有了这样的左膀右臂，李嘉诚的企业迅速扩展壮大。在两位优秀人才的带领下，其他员工纷纷严格要求自己，兢兢业业，任劳任怨，辅佐李嘉诚创业，从而使公司在短时间内发展壮大。

有人说李嘉诚的内阁结合了老中青三代的优点，又兼备中西方色彩，是一个极佳的合作团队。另外，令李嘉诚骄傲的是，在团队协作奋斗的十多年时间里，公司的高层人员流失率不足1%，这样的人员流失率比香港任何一家公司都要少得多。

与李嘉诚一样，联想集团总裁柳传志也深深明白精英团队成员的重要性。早在20世纪80年代初，他就聘请科学家倪光南加入联想，提升团队的科技实力，最终研发出“联想汉卡”和“联想微机”，带动了联想的起步。企业的发展永远没有尽头，柳传志谋划着联想未来的发展道路，他多次南下香港，利用吕谭平的资源和人脉，为联想构思出合适的制度架构。

柳传志一直都是深谋远虑的人，懂得发挥精英人才的带动作用。因此，联想长期以来都不缺少优秀的精英。每当公司团队出现危机，柳传志总能寻找到最优秀的人才出面解决问题。他曾先后提拔孙宏斌、杨元庆和郭为等年轻人。这些初出茅庐的年轻人从来都没让柳传志失望，他们凭借敢拼敢赢的劲头，依靠自己的聪明才智逐渐让联想成为中国IT企业的领头人。

带好一个团队难，保持一个高效的团队更难，李嘉诚和柳传志的成功虽不能一模一样的加以复制，但我们仍可从中学得一二。在一些中小企业中，领导者要善于与团队成员进行沟通。真诚是团队信任的基础，领导者要经常与不同水平、不同层次的人进行交流，搞清楚大家的心理预期，从而在人才布局中游刃有余。

领导者要慧眼识人，对待那些特别优秀的人一定要委以重任，用他们的激情带动整个团队的激情，共同投入到企业未来发展中。领导者更要平等对待每一个人，尊重那些能力并不突出的人，为每一个成员都提供发挥其作用的机会，做到人尽其才。而对待有进步的员工，要大方地予以赞美，促使其取得更加优异的成绩。

管理心理学启示

要成为一个优秀的团队，必须要拥有一个共同的目标，因为这是团队稳定的因素之一。当然，团队的目标也不宜太长，因为时间会逐渐消耗队员的精力，降低士气。当团队中的人出现散漫状况时，往往需要那些关键的精英们出面打气，鼓励他们继续咬紧牙关向前努力奋进。优秀的领导者能为团队制定合适的目标，并且将目标分成若干个中短期目标，分期实现，满足每个不同层次的人的需求。这样做有利于树立整个队伍的信心，增强团队的锐气，使大家获取成就感。

一个人的智慧和精力是有限的，把事业做大必须借助优秀人才的力量。企业领导者更应该学会如何持之以恒地培养优秀人才，并且用他们去带动平庸的员工。正所谓“近朱者赤，近墨者黑”，用关键的、少数的人才带动整个团队的发展，用团队的进步推动整个企业的壮大，是众多企业的成功之道。

003 重视与员工的心理契约

在现代企业管理中，新员工入职后都要与公司签订一份书面上的合同，以此为契约约束双方的劳资关系。然而这远远不够，企业还需要与员工建立起心理契约，并以此为纽带成为牢固的合作伙伴。随着社会经济的迅猛发展，当今社会中的人才更具独立性和自主性，传统的雇佣模式压抑了员工的创造才能和激情，依靠原有的经济性聘任契约，已无法有效地调动员工的积极性和主动性，而心理契约的出现则有效地解决了这一问题。

所谓“心理契约”是指个人和组织之间除了书面约定的合同条款之外的，一种不成文的，而又是双方潜在的心理期望。它是个人和公司之间对对方应付出什么，同时又应得到什么的一种主观上的心理约定。这种约定不是建立在书面条款之上，而是不成文的，是建立在互相信任的基础之上的。员工期望得到和谐的工作环境、合理的报酬和归属感，并有一定的发展和晋升空间，员工向企业提供满意的出勤率和工作业绩，同时作为回报，企业向员工提供培训机会和工作保障以及一系列的福利制度。

国际著名的高科技企业摩托罗拉公司有着丰富的心理契约管理经验，在心理契约的基础之上，摩托罗拉奉行“以人为本、尊重员工”的核心管理理念，指导着每一位员工的每一项工作。摩托罗拉公司重视与员工之间的接触，对初次应聘的新员工更是如此。摩托罗拉公司能够始终做到与应聘者平等对话，维持和谐顺畅的心理和互动，努力建立起充满人文关怀而又理性的心理契约。

摩托罗拉公司最让人称道的一点是：一旦成为正式员工，你就可以将其作为终生的职业；除非在任期内犯有重大过错，否则员工不会被轻易解雇。摩托罗拉不轻易解雇员工体现了它作为一家大企业的责任感，这不但增强了员工的归属感和认同感，更能使企业安心地长期投资、培训员工。为了确保员工具备一流的知识技能，建立起一支高素质、高创新能力的一流员工队伍，摩托罗拉要求每位员工每年至少参加 40 个小时的培训学习。有着终生职业的承诺，有着完善的培训模式，员工完全不用担心失业的问题，在这里他们能全身心地投入到工作中，不断提高自身素质，提升未来发展前景，最大程度地实现自身价值。

在心理契约的维护上，摩托罗拉更注重人性化措施。正是这些人性化措施，使得每一位员工都如同在家中办公一般，充满了温馨感和家庭感。摩托罗拉每家公司的最高领导每个月都会抽出一天时间，与基层员工进行面对面的交谈，了解大家最真实的呼声，体会基层工作者的真实工作状态，并向他们直接传达公司理念和未来的战略走向。依靠这种艺术化的领导行为，公司沟通效率大幅度提升，团队业绩非常出色。

摩托罗拉的每一位员工都有权向公司直接提出自己的建议，完善公司生产流程和管理流程。而对于那些被采纳建议的员工，公司会给予重大奖励。摩托罗拉十分重视来自基层的工作改进建议，不管建议是否具有建设性，都会及时予以反馈，从而有效地提升每一位员工的参与感和归属感，收获公司的认同感，提升自身的成就感。除此之外，摩托罗拉公司还开设电子邮箱，内部信息专栏，鼓励员工对公司的任何决策畅所欲言，提出自己的看法和改进意见。公司还专门开辟了道德专线，为员工解决疑惑和问题。在心理契约的实施中，摩托罗拉公司不断加以改进和完善，员工时时都能感受到来自公司的真心关怀和重视，在大家庭中全身心地予以奉献。

在日常工作中，企业与员工之间所要承担的责任无法全部体现在合同中，每一位员工对于自己该付出多少，该得到多少回报都有明确清晰的认识，从而形成心理认知。虽然心理契约不是书面上的明文协议，但它却存在于每一位员工的心中，并且影响着员工的行为。心理契约在组织管理中可以有效减少双方的不安全感，规范员工的行为，使员工对公司产生归属感。

管理心理学启示

当前我国很多企业只求发展和业绩，忽视了员工的心理状况和身心健康。有调查显示，目前25%的员工感到压力过大，一些与压力和心理问题有关的身心疾病也不断凸显。员工的身心健康深深影响到企业的发展，但由于传统观念的束缚，很多企业在这方面的意识仍然非常淡薄。

员工在公司工作追求的不仅仅是经济利益，更多的是将公司视为发展自我、实现自我、成就自我的舞台，依靠公司才能更好地实现自身的价值。现代企业应该重视与员工的心理契约，让员工在公司中得到归属感和尊重感。构建心理契约是实现企业持续发展的重要保证，将个人的发展充分融合到企业的发展中去，才能创造出生生不息，充满活力的企业组织。

004 员工带着麻烦报告时，对他说“谢谢”

经常听到一些领导对不能完成任务的员工破口大骂，甚至是恶言相向，这样的领导只注重结果而完全忽视了过程。很多时候，并不是员工没有能力去完成任务，而是因为一些不可避免的麻烦绊住了手脚，拖延了时间。当员工满怀歉意地前来向领导报告时，他们一定是遭遇了棘手的麻烦，而面对这样的员工，领导决不能抱怨他们工作不努力，而是首先要感谢他们辛勤的付出，让员工受到应有的尊重，感到自己是被理解的。

很多时候，一个公司里总有几个员工的家里发生一些事情，这是难以避免的。家中的烦心事往往会束缚住员工，让他们无法全身心地投入到工作中，这个时候领导不关心甚至是埋怨员工，是不近人情的，更别谈调动员工的积极性了。俗话说“家家都有本难念的经”。作为管理者，更应该设身处地地从员工的角度思考问题，深入其中体味难处，才能和员工打成一片，笼络人心。领导要理解每一位员工的难处，帮助他们处理问题，念好家庭这本“经”。

人是公司得以存在的基础，每一位员工都是公司必不可少的一份子。然而人非草木孰能无情，每一个人都不是机器，而是有情感的个体。作为领导者，应时时刻刻想着为员工排忧解难。事实上，每一位负责任的员工都不会故意拖延工作，当他们带着麻烦寻找领导时，一定是挣扎、犹豫了很久，这个问题一定特别棘手。面对这样的员工，领导一定要予以通融照顾，关心职工的烦恼，并一同寻找解决办法。

美国国际农机商用公司的老板西洛斯·梅考斯是一个坚持原则，并时刻关照员工的人。他做事向来一丝不苟，并且赏罚分明。如果公司里有人违反了制度，出现了不可弥补的损失，他一定会毫不犹豫地予以处罚。但是在处罚前，西洛斯·梅考斯总是会先去考察一番，看这个错误的直接原因到底是什么。很多时候，西洛斯·梅考斯并不轻易处罚员工，他深知员工的疾苦，经常设身处地为大家着想。

有一次，一名公司里的老员工上班迟到了，而且还是醉醺醺的。梅考斯得知后，十分重视这个事情，立即协同有关部门商议讨论，决定严肃处理，最终开除了这名不守制度的老员工。但是，万事皆有因，这位老员工的妻子刚刚过世，留下两个尚未成年的孩子，其中一个孩子不慎摔断了腿，另一个孩子没有母亲照顾，每天哭闹。这位员工一时陷入痛苦，无法自拔，只能借酒浇愁，结果才醉酒迟到。

得知实际情况后，梅考斯及时采取了补救措施。他当即掏出一大笔钱为这名员工解决生活困难，并且马上废除了原来的开除命令，将他升职为公司的主管。然而，梅考斯的补救措施不仅仅限于此，还当众向老员工道歉，为自己的行为表示深深的歉意，希望得到员工的谅解。梅考斯的做法既保障了工人的生活，也赢得了公司其他员工的心，更在员工中间树立了良好的领导形象，增强了团队的凝聚力，赢得了大家的称赞。

当我悲伤时，有人能够替我分忧解难；当我快乐时，有人能够和我一同分享喜悦。那么这样的人才是你人生的知己，企业管理者一定要树立这种思想，将“以人为本”的理念融入管理中。作为一个公司的管理者，如果能时时刻刻地关心员工，想员工所想，急员工所急，就会产生非常大的功效。人是感情动物，你关注我，我一定会想着你。如果上升到企业的高度，那么这种理念就能使全公司上上下下的每一个人都与整个公司生死与共，共同进退。

在领导的整个生涯中，任何时刻都应该做到待人如待己。不过，做到这一点并不容易，因为领导者总是喜欢摆出一副高高在上的样子，不把员工放在眼里，对员工的麻烦和难处总是嗤之以鼻，加以责骂。这往往是许多领导者的致命缺陷。人们的对待是相互的，人与人之间更是平等的，你怎样对待别人，别人心里有数，会以相同的态度对待你，并不会因为你是领导而畏惧三分。身为领导，必须在待人方面有出色的表现，因为只有关心下属的领导才能赢得人心。

管理心理学启示

人不只是群居动物，更是相对独立的动物，即使在他们最高兴的时候也不愿意受人指责，听人摆布。大多数人面对领导的责难往往是敢怒不敢言，把一口苦水吞咽到肚子里去。因此，即使是顶头上司，也千万不要处处耍弄权威，摆出一副高高在上的样子，而是应该代之以引导、鼓励的方法，关心员工的生活，感谢员工的付出，只有这样才能收到良好的效果。

当员工带着麻烦求救时，切不可摆出一副不耐烦的样子，大声地抱怨他们，“怎么就你出现这样的事?”，“怎么偏偏会在这个时候出现?”，这些抱怨收不到良好的效果，只会加深你与员工之间的隔阂。如果你选择认真倾听，就会避免不必要的麻烦和争执，增加你与员工之间的亲密程度。

时常对员工表示感谢，对员工给予赞赏，能有效提升你的领导形象，增强员工的归属感。显然，这是成功领导者的必备素质。

005 无关紧要的事情妥协也无妨

“妥协”在生活中经常出现，很多时候我们都把它当贬义词来用，认为这是软弱可欺、缺乏原则、没有立场的代名词。其实，这是人们的一种误解。事实上，它还可以理解为用让步的方式避免冲突或争执。无论是家中的琐碎小事，还是错综复杂的国家大事，如果能合理妥善地运用妥协手段，不仅能收获成功，更能体现出一个人的智慧和处世态度。身为领导，时常会碰到一些琐碎事情，如果面对的是一些无关紧要的小事，那么妥协一下也无妨。

妥协是一种生活艺术，人与人之间，人与社会之间就是一个矛盾的集合体，相互之间盘根错节，交杂着各种理不清的关系。在相互接触当中，难免会发生一些矛盾和分歧，在冲突面前适当地妥协有利于正确处理彼此之间的矛盾，缓和紧张的气氛，避免无端的消耗。员工与员工之间，员工与领导之间磕磕碰碰、争争吵吵都在所难免，但抱着一种相互体谅的心态看待问题，多大的难事都容易解决。而如果双方争执不下，都不肯让步妥协，就会让矛盾像雪球一般越滚越大，最终两败俱伤。领导者要意识到，妥协是工作中处理问题的润滑剂。

汽车之家网站创始人李想在25岁的时候便已身价过亿，与别人不同，他只拥有高中学历，在高二那一年就退学开始创业。当时他慧眼独具，瞄准了高速发展的互联网。如今，他创办的PCPOP. com已成为中国第三大中文IT网站。李想在涉足互联网之外，还雄心勃勃地向汽车产业发展，并取得了不俗的业绩。

刚开始创业的时候，李想只是凭借自己一个人的力量在北京成立了一家小小的公司，和几个朋友窝在出租屋内拼命工作，直到半年后，他们才搬进写字楼内。创业之初，李想遇到了很多困难。由于没有海外留学的背景，更没有国内著名大学的学历，很多人都对李想的能力产生了质疑，为了摆脱这种不利局面，李想只能稳扎稳打地靠自有资金来维持公司运转，艰难地推进公司发展。

年轻气盛的李想心中有着一番宏图伟业，对自己未来的规划充满信心，而这样的信心似乎过于庞大了，以至于他从来不在意别人的观点。由于缺乏管理经验，李想又总是将自己的观点强加在别人之上，过于自我的个性带给同事们很大压力，致使大家纷纷跳槽到竞争对手的队伍里。这样的结果让李想大受震动。他开始逐步反思其中的原因，开始尝试为了留住人才而学会妥协。

幡然醒悟的李想终于明白了一个道理，那就是创业要学会妥协。坚持自己的观点只会让自己更加痛苦，在一些无关紧要的事情上面，不妨认真听取别人的意见，妥协一下也无妨。不与他人交流，而是固执己见，你会发现身边的人都渐渐疏远你，将你孤立在一处，这对公司来说是致命的伤害。随着经历的不断增多，李想也渐渐深知与人交流沟通的重要性，自然而然地学会了妥协。

我国有一句谚语：“众人拾柴火焰高”，说的就是众志成城的重要性。一个人的力量总是太过单薄的，但如果集聚了多个人的力量去做一件事情就能事半功倍。李想的创业历程给我们深深的启发，领导者在团队中必须学会与人沟通，交流想法，学会去妥协，才能建立起更好的人际关系，才能有更大的机会收获成功。

对普通人来说，适当的妥协有时候会产生意想不到的结果，它可能会挽救一段感情，可能会促成一桩生意，也可能会让你收获他人的信赖和赞赏……妥协是工作的灵魂，大部分人的智慧和能力都差不多，但往往有的人不断高升，站在了事业的最高峰上，而有的人却一直处在最末端。事业上的巨大差距区分出了人的三六九等，许许多多的人只知有进，不只有退，冥顽不灵、固执己见的他们饱尝了恶果，而那些懂得妥协艺术的人却平步青云，实现了人生的价值。

在这复杂的社会中，我们必须实现自身和社会环境的和谐统一，要么你有能力去改变这个世界，要么你就去适应这个世界。适应环境的办法之一，就是学会妥协。妥协有利于打破僵局，有利于帮助你摆脱困境，走向胜利的前方。古往今来，那些成就大事业的人有着常人难以比拟的妥协艺术，他们承受得了苦难，忍受得了屈辱，待到苦尽甘来之际，就是自己飞黄腾达之时。

管理心理学启示

妥协有时就是生活的本质，人与人之间的妥协是一种人生的大智慧，它是谦让，是大度，是宽容，更是一种情怀。妥协是人生的智谋，是处事的策略，是解决问题的技巧，更是生活的润滑剂。对领导者来说，掌握好妥协的分寸，有利于帮助我们构建和谐的人际关系，有利于实现事业的巨大成功。

妥协是有条件的让步，它是在坚持自己原则的基础上，对别人的礼让，为的是保护双方的利益都不受损失。在团队管理中，领导者必须做到张弛有度，而妥协是绝佳的良策。妥协策略是管理的大智慧，更容易获得众人的心理认同。

006 一个高明的管理者绝不与下属争夺功劳

有的老板取得了一定成就后，喜形于色，把功劳全部归功于自己，忘记了和自己一起打拼的下属们，这就是独享荣耀。为什么有时候老板把公司经营得红红火火，员工福利也不错，但就是得不到员工们的拥戴，无法凝聚人心，让员工全心全意地为企业效力。其实，很多时候都是因为老板将胜利的果实完全据为了己有，忽视了其他员工做出的努力，更有甚者窃取员工的成果，剥夺他们分享成果的权利。

每个人都珍视自己付出努力得到的东西，身为管理者一定要注意这个问题，千万不能抱着独吃独占的心理不放。除此之外，管理者还要时刻将公司的集体成果共享给每一个人，共同分享胜利果实。不要忘了，分享是对员工最大的鼓励。谁都喜欢升职加薪，谁都喜欢享受胜利，老板如此，员工更是如此。当老板尝到甜头后，不能忘记背后一直默默付出的员工，也应该想方设法为他们升职加薪，获得一些奖励，这才是对他们最大的关心。

如果你想获得员工的忠诚和责任感，那么就应该把企业的成果同每一位员工联系起来，让他们知道自己的付出没有白费，如今的辉煌也有自己的一份努力。作为老板，就应该尽可能地创造机会，让员工参与到企业的发展中来，让他们感受企业的良好氛围，共享胜利成果。

玫琳凯于 1963 年在达拉斯成立了“玫琳凯化妆品公司”，她凭着过人的胆量和智慧以及无私的奉献精神，短短几年时间将一家小型的直销公司发展成全美最大的美容保养品直销企业。由此，玫琳凯品牌也一跃成为美国面部保养品销售最好的品牌。在巨大的成功背后，离不开玫琳凯自己独到的管理秘笈——她不独占这一份成功，而是慷慨地将其分享给每一位公司员工。

玫琳凯在公司内部实行了一套“赞扬”机制——每一位推销化妆品的美容师在第一次卖出100美元的化妆品后，都会获得一条缎带作为奖品留念。为了奖励那些做出突出贡献的员工，玫琳凯每年都会在总部的“达拉斯会议中心”，召开一次盛大的“玫琳凯年度讨论会”。参加讨论会的是从庞大的销售队伍中精心挑选出来的2万多名优秀代表，他们为玫琳凯公司打下了半壁江山，做出了巨大的贡献。为了奖励这些功不可没的优秀代表，玫琳凯特别为他们定制了一套红夹克服装，除此之外，玫琳凯还会亲自上阵，为成绩最好的美容师颁发公司最高荣誉——镶嵌钻石的大黄蜂别针和貂皮大衣。在公司内部发行的《喝彩》月刊上，玫琳凯会把那些销售业绩排名前100的人都刊登在上面，用这种特别的方式表示赞赏。

“有福同享”是玫琳凯的经营秘诀，在这套原则下，玫琳凯公司重视每一位员工的辛勤付出。有一位美容师在加入玫琳凯公司之初，销售业绩十分不景气，第一、第二次展销会上都没卖出什么产品，第三次展销会也仅仅卖出了30美元的产品。但是他的上司非但没有指责他，反而主动给予了表扬和赞赏，“你卖出了30美元的产品，这真的是太棒了。”有了上司的鼓励和赞扬，这位美容师摆脱了灰心丧气的心态，重振旗鼓，后来终于取得了可喜的成绩。

玫琳凯在回顾公司多年走过的历程时说：“我认为，身为领导不能独享这一份成功，公司的成功绝不是一个人成就的，它属于集体，属于每一个人。正是靠着每一个人的努力，每一个人的无私奉献才有了今日的玫琳凯，每一位员工都是公司的主人，都有理由享受这一份功劳。”

一个高明的领导不但会把功劳同下属一起分享，有时还会故意把功劳让给下属。试问，在这样的领导带领下，又会有哪位员工不肯全心全意地替他卖命呢？这绝对算得上是最高明光的用人手段了。身为上司，有必要将自己的功劳让给部下，或许很多领导认为这样做损失太大，但若本身实力雄厚，又何惧分享成果呢，况且和收获人心相比，分享功劳实在算不得什么大事。

成大事者心里都明白，如果一个人独享成果，就会给别人一种“吃独食”的感觉，长此以往和他合作的人就会越来越少，大家都反感这种独占功劳的人。在成功面前，我们一定不能吝啬，领导者本人更是如此。身为领导，就要表现出大度的一面，绝不能独占眼前的蝇头小利，而要时常和别人一起分享胜利的果实。这样做，才能满足员工的心理预期，实现天下归心的胜利局面。

管理心理学启示

不可否认，自私是人类的天性。每个人都不希望别人动自己的奶酪，但是领导者必须明白，如果选择自私自利这条路，那么永远也不会有出路。在一个团队中，一个居功自傲的人不会受到别人的欢迎，一个独占荣誉的人只会让众人厌弃。身为领导，要感谢他人的协助，不要认为凡事都是自己一人的功劳。其实，不独享荣耀，说穿了就是不要威胁别人的生存空间。当你获得荣誉时，一定要试着去感谢他人，与人分享，这样才能赢得他人的心理认同，从而一呼百应。

007 要下属忠于领导，领导先忠于下属

在公司内部，没有员工的绝对服从，企业无法实施任何战略措施；没有员工的服从，任何一种先进的管理理念都不可能得到有效执行。员工在学习服从的过程中，会逐渐加深对公司决策的了解，公司的价值观念和运作方式也会得到贯彻落实。但是，领导对员工有如此严格的要求，自己必须首先做到忠于员工。这里的“效忠”不是指听命于员工，而是要满足员工的心理需求，尊重员工的意见和建议。

在战场中，军人必须绝对服从命令，这是他们的天职。军令如山，不管前方是万丈深渊还是刀山火海，只要有命令下达，军人只能服从，不能

有丝毫的退缩。在公司内部也是如此，领导想要带领员工决战商场，必须确保大家能够无条件服从自己的管理和安排。前提是，领导也必须充分考虑员工的诉求和想法，否则任意妄为只能满盘皆输。

每一个企业管理者都知道，服从是员工的第一要务。如果一个员工无法做到这一点，那这样的团队必将走向失败。而如果领导满足员工的诉求，员工必将全心全意地服从命令，那么这样的团队就能够产生强大的执行能力，取得重大成功。现实中，很多有才能的员工很难被驾驭，有的行为十分极端，甚至会做出损伤公司形象和利益的事情。管理这样的员工，领导必须要使出“手腕”，从员工的期望出发，发现他的价值，吸取他们的经验和思想，满足他们的需求。

摩托罗拉的总裁保罗·高尔文本人十分敬业，在工作上一直保持一丝不苟的态度，同时他还十分重视正直的员工，对员工关怀有加，重视他们的心理诉求和期望。正是因为如此，很多员工都对高尔文爱戴有加，对他的命令也决不会有丝毫的质疑。

高尔文之所以能取得员工的信任，最重要的原因之一就是他十分注重员工的情感和尊严。对待公司那些有创造力的人，他给予适当的奖励；对待那些平凡、默默无闻的员工，高尔文也绝不忽视。他经常鼓励大家，给众人信心和支持。高尔文对员工的关怀达到了无微不至的地步，并不仅仅局限于雇佣关系上。当他听到有的员工家人生病时，他就打电话询问：“你的身体怎么样，找了最好的医生了吗？如果有问题，我可以给你推荐一个最好的医生。”由于高尔文的人脉关系，许多知名的专科医生都被他请到了，而看病之后的费用问题从来不用员工操心，高尔文会代为支付。

高尔文关心员工的身体健康，曾亲自干预员工的酗酒问题。他打电话将酗酒的人叫来，同他们亲切谈话，试图通过温和的方式让他们接受治疗，摆脱这种恶习。有一次，公司的管理者试图将一个不可救药的酗酒者开除，高尔文决定要先和他谈谈。在高尔文的耐心询问中，那名员工终于下定决心，不再酗酒。高尔文关怀下属的故事在公司内部广为流传，一个在流水线上工作的女孩遭遇了困境——父亲患了癌症，高尔文听闻，决定让女孩回家照顾父亲，但是工资照发不误。除此之外，他还亲自掏腰包为员工上大学的子女交纳学费。

当摩托罗拉的员工遭遇困难时，高尔文总是会第一个站出来，帮大家解决问题。这深深触动了团队中的每个成员。高尔文乐于帮助别人，乐于将好运同大家共享。他曾经说过，员工在获取工资之外，还应分到公司的红利。他要让大家都知道，每一个加入到摩托罗拉的人都是这个大家庭的一份子，都会在公司未来的岁月里受到公平对待。高尔文告诉下属："我不要你们只靠工资为生，我希望你们也是公司的股东，一直到退休都能领到公司的财富。"

想让员工忠心耿耿，领导必须首先忠于员工，给他们一个适宜的工作环境，为他们解决身后的难题，从而促使其将全部精力投入到工作中来。从员工最切实的需求出发，通过增加工资、改善劳动状况和生活条件和提供较好的福利待遇等办法激励员工，显然有助于满足大家的心理预期，从而调动众人的积极性。在管理上，一方面要建立合理的培训提拔制度，提高员工的知识和技能，保证他们能够完美的胜任工作。另一方面，当员工做出成绩时，要对他们给予公开的奖励和表扬，提供更多的工作机会和晋升空间，提高它们对工作的满足感。

员工体会到自己是被需要的，是被重视的，他们就会自然而然地忠于领导和团队，从而将自身最富有创造性和建设性的技能融入到工作中去。因此，领导应该利用员工的创新精神和能力，让更多的员工参与到公司的决策中来，注重民主管理，倾听员工意见，把员工放在首要位置，忠于他们的需求。

管理心理学启示

关怀员工，忠于下属，摩托罗拉的成功与他们领导者的做法有极大的关系。领导者需要用一些手腕留住员工的心，真心实意地帮助每一位员工解决切身的实际难题。一个优秀的管理者不仅要帮助员工把工作做好，更要关心员工的日常生活，在自己的能力范围之内为他们排除后顾之忧，让众人安心工作。

领导者还要把员工当成自己的良师益友，简而言之就是与员工建立良好的人际关系。领导者不能高高在上，忽视员工的感受，而应做员工最信赖的朋友，给予员工一个坚实可靠的臂膀。“人心齐，泰山移”，只要领导者能做到这些，那么全体员工必将同心协力，一起努力使企业的业绩蒸蒸日上，创造无限的财富。

008 树立威信，与下属的距离要适中

一个领导者如果缺乏威信，就无法使员工信服，更不能调动员工的积极性，那么整个企业就如同散沙一般，无法聚集起来。在企业管理中，领导应该注重“权威效应”的作用，但这并不意味着滥用权威。

所谓“权威效应”，是指说话的人如果地位高，有威信，受人尊重，则他所说的话容易引起别人重视，更容易获得信任，即所谓的“人微言轻，人贵言重”。聪明的领导不会任意妄为，更不像那些唯唯诺诺的官僚一般，信奉权力至上，做权力的奴隶。聪明的领导在实际工作中会以身示范，通过一点一滴的工作施展才华，充分展示智慧，以自己的良好品性一步步地树立权威，让员工信服，以自己为榜样。

领导在员工中树立了威信，企业的各项计划措施才能得以顺利实行，员工才能同心同力按照领导的意思去做。显然，树立威信有利于增强领导的感召力，只要是合情合理的决定，必定能得到每个员工的大力拥护，而之后取得的成绩也会得到大家的一致称赞，这样领导的权威就得到了加强。

研究表明，聪明的领导不会和员工走得太近，而是保持适当的距离。

因此，在与下属相处的时候，领导者不会永远在脸上表现出和颜悦色，而是会在某些场合维持一定的威严。优秀的领导懂得如何谨慎地选择字句来激励员工，而不是和他称兄道弟般地加以鼓励。聪明的领导懂得在书面资料、口头报告中想方设法地要求员工采取行动，并用一种极具威严的语气传达出来，有时候还会把刚刚讲过的东西再强调一番。具有威严的领导传达的命令似乎不可违抗，员工又怎敢违抗？于是领导者的威信便在员工的心中树立起来。

台湾鸿海科技有限公司董事长郭台铭曾跻身台湾首富的行列，他本人也成为众多台湾上班族心目中的偶像，郭本人的魅力来之于何处？他的企业的成功之道又是什么呢？原来，企业创立之初，郭台铭为了拉到一个订单，在美国自己开车，住 12 美元一天的汽车旅馆，不辞辛劳地跑遍了美国 52 个州中的 32 个，跟着世界大厂商做生意。凭着自己的辛劳努力，他的企业才渐渐有了起色，在同行业中逐渐崭露头角。

当企业逐渐壮大之时，郭台铭开始在企业内部实施军事化的管理措施。每一名上岗的员工都必须接受为期 5 天的基本训练。训练的内容同部队里的士兵一样，包括稍息、立正、整队行进等。为了树立权威，郭台铭自己更是当仁不让地参与其中，他每天顶着烈日同所有新员工一起，站军姿、行军步。对于企业内的高层主管，郭台铭更是一视同仁，他随时向大家提问，如果有谁一时回答不上来，他便会毫不客气地破口大骂。这些位高权重的千万富翁们在郭台铭的面前也会战战兢兢。更让人意想不到的是，郭台铭还会要求他们在会议桌前罚站，反思自己的过错。

郭台铭对高层丝毫不客气，对待下属自然也不会留面子。这种泼辣的行事风格很快就在公司内部传开来了，没有人敢挑战这一权威。郭台铭下达的命令即使在地球的另一端，也必须在 8 个小时内做出回复。没有时差的，则必须在 15 分钟内及时回复，如果超出了这个时间，郭台铭就会追究当事人的责任，丝毫不讲情面。当然，郭台铭对自己更是“心狠手辣”。为了赶工期，他可以三天不睡觉督促生产，甚至直接冲到生产线上，卷起袖子，和众多工人一起亲自动手。如果有客户对货物不满意，发生退货事件，郭台铭更会放下董事长的面子，同员工一起上门道歉。可以说，郭台铭本人是一名不折不扣的工作狂，每天工作超过 15 个小时，创业许多年来，他从来没有给自己放过超过 3 天的假期。有时即使刚出差回来，一下飞机便马上赶到公司开会。看着如此努力的老板，员工们更是不敢有丝毫的懈怠。

凭着雷厉风行的处事原则，郭台铭的权威是不容置疑的。但光有威严还远远不够，这位领导者也会适当地展现其柔性的一面。对待那些表现好的员工，郭台铭十分慷慨。他曾拿出 2.3 亿元新台币犒赏优秀员工。每年公司都会组织员工体检，关心员工们的身体健康。郭台铭曾说过，要求别人的事情自己就要先做到。

实践表明，企业领导可以利用权威效应去引导和改变下属的工作态度以及行为，这往往比强行命令的效果更好。该严肃的时候就要严肃，否则下属犯了错误也得不到相应的惩罚，必然会产生更大的负面影响。这样你的下属必然不拿你当回事，时间长了就会起反叛之心，你的工作也就会举步维艰。结果，你作为领导的威望就会荡然无存。

总之，“领导”要做到让人畏惧三分。任何时候，你都不能展现懦弱的神态，有了具备掌控局面的手腕，有了令人畏惧的权威便能施展号令，统领下属。实践证明，缺乏权威的领导无法掌控局面，无法带领员工做出成绩。权威不仅仅包括威信，更包括领导者的个人魅力和工作能力，那些身体力行的领导者总能轻松地在员工中树立威信。

管理心理学启示

树立威信是每一位领导都必须要做到的头等大事。很多人觉得，与下属打成一片的领导更能赢得员工的信赖，具备亲和力的领导更让人信服。但是，温柔和善的领导更适合那些已经成功的企业，对于那些还处在打拼阶段的企业来说，一位严厉有威信的领导才是最适合的，正所谓“慈不掌兵，义不掌财”。

领导者是企业的当家人，当企业走入困境时，控制局面的重任就落到了领导身上。在各种场合，领导都要保持威严，不能让员工在宠信中堕落。严格要求、威严待人，这样的队伍才具备充足的战斗力和生命力。

009 管理者要敢于承认自己的错误

愚蠢的管理者总是喜欢为自己的过失寻找借口，竭力为自己的错误辩护。有这样的管理者，员工绝不会心甘情愿地接受他的领导。而那些敢于承认错误的领导，却收获了员工们的信任，树立了权威。一些领导者在犯错后往往不知所措，他们总是想着怎么掩盖自己的过失，隐瞒真相。其实，错误在所难免，在犯错误的过程中，管理者也在学习经验。勇于承认错误，更是消除误会、化解矛盾的最好办法。

每个领导者都有犯错误的时候，不要害怕承认过错后会遭到别人的嘲笑，以为别人会看不起自己。相反，那些敢于承认错误的人往往更具勇气和胆量，他们能博得众人的喝彩和称赞。真正有能力的领导者往往乐于承认自己的过失，面对下属们的批评意见也愿意接受。

世界上有两种人，一种人在面对自身错误的时候百般辩解，希望能推卸掉，让自己不用承担后果，另一种人能够在错误面前主动站出来，勇敢果断地面对失败，并从中吸取教训。前一种人一生都将碌碌无为，他们总是逃避，看见胜利主动迎上去，看见失败唯恐躲之不及；后一种人才是成大事的人，他们不畏失败，积极反省找出纰漏，在不断总结中发展自己。显然，一个敢于承认错误，承担责任的领导才能肩负起整个公司未来的命运，才是真正成大事的人。

罗斯福作为美国最伟大的总统之一，为美国的发展做出了巨大的贡献，奠定了坚实的基础。他曾经连任四届总统，在二战时成为最主要的决策者。而像罗斯福这样功高盖世的伟大人物，在面对自身的错误的时候从来没有选择过逃避，而是主动承认，担当起属于自己的责任，并且能够及时地反思改正。也正是因为这样，他才能够成就伟大的事业，成为杰出的领导者。

当罗斯福还在纽约警备团当队长的时候，他的优秀品质就已经开始显露出来。曾经和他待在一个队里的中尉评价罗斯福时说道："像他这样诚恳实在，能够承认自己过失的人实在是不多。有一次，罗斯福在军队中带队练操，他经常会在教士兵们动作之后拿出一个小本子来，如果发现刚才教的内容出现了错误，他就会当着全队士兵的面，翻到某一页，找出自己刚才教的内容并大声地读出来。然后，对着众人说'刚才我教错了，实际的动作应该是这样的'。每到这个时候，我们都会为罗斯福的举动所感动，有时候也忍不住笑出声音来。"

罗斯福之所以令人钦佩，绝对不是在一些小事上能够承认错误，在一些关乎国家的重大事务上依然能保持这种品性。后来，当罗斯福升任纽约市市长，在一次更为严重的错误中他的这种高贵特性又一次得到了凸显。在罗斯福的提议和努力下，一项议案经过了国会的通过，但罗斯福马上发现，自己在某个方面判断错误，这项议案生效后必定会产生极为不良的后果。他当即在众多国会议员面前勇敢而主动地承认了自己的失误，并希望能够得到应有的惩罚。

"我感到十分的惭愧和不安，"罗斯福当着众多国会议员的面说道，"这次的失误我将承担所有的责任，在我极力赞成这项议案的时候，我没能够仔细审阅，我是有过错的，违背了纽约人民的意愿。"

罗斯福之所以能有后来的地位和身份，和他自身的品质有着极大的关系。那么，今天的管理者若想要成就大事业，必须具备这种勇于承担责任的品质。一个能够发现自己错误的领导是明智的，而能够承认自己错误的领导也必定是坦诚的，能够主动改正自己错误的领导更是令人钦佩的，将这三者融为一体才是真正具有大智慧成就大事业的管理者。

脆弱的管理者会把承认错误当作是有弱点的象征，他们害怕暴露自己的缺陷，他们担心承认错误会使自己难堪，会在下属心中失去信用。脆弱的管理者往往具备这样的心态：他们害怕别人揭露自己的错误而出洋相；他们犯了错误不愿承认，尽管自己对此心知肚明。这样的管理者可以说是公司的毒药，他们会一点点侵蚀公司的基础，直至大厦崩塌的那一天。

一个领导如果永远不敢承担责任，固执已见，就无法听取别人的合理建议；一个管理者如果不敢承认错误，他的员工就更不愿承担责任，到时候人心涣散，整个企业就如同一盘散沙，又谈何发展。有了错误就要去承担，我想这是三岁孩童都懂得的道理，那么身为管理者的你又怎能不懂呢？只有承认了错误，别人才会愿意和你交心，你的下属才会以你为榜样，你的客户才会高看你一眼。

管理心理学启示

一些专家建议领导者坦白地承认错误和缺点，这会增加他们的人格魅力，为他们带来信任和尊敬。错误无法避免，那就勇于去承担，面对过错，将责任深深植根于内心中，让它成为脑海中一种强烈的意识和人生的基本信条。一个敢于承担错误的领导，会让人产生信赖感，他的名声也会口口相传，从而为自己带来无限的商机。

一个想成就大事业的领导脱离了失败的历练，就无法收获人生的真谛。尽管犯错误会带来无限的麻烦，处理棘手的事物也会让人身心疲惫，但你的能力和见识却在这个过程中成长，让你在以后的工作中不至于再走弯路。所以，管理者请放下脆弱的内心，勇敢地去承担自己的责任和过失。从心理学角度看，这种做法更容易赢得下属认同，从而提升团队的向心力。

第二章

DI ER ZHANG

识人心理学：用人先识人，识人先察心

世上只有偏才而没有全才，正所谓“尺有所短寸有所长”，领导者在用人之前要先懂得识人。“金无足赤，人无完人”，正确的用人手法在于求其人之长，而不是求其人为“完人”。你善用他人的长处，他就是你的“能人”，反之你只看到对方的短处，那他就成了“笨人”。

001 奥格威法则：善用比自己强的人，迅速成就伟业

管理者的境界决定了公司的高度。在用人方面，不敢聘用比自己强的人，会限制整个队伍进一步发展壮大，让公司发展遭遇天花板。突破天花板是一个痛苦的过程，管理者把心打开，善用比自己强的人独当一面，自然容易迅速打开局面。

高明的领导者善于发现那些能力特别突出的人，甚至是能力强过自己的优秀员工。“敢不敢用比自己强的人?”这恐怕是对领导者最大的考验了，很多领导唯恐失去了威信，因而雪藏一些能力出众的人，而由此造成的损失是极为重大的。一个领导者，如果不敢任用比自己强的人，而是采取压制的做法，不让他们施展身手，那些专业人才就会因此被埋没，而领导的威信力也将会大大降低。而那些慧眼识人的领导则更能服众，作为下属的伯乐，让下属心甘情愿地追随付出。

由于虚荣心作怪，很多人只愿意任用那些比自己稍逊一筹的下属，而不愿雇用那些比自己更聪明的人。在心理学家看来，这是由于嫉妒造成的——由于别人的能力超过了自己，因而引起抵触情绪。黑格尔曾经说过，嫉妒是平庸的人对卓越才能的反感。对领导者来说，如果不抛弃这种心理，事业发展就无法实现质的飞跃。

在美国钢铁大王卡内基的坟墓上刻着这样一句话：“一位善于任命比自己能力更强的人安息在这里。”卡内基之所以成为最著名的钢铁大王，并非是他本人拥有什么了不起的能力，而是在于他善于识人，敢于用人，发挥那些能力高超的人的才能。

在卡内基钢铁公司里，齐瓦勃原来只是一名不起眼的工程师，但是他超人的工作能力早已被卡内基知晓。于是，卡内基决定任命他为布拉德钢铁厂的厂长。在齐瓦勃的管理下，布拉德钢铁厂的出钢量迅猛增长，一跃

成为业绩最好的工厂。后来，卡内基得意洋洋地说："有了齐瓦勃的帮助，什么时候我想占领市场，市场就是我的。因为我有高人相助，能造出又便宜又好的材料。"几年后，公司的业绩蒸蒸日上，于是卡内基提拔齐瓦勃为钢铁公司的董事长，使他成为卡内基钢铁公司的灵魂人物。

在齐瓦勃当上董事长的第七年，当时控制美国铁路命脉的摩根向卡内基抛出橄榄枝，想要与他共同经营钢铁。卡内基将这件事转告给了齐瓦勃，并希望他前去与摩根洽谈合作事宜。齐瓦勃阅读完合同后，对卡内基说："最终的决定权掌握在你的手中，但是我想告诉您，如果按照这上面的条件去谈，摩根肯定乐于接受，但你也将失去一大笔钱。"听完这话，卡内基又仔细地分析了合同的内容，发现齐瓦勃说的没错，自己果然高估了摩根的实力。于是，他全权委托齐瓦勃与摩根商谈，最终取得了占有绝对优势的合作条件。

卡内基曾经说过："你可以把我的厂房，我的资金全部拿走，但只要留下我的员工，四年之后我照样能成为钢铁大王。"卡内基为什么能有如此气势说出这样的话？原因就在于他敢于任用那些能力超群的人才。到20世纪初，卡内基钢铁公司已成为世界钢产量最大的企业，拥有超过2万名员工以及最先进的生产机器。卡内基的成功不只是源于自己的努力，而是源于他的慧眼识人，源于他手下的一群人才。

作为一名领导者，必须学会克服嫉妒贤能的心理，善于运用那些比自己强的人。有些领导者总是担心驾驭不了这些"千里马"，怕他们之间产生意见上的分歧，让自己的事业毁于一旦。其实，领导者完全不需要有这种担忧，若想使公司充满生机活力，就必须选贤任能，聘请一流的人才为自己服务。其实，善用比自己强的人不仅是一个度量问题，更是信心与能力的问题。很多领导者出于嫉贤妒能的心理，以为自己是领导，就高人一等，遇上那些能力强的人就拼命打压，唯恐他们抢了自己的风头。这不是领导者应有的胸怀。

请牢记，嫉妒贤能是抑制和扼杀人才的最便捷方式，这对你今后的事业妨碍极大。历史上，刘邦夺得天下，并不是靠自己一人的能力，而是有张良的谋略，萧何的帮助，韩信的善战，才一举夺得天下。默默无闻的刘备之所以能在三国中占领一席之地，也是因为有诸葛亮的相助。对于一个企业的领导者来说，知人善任才是企业发展壮大的根本。

管理心理学启示

发现人才不容易，人才冒尖更不易。人才往往是付出了巨大的努力，承受了更多的磨难才拥有了卓越的才干。因此，对于这样的尖子人才，领导者一定要热情支持，破格任用。只有你的大度、豪迈，你的慧眼识人，才能吸引越来越多的“千里马”加入到你的队伍中来。

高明的领导者不惧流言蜚语，他们敢为人才撑腰，他们不在乎下属是否会抢了自己的风头。成大事的领导者懂得支持和帮助人才去开拓和攀登更高峰。这是领导者的勇气，更是领导者的独特魅力。

002 选好副手让你如虎添翼

做老板当领导，要面对纷繁复杂的经营管理，要随时准备应对各种难题的挑战。为了更好地应对困难，领导必须要为自己配备合适的副手。经验表明，一个好的副手能让你如虎添翼。在企业事务管理上，你还可以放心地让副手做好监督、执行工作，从而让你腾出时间来在重大决策上投入更多的精力。总之，副手对领导者来说有着至关重要的作用。老板在选择副手时，必须首先明确自己所需要的副手类型，他们不仅仅是自己的助手，更是重大决策中投出关键一票的那个人。

在选择副手时，应该考虑以下几点：第一，能够参与决策，有效地执行法则；第二，能够发挥才能；第三，才能与职责相当；第四，服从领导，接受任命。任何一家公司的经营者，都不能一个人肩挑整个公司的重任，必须需要副手来分担职责。所以，学会给自己配备合适的帮手，不仅能够提高公司的办事效率，更能增强员工的主人翁意识，提高他们的责任感。

苹果公司是美国计算机行业的后起之秀，但是在短短的几年时间里，公司的产品就深入千家万户，享誉全球。公司创始人斯蒂芬·乔布斯以及前总经理麦克·马库拉都是计算机技术方面的专家，他们不仅拥有精湛的专业技术，更懂得识人用人之道。但是，随着公司不断地发展壮大，公司还缺少一名能干的销售管理人才，因此他们迫切需要一名合适的副手来扮演这个角色。

人才的空缺使得公司的产品销量不断下滑，这严重影响了整个企业的发展。针对这一问题，乔布斯在报纸上刊登了一则广告，以 200 万美元的年薪重金聘请了一名优秀的销售人才，“只要你来，我愿意付出世界级的薪酬。”几天后，闻讯而来的人纷纷涌进苹果公司的大门，公司根据自己的要求，在严格进行口试和面试之后，终于确定了最佳人选——他就是约翰·斯考利，一位非常能干的年轻人。

斯考利原来是美国百事可乐公司的总经理，他有着多年的销售经验和方法，在制定策略上往往能出奇制胜，抓住顾客的心理，从而满足消费者的需求。除此之外，斯考利本人还是一名非常优秀的管理人才，他能够把企业中的各种关系处理得非常恰当，使企业联合成一个强大的集体，为战胜对手提供了强大的力量。正是有这样优秀的人才，百事可乐公司才得以迅速发展，并与可口可乐公司之间的差距逐渐缩小。

乔布斯选用斯考利为自己的副手是非常有远见的。斯考利上任前，除了与苹果公司的领导者进行沟通外，还用了 3 个月的时间与每一位经理进行了交谈，充分掌握了第一手资料，谋划企业未来发展的大局。果然，斯考利不负众望，为苹果公司提出了具有前瞻性的发展战略计划，并宣布将使苹果公司成为与美国商用机器公司相媲美的大企业。在斯考利任职期间，苹果公司在短时间里就实现了迅猛的发展，产品销量不断增长，其他员工也为之振奋，情绪高昂，苹果公司进入发展的腾飞期。

在工作上，副手起着至关重要的作用。适合做副手的员工，一般有以下几类：

第一，通才型人才。这一类员工有着深厚的知识基础和专业技能，善于集思广益，出奇制胜，具备超强的学习能力。他们往往能有新奇的想法，具备很强的综合创新能力，善于站在一定的高度上审视全局。除此之外，这一类人还具备很强的管理能力，对企业的管理事务无一不知，无一不晓，他们帮助老板及时了解公司动态，为老板做出科学决策，从而成为大老板的最佳参谋。

第二类是补充型人才。这一类人最适合做老板的副手，具体来说又分为两种。第一种是自然补充型，他们拥有老板不具备的长处，在进入公司后，能够自然而然地补充老板的短处，强化集体优势，提高企业战斗力。第二种是意识补充型，能够意识到自己所处的地位，明白自己的职责和任务，他们善于领会领导的意图，准确把握领导的心思和办事特点，从而在处理问题时起到良好的辅助作用。

第三类是竞争型人才，他们能力高超，可以在复杂多变的环境中独立处理问题，善于拼搏，而且没有嫉妒之心，有着“敢为天下先”的激情和勇气。这些人既不会轻言放弃，也不会半途而废，始终抱着不达目的不罢休的心态，直至取得重大成就。正是这种不屈不挠的斗志和锐气，才能帮助企业开拓发展之路，扩大企业规模，助老板一臂之力。作为一个急需人才的领导，应该善用这种人才，他们能够开创新局面，拓宽新道路。

管理心理学启示

选择好了副手，领导者还需要明白如何任命他们，在和副手共同工作的时候，一定要给予副手一定的权力，做到有的放矢，权力下放。给副手参与决策的权力和做决定的权力，对提升效率很重要。许多时候，副手并不仅仅是你的帮手，更是你决策时的参谋人。要最大程度地发挥副手的能力，给他们一定的空间施展身手。

领导者要懂得把合适的人放在合适的位置上，让才能与职位相一致。此外，还要懂得员工的兴趣爱好，根据他们的喜好来安排工作，只有这样才能最大程度地激发他们的工作积极性。出色识别和使用人才，必须及时了解员工的心理诉求，因此领导者要考虑副手的心理感受，当他们遇到棘手的问题时，要及时做好心理干预，帮助其远离焦虑不安的状态。

003 用情义聚人才，用纪律练人才

“人心齐，泰山移”，全体员工齐心协力是企业获得成功的有力保证，而要做到这一点，领导必须要用情义聚拢人才。为此，管理者要多多关心下属的生活，及时对他们的“疑难病症”予以“治疗”和疏导，建立起正常良好的人际关系，赢得员工对公司的忠诚，增强员工的归属感。

中国传统文化讲究的是人情关系，很多管理者也往往会把人情放在第一位。然而只讲人情的公司是没有出路的，当原则被感情所替代，公平合理就无从谈起。管理者的亲和力能够获得员工的信任和尊重，但太过随和的领导者就会让员工得过且过，所以在日常管理中既要强调情义，也要强化纪律。

领导者要学会用纪律炼人才，所谓“无规矩不成方圆”，国家的安定需要法律的约束，公司的发展需要纪律的管理。纪律像是一只无形的手，掌握着公司未来的发展命运和走向。如果一个公司涣散无纪律，那么一切日常事务都将陷入混乱之中，公司也将走向灭亡的道路。

纪律完善的公司，各项事务都能井井有条地进行，管理者的决策才能有效地实施，才能提升市场竞争能力。完善的制度是公司赖以生存的基础，是公司在竞争激烈的商场中存活的保证。严格执行纪律对于公司来说是确切的、必要的，能否在竞争中脱颖而出很大程度上取决于纪律这双隐

形的手。

在纪律面前，其他都是第二位的。纪律是公司的生命，失去纪律的公司就如同一盘散沙。为此，管理者需要充分了解到纪律的重要性，带头维护纪律的最高权威。

当年，日本伊藤洋货行的董事长伊藤雅俊突然解雇了战功赫赫的岸信一雄，这在日本商界引起了巨大的轰动。很多人纷纷指责伊藤过河拆桥，将企业的功勋将领逐出门户。在舆论的猛烈攻击下，伊藤雅俊本人却理直气壮地说："秩序和纪律是公司的生存之本，任何不守纪律的人都将被逐出企业大门之外，无论付出多少代价，都是值得的。"

岸信一雄是从原本的"东食公司"跳槽到伊藤洋货行的，伊藤洋货行以衣料买卖起家，因此在食品行业并无多少经验，他们从"东食公司"挖来大将，可谓是为伊藤洋货行注入了一注催化剂。随着岸信一雄的加入，伊藤洋货行的食品部门得到了长足发展。但随着时间的流逝，伊藤和一雄在工作态度和经营理念方面产生了巨大分歧。一雄属于新潮型，注重社交，对部下也讲究情义。而伊藤却是传统保守型，以顾客为先，很少交际应酬，对下属也十分严格。伊藤无法接受一雄的豪迈做法，曾多次要求后者改变工作方法，按照自己的想法去做。

但是一雄完全不加理会，依然我行我素，而且在他的经营管理下，公司业绩蒸蒸日上，有了质的飞跃和发展。有了这样的成绩，一雄又怎么会修正自己的做法？他说："一切都井然有序地进行着，公司的业绩也逐步发展，这说明我选择的方法并没有错，我为什么要改？"在固执的一雄面前，伊藤无能为力，只好狠心将他解雇，以正视听。

将一雄解雇，这不单单是人情的问题，更关乎到整个企业的生死存亡问题。对于一贯重视纪律的伊藤而言，食品部门的业绩固然重要，但是他更重视企业的秩序和纪律。任何人都无法突破纪律的界限，因为这样会毁掉过去辛苦建立的企业体制和经营基础。

企业领导者不仅要知人善用，更要懂得用纪律来约束人才，为我所用，听命于我。在人才管理上，领导者必须建立能者上、庸者退的用人机制，将不能胜任工作的人淘汰出局，将不守纪律的人驱逐出门。一个充满活力、飞速发展的企业必然是一个纪律严明，又能尊重员工、关心员工的组织。

总之，现代企业是纪律与人情相辅相成，二者都不可或缺的。但是，人情和原则又不能混淆界限，混为一谈，该讲原则时就必须大公无私，而在原则之外又能够对员工网开一面，不至于赶尽杀绝。人情是一个温情的词语，但如果运用不当，就会成为灭绝企业未来的刽子手。人情要用在恰当的地方，鼓励员工，给予员工爱护和精神鼓励。市场无情，不能滥用自己的人情，否则只能付出惨重的代价。

管理心理学启示

纪律无情而人有情，管理者在执行铁一般的纪律时还应该学会变通，在原则之外适当地讲究人情。如果管理者死板地执行纪律，无视员工的特殊情况，那么纪律就成了扼杀员工天赋的刽子手，企业也将在纪律的铡刀下四分五裂。

纪律是保证公司正常运转的基础，管理者要时常完善公司纪律。在纪律面前，人人平等，任何人都不能跨越雷池一步，领导者本人更要带头遵守纪律。但遵守纪律也不能成为不讲人情的借口，领导者要做到有的放矢，学会变通，如此才能让员工心甘情愿地服从、遵守纪律。

004 识人时要尽量避免以偏概全

领导想要真正地了解员工，并做到知人善任，不是一件容易的事情。经验表明，识别人才应尽量避免以偏概全，只有全面掌握每个人的能力和特性，才能更好地发挥众人的才能，并给予准确地指导。因此，领导者在日常管理中要擦亮眼睛，提高判断他人、鉴别他人的能力。

显然，识人时不能仅从表面上判断一个人的能力。对此，诸葛亮曾经说过："有温良而伪诈者，有外恭而内欺者，有外勇而内怯者，有尽力而不忠者"。对于下属，老板在接触他们之前肯定会从外界间接地听到过某些议论，而这些间接得到的信息只能作为参考，不能把它当作评判的准确依据。想要彻底、全面地了解一个人，必须查阅他的全部工作经历。

此外，不能仅凭个人爱好看人。仅凭个人好恶、恩怨、亲疏看人用人，容易忽视一些德才兼备的人，而让一些庸才得以重用。这对管理工作来说显然是重大失误。

某个公司老总想要招聘一名女秘书，在网上发出了招聘启事。随后，有很多人前来应聘。在翻阅应聘名单时，老总发现一个面试者和自己的女儿重名，不禁觉得和这个人十分有缘，于是内心不由自主地产生了偏爱。

应聘时，面试官和这个应聘者谈了五分钟。老总前来问询结果，面试官一脸抱歉地说，恐怕这个人不能被录用。老总不解，面试官说询问了一个简单的问题：为什么会在上一个公司辞职。这个应聘者说，自己在上一个公司和领导之间的关系非常融洽，但和周围的同事相处不好，说了一大堆同事的坏话。面试官提醒老总，如果一个人连和同事的关系都无法处理好，进了新的公司照样无法和其他同事保持良好关系。

但是，老总却坚持己见，坚决要录用这名应聘者。该公司的试用期是两个月，这名应聘者在新公司只工作了半个月，就惹出了许多事情。老总觉得，能够给她换个工作，或许会有所转变。但是，尽管这名新员工换了工作岗位，依然无法在岗位上做出任何成绩，连和同事之间的人际关系都无法处理好。最终，这个人不但没做出成绩，反而给老总找了一大堆麻烦，最终被辞退。

茫茫人海中，人生而不同，如何有效识别并用好人才，确实考验领导的智慧。为此，不妨从心理学角度入手，既保持良好的心态，又能走进他人的内心世界，进而对各类人才做出公正的判断。

首先，领导者要有客观看待人才的平常心。识才最忌讳抱有主观成见，片面地看待人。主观色彩往往带有情感的偏差，扭曲人才的本来面目和真实形象。

其次，要全面地看人，才能真正走进对方的内心世界，准确判断其个性品质、能力水准。“盲人摸象”会有不同的结果，他们往往把局部当成了整体，犯了片面性错误。识别人才时更要注意这个问题，切不可像“盲人摸象”一样，以偏概全。

最后，要准确判断对方的心理诉求，确保与组织的职位匹配，从而发挥人才的最大潜能。现代人才与组织的关系是双向选择，企业选择人才，人才也在选择合适的岗位。因此，领导者在识别和录用人才的时候，不能一厢情愿，必须考虑到人才的心理诉求，了解其内心的真实想法。

孔子主张：“赦小过，举贤才”，这就是说要从大的方面识才。人才的优劣要看大德，看他们在大是大非面前的态度，以德选才。识别人才要眼耳共用，但更重要的是要学会用脑，从本质上看待人才，透过表面，深入内心，认真地分析，去伪存真。只有这样，才能识别庐山真面目，看透一个人的本质。每个人都无法做到十全十美，都有优点和缺点，而优点和缺点又往往具有“共向性”，二者相伴而行。领导面对应聘者时，要学会从两方面着手，抓住重点，特别是要抓住对方的长处。

管理心理学启示

俗话说：“世间众人，形形色色。”在这个世间中，每个人都是与众不同的，也都是独一无二的，有自己独特的闪光点。企业中也同样存在各种各样的员工，如果领导用同样的眼光去看待每个人，那就无法发现人才，更不能从中选取能手助自己一臂之力。

“观其行，听其言，查看胸襟，观其修养。”从多个方面入手，通过多个方面的综合信息来评判一个人，才能准确地给一个人定位，做出合适的判断。作为老板，必须要全盘掌握，做到全面了解，合理控制。只有这样，才能为自己的企业搜罗到合适的人才，创造最大的效益。

005 宁可空缺，决不滥用

领导在公司中的地位不言而喻，他要统领大权，掌握全局，因此必须懂得识别团队中的人才，及时将那些好吃懒做的庸人踢出队伍才行。领导要善于察言观行，透过现象看本质，识别那些鱼目混珠的人，甄别那些假冒人才的骗子。在公司的一些重要职务上，一定要任用有本事的人，否则宁肯空缺，也绝不能让不适合的人充数，否则只能给公司造成无法弥补的损失。

甄别人才，进而合理地使用人才，是领导者的基本功。出色的领导者懂得下属需要什么，能干什么，不能干什么。古往今来，有多少领导因为任用了名不副实的人而导致了巨大的损失，诸葛亮挥泪斩马谡，便是因为这个只会纸上谈兵的人令一代名相遭遇了空前的灾难。所以，一个称职的领导者一定要学会辨别人才，从多个方面衡量人才，而不是被他们的花言巧语所蒙蔽，以至于一叶障目不识泰山，最后遗憾终身。

中国人有句俗话，火车跑得快，全靠车头带。一家公司的队伍就像是一列火车，一个队伍中没有一个好的带头人，是无法想象的。企业内部也是如此，选择合适的管理人才是非常重要的。在合适的时候，及时提拔那些有能力的人才，这不仅有利于本部门的发展，更能通过提拔人才，激励其他员工上进求发展。

王聪是一家装修公司的行政人员，刚刚步入公司的时候，勤勤恳恳，态度认真，领导交给他的事务总是能积极地完成，获得了不少赞扬。为了继续鼓励王聪的优秀表现，让他树立一个带头作用，也为了激励其他员工，公司有意提拔他做部门经理。可是，当王聪走上新岗位后，却完全变成了另外一个人。他工作懒散，上班经常迟到十几分钟，而下班铃声一响，就急匆匆地离开公司。

有一次，领导临时有事外出，就把王聪叫到了办公室，将公司的重要事务全权托付给他，并嘱咐如果有顾客前来咨询，一定要好好接待。王聪一口答应了领导的要求，但是随后就去逛街了，并且过了好久才回来。等领导回来后，问他有没有顾客到公司里来过，王聪却一问三不知。对此，领导十分恼火。面对如此不认真负责的下属，领导最终取消了提拔王聪的打算。

在提拔员工时，一定要对员工有充分的了解，用人有根据，不能胡乱选拔，任意提升，否则只会将公司的管理弄得一团糟。公司内部不乏华而不实的人，他们善于说谈，凡事都能说得头头是道，很多时候还把时髦理论挂在嘴边，很多辨别能力差的人往往会受他们的迷惑，认为他们充满了知识和修养。面对这种人，领导要多谈一些具体的问题，给予具体的任务，让他们亲力亲为，看他们能否找出解决的对策。如果他们避实就虚，圆滑应对，就说明他们的确名不副实。

此外需要注意的是，有些所谓的专家，盛名之下其实难副。作为领导，要甄别各类人才的来历，一点一滴积累起来的名气会比较可靠，而对于那些一夜成名的专家，则需要进一步辨明，看他们是否是炒作出来的专家。

最后，还要注意公司里充满新奇想法的员工。他们常常提出奇思妙想，老板一定要考察这种人是不是好大喜功，过于自负，急于求成。如果他们身上有这些缺点，就是表面上他们的想法有创意，也要提防这些新奇想法给公司带来损失。

管理心理学启示

有些员工虽然能力出众，但却骄傲自大，自视甚高，这种人也不能担任领导的职位，他们无法增强公司的凝聚力，致使人心涣散，不利于公司的发展。在一些重要的岗位上，必须提拔那些具有良好人际关系的人才。但是，空有人缘也不行，如果缺少办事能力，就难以让其他员工服从。领导者要慧眼独具，练就一双识别人才的本事，选取最合适的人才，担当最恰当的职务。

领导一定要学会识人用人，把合适的人才放在合适的位置上。如果一时找不到人才，那么宁肯空缺这个职位，也绝不能让一些鱼目混珠的人参与进来。每一个公司里都会有这样虚伪的人，他们当面一套，背后一套。作为老板，一定要练就一双“火眼金睛”，辨别这些奸诈狡猾之徒，戳穿他们的伪装，避免被心术不正的人所欺骗。

006 见微知著，走出识人的“第一印象”怪圈

第一印象往往是指与人初次交际时，对人的判断和评价。如果仅从第一印象对人进行评价和鉴别，就很容易导致各种失误。因为第一印象往往建立在一些肤浅、表面的现象上，仅仅只依靠对方的相貌、举止、服饰等外在特征作为识别人才的参考，完全依赖表层的判断，很难看出一个人的真实想法。因为，很多人善于谋略，更善于隐藏，这些人唯利是图，利欲熏心，让人难以琢磨透，更无法令人知晓其真实想法。

人是群居性动物，不能脱离社会而独立存在，更不能和整个社会脱离联系。但是，每个人都有自己的独立个性，有自己的利益和想法。如果忽略了这些重要的东西，就无法与他人进行正常的沟通，更无法对人进行判断，这样就会为自己的人际关系增添一堵无形的墙，逐渐与周围人产生隔阂，进而被人暗算、欺骗。当你发现自己吃了大亏时，往往把原因归罪于环境，从不在自己身上找原因，其实真正的原因就是你太过轻信他人，缺乏辨别小人的能力。

汤姆森第一天到公司上班的时候，风度翩翩的副总经理戴尔接待了他，为他详细介绍了公司的各种情况，带他熟悉公司的运转状况，并与他一起共进午餐。汤姆森对戴尔真是感激不尽，仅仅是一个上午的相处，他就觉得戴尔肯定是一位非常讲义气的朋友。相反，公司的另一位副总经理

却丝毫不理睬汤姆森，见到他甚至不打招呼，只顾自己埋头工作。汤姆森便在心底里产生了不悦，认为这个高高在上的副总经理颇有些自大，而且决定和他保持一定距离，绝不深交。

之后，汤姆森经常和戴尔谈天说地，显得十分亲密，而汤姆森却刻意躲开另一位副总经理。好景不长，平日一起喝酒谈天的戴尔却在关键时刻利用了汤姆森对他的信任，让他在工作上栽了一个大跟头，使他险些失去了饭碗。垂头丧气的汤姆森已经做好了被辞退的心理准备，然而令他万万没有想到的是，那位冷淡无言的副总经理却替他摆平了这件事，这让汤姆森倍受感动。此后，汤姆森不断反省自己，不应该仅凭第一印象就给他人的品性下定论。

不可否认，第一印象有十分重要的作用。比如在面试阶段，很多应聘者会把自己打扮得风度翩翩，企图给面试官留下一个好印象。但是，身为领导一定不能被表面现象所迷惑，仅凭第一印象就轻易给他人下结论是非常盲目的。很多人为了获得利益，往往会用高明的方式掩藏真实的自己，从而令人轻易相信他们表现出来的样子。但在长久的相处中，他们的本来面目逐渐显露，而那个时候你后悔已经晚了。

为了应对这种不利局面，领导者一定要学会辨识人的原则和方法。在与人接触时，必须对其进行全方位的细致观察，用已经掌握的方法评判对方，不要轻易做任何不切实际的假设，比如在心底里猜测对方性格开朗、心地善良等。用主观情绪评判一个人，很容易产生偏差，导致严重失误。有些狡猾的人更会利用这一弱点，骗取对方的信任，用他人的善良达到自己的目的。这些人总是喜欢采取阳奉阴违，笑里藏刀的方式，对领导者来说是一种潜在的危险。

生活中，我们可以掌握一些方法来辨别这样的小人。看到一些人表现出和你相似的神态，流露出对你的崇拜和尊重，并刻意将自己的经历往你身上靠拢，那么就要提高警惕。有时候，不管你所说的观点是否有失偏颇，他都会无条件地支持和迎合，你也要保持戒备心理，因为对方可能正在逐步实施某种计划，企图达到一些更符合自己利益的目的。

管理心理学启示

路遥知马力，日久见人心。仅凭第一印象判断人，以貌取人往往带来无法弥补的错误。三国时，孙权见到庞统相貌丑陋，心中颇有几分不快，又见他傲慢不羁，更是十分厌烦。最后，这位广纳人才的孙权竟然把与诸葛亮齐名的庞统拒之门外，尽管鲁肃苦口婆心地好言相劝，但他仍然不予理睬，致使自己失去了一名奇才。拿破仑身材矮小，却曾经称霸整个欧洲让人惊叹这名“小矮子”的巨大能力；马云其貌不扬，如今却成为中外闻名的商界奇才，让人啧啧称赞。

身为领导，一定要学会辨别人才，更要摆脱“第一印象”的怪圈，没有深入的了解，绝不轻易地评判他人。第一印象往往是形成偏见的基础，偏见效应往往是第一印象的加深和拓展。在职场中，很多领导者相信第一印象，觉得自己识人有术，绝不会看走眼。但实践证明，因第一印象而在用人上造成失误的，古往今来不乏其例。所以，管理者既要注重第一印象，又要尽量避免因单纯相信第一印象而造成用人上的失误。

007 通过比较可以找到你所需的人

俗话说，没有比较就没有鉴别，这在人才的选择上非常重要。通过比较可以找到称心如意的人才，既能识人之短，又能更好地鉴别人才。比较是人们认识事物的基础，是揭示是无差别、认清事物本质的重要思维方法。通过比较，我们能很直观地找出二者的差异，权衡之下做出最佳的选择。正所谓“不怕不识货，就怕货比货”，将比较的方法运用到领导识别人才上面，一定能有意料不到的收获。

高明的领导者常常会将几个同类人才放在一起进行考查，鉴别他们身上的共同点和差异之处，从而加深对他们的了解。在比较方法上，有横向比较、纵向比较和正反比较。所谓横向比较，就是从空间上将两个人放在一起进行考察，在对比中鉴别优劣。这种方法以其中的某一个对象为参照系，选择基本情况相似的同类人才进行比较，区分出二者之间的优劣程度。

纵向比较则是从时间上出发，对一个人的过去和现在加以考察，看他在时间的推移中产生的变化。通常，纵向比较要求领导从一个人的变化中寻其未来的发展方向，因为任何人都不是一成不变的，都会在不断地发展中变化。这也要求领导不能凭印象看人，而要用发展的眼光看待人才。

在团队管理中，“正反比较”就是将一个人的正面意见和反面意见相比较，在求同存异中寻找最佳方案。通常，我们对一个人的看法会时常改变，通过收集不同的意见，求得最终正确的一致看法。一时拿不准的事情，不妨多听取不同的意见，绝不匆忙地下结论。

明朝初年，李善长被罢免宰相职位，朱元璋积极物色宰相人选。当他向刘伯温问及杨宽如何时，刘伯温说：“杨宽有宰相之相却无宰相之器。他难以做到公平地处理事务，更难以公正地评判是非。”朱元璋又问及汪广洋如何，刘伯温说道：“此人气度狭小，较之杨宽有过之无不及。”当朱元璋问到胡惟庸时，刘伯温说：“此人就如同一匹驾车的骏马，臣担心他走得太急，容易把车驾翻。”朱元璋想了想说：“既然如此，实在是没有可选的人了。我思前想后，没有比你更合适的人了。”刘伯温听罢，立即说道：“不可不可，臣嫉恶如仇，性情刚烈，容易感情用事，又没有处理事务的耐心，让我做宰相实在是不合适。”

事后，朱元璋无可奈何，只能将众人分别任命同的职务。起初，他还任命胡惟庸做了几年宰相，但最终失败。由此可见刘伯温知己又知人，通过将自己与他人的比较，细数了众人的优缺点，为皇帝用人出谋划策，提供了有效参考。

朱元璋曾为攻打元军的主将任命问题困惑不已，手下的常遇春和徐达都是战功赫赫的大将，实在是难以区分出优劣。最后，朱元璋仔细分析了二人的优劣，发现常遇春极为冲动，而徐达深思熟虑，遇事往往三思而行。权衡再三，朱元璋决定任命徐达为主帅。做出这样的决定，朱元璋是有充分考虑的：徐达做事谨慎，容易考虑周全，在战事上这是一个难得的优点，也是一个临阵破敌的主帅所必备的素质。常遇春虽然勇猛善战，但性情冲动，如果做了主帅，很容易在关键时刻造成失败。后来，在徐达的带领下，明军直捣大都，巩固了明王朝的江山。

比较的方法在领导的工作中占据了重要地位，但需要注意把握比较的科学性原则，才能在最大程度上做出科学决策。当然，使用比较的方法需要注意以下几点。

首先，切忌单项因素的比较。在比较两种事物时，不能仅从一件事情中随意抽取一些单项因素就匆忙做出结论。通常，领导必须统观全局，将相关的因素加在一起比较，从而做出全面的分析和判断。

其次，参与比较的两个人应该是能力相当的，否则不具可比性。有些人简单地拿年轻人与干了十几年的老员工相比较，得出所谓“姜还是老的辣”的观点，因此不敢选用那些年轻人才，这就是犯了糊涂的表现。基础不同的人，比的起点也应不同。

最后，比较的两种事物必须是同一类的，在同一标准下进行比较，不能风马牛不相及，没有任何联系的事物完全不具备可比性。在比较时，领导必须采用科学的方法，科学的态度。比较那些可以比较的人，并用科学的方法分析，最后做出正确的决策。

管理心理学启示

人才形形色色，虽然难以鉴别，但只要把他们放在一起，个人的优点、缺点就一目了然。现代领导识才用人时可以运用这种方法，比如当你想要办一个项目时，一定会有很多人主动请缨，纷纷献策，这时你就需要擦亮眼睛，慎重地比较他们之间的优劣之处，选择最优秀的人去做。

比较法是将人才进行归类、筛选的基本方法。有了比较才有了鉴别，但仅仅一次的比较存在很大的误差，毕竟人是不断发展变化的，人也是不断成长的。领导者要准确识别变化中的人，反复、多次地运用比较方法，得出最符合实际的结果，才能把人看得更准。

008 优秀的人才都经得起折腾

经常有一些员工抱怨老板爱折腾，刚在岗位上还没待满一年就要求调到新岗位上，又要重新熟悉市场，重新熟悉顾客，着实累人。很多员工认为老板瞎折腾，让人员频繁变动，浪费了人力物力。尤其是在业务成熟期，大范围的人员变动会把人心搞散，对公司未来的发展造成不利影响。其实，优秀的员工需要折腾，而且要经得起折腾。

折腾是对一个员工的考验，看你是否忠于公司，忠于老板。不忠心的人无法得到重用，如果不折腾，老板怎么能知道你是否是忠诚的呢？所谓患难见真情，朋友如此，企业对员工更是如此。企业在危急关头，更容易看出哪些是忠心的员工。所以，一些老板就会人为地制造危机，而折腾就是很好的检验忠诚度的方式。

在企业中，老板承担的风险最大，企业倒闭了，老板亏空了财产，那就是死路一条。而员工的损失相对较小，他们可以卷铺盖到别的公司打工。所以，很多老板不容易相信他人。老板对人的信任是逐步积累起来的。他要时刻观察员工的表现，你表现得好，老板就会多信任你。想要成为优秀的员工，必须要经得起折腾和考验。在公司折腾的过程中，会逐步淘汰一些浑水摸鱼的员工，最终留下来的则是优秀的人才。

联想集团的前总裁柳传志有一句名言，“折腾是检验人才的唯一标准。”柳传志为了培养接班人杨元庆，隔一段时间就给他换一个岗位，不断地折腾他，折腾了十几年，终于将杨元庆培养成了人才。

1988 年，杨元庆刚刚进入联想，他从底层一个不起眼的销售员做起，推着自行车，骑遍了北京的大街小巷。1992 年，杨元庆被任命为计算机辅助设备部的总经理。1994 年，又被任命为微机事业部的总经理。

1996 年，柳传志在会议室里当着众人的面，毫不客气地将杨元庆骂了一顿。事后，杨元庆回忆当时的场景说："如果当时的我只有年轻气盛的想法，缺少妥协温和的处事方法，联想也没有今天的成绩。"到了 2001 年，37 岁的杨元庆正式出任联想集团总裁兼 CEO。漫长的岁月中，柳传志为了磨炼杨元庆的意志，几经折腾，终于将他培养成了合格的继承人。

喜欢折腾是大多数成功企业家的共性，因为只有通过这样的办法，才能寻找到隐藏在群体中的好员工。柳传志曾经说过，一个管理人员不能固守一个位置不动，这个工作做得好，换了一个部门要是还能做得好，这个人才能升职，才有能力承担更重要的工作。

曾在美的公司任职的张权对折腾也别有一番感受，他曾在事业部审计监察科任职，后来又调到电子科技公司任财务部长，最后升职为美的制冷财务管理部总监。在美的工作的这些年头，张权转战过多个岗位，他深切体会到突破心智模式的重要性。张权曾笑谈道："人才就是被折腾出来的。"

没有折腾，就无法发现人才，张权不仅自己折腾，还折腾自己的属下。在制冷财务部，张权要求财务人员每年换一次岗位，中层主管两年更换一次岗位。张权的目的就是要让每个人都能在不同的岗位接受学习，突破自己的心智模式。在美的工作，就意味着要做好时时折腾的准备，也正是在不断的折腾中，一个学习型的团队才得以诞生。

著名的信息通信企业华为公司也喜欢折腾员工，老总任正非特别爱折腾下属。作为 IT 企业，华为拥有很多新生代的年轻员工，他们缺少阅历，过惯了备受宠爱的日子。为了尽快让这群年轻人成熟，任正非几乎用尽了方法来折腾、磨砺他们。在华为，所有的高层领导者都不是直升上去的，而是从底层一步步走上去的。也许今天你是部门的总裁，明天可能就成了区域办事处主任，后年有可能被调到海外市场。起起落落，人员的频繁调动在华为公司可谓是司空见惯的事情。华为公司有一句至理名言，"烧不死的才是凤凰”，这也证明了只有经得起折腾的人，才是优秀的人才。

折腾是检验一个人忠诚度的绝佳办法，可以这样说，折腾能使人尽快地进步。一个培养人才的好办法就是让员工在各个岗位上折腾，经常变换不同的职位，让员工学习不同部门的专业知识，全方位地发展。如果一个人长时间只在一个部门工作，个人能力就无法提高，也就不会有更好的发展。折腾能使大家保持充足的活力，折腾能让人变得坚强勇敢。

管理心理学启示

老板不能只给员工一条道路，不能让员工困守在一个岗位上，毕竟单一的岗位升职空间也很小，不利于全面的发挥个人才能。不断地变换工作岗位，可以让员工学习更多的知识和专业技能，所以说，折腾是促使员工发展的手段，是留住人才的手段，毕竟人才都是喜欢被折腾的。

作为打工族，最怕的就是老板不折腾他。不折腾就意味着在老板眼里没有价值，也就表明未来没有出头之日。老板也要明白，想要激励员工的积极性，发挥他们的最大潜能，就要尽情地折腾他们，折腾是检验人才的唯一标准。

009 不可苛求完美，识才须不拘一格

有位领导在公司门前摆放了十几盆青松，要自己的下属前来辨认，分辨哪些是真松，哪些是假松。员工们看着这些青松，它们的形状、色泽一模一样，实在是真假难辨。但很快就有人分辨出了真假，老板很满意，问他是怎么分辨的，他说：“这其实很简单，大家只要看这些青松的枝叶，凡是有小虫眼的必定是真松。”

尽管真松枝叶上有虫眼，但瑕不掩瑜，辨物如此，识人更是如此。所谓“金无足赤，人无完人”，很多时候，老板不必苛责下属十全十美，死

死抓住一点小毛病不放。管理者在用人时应该注重大局，不要用完美的观点看人，而要以善意的心态了解他们的全部情况，综合分析他们身上的优缺点，识才必须不拘一格。

工作中，经常听到有些员工议论自己的同事，“某某虽然有才，但为免太过嚣张，这样的人恐怕难成大事。”“某某太恃才傲物了，都不把别人放在眼里。”身为领导，一定不能被这些闲言碎语所迷惑，可能有些人的确存在缺点，但和他们超人的才能相比，这点问题不值一提。

赵国有户人家中闹了鼠患，家中的老爷命人前去中山国讨了一只猫回来。中山国的人嘱咐道，这只猫虽然会抓老鼠，但也爱咬鸡。老爷听了这话，觉得不算什么大问题，只要能除鼠患，咬死几只鸡也行。过了一段时间，赵国人家中的老鼠都被抓光了，绝了鼠患，但可惜的是，他家中的鸡也全被猫咬死了。

老爷的儿子非常生气，他对父亲说：“既然家中没了老鼠，为什么还留着这只猫，何不把它赶出去。”老爷回答他说：“这你就不懂了，我们家最大的祸患是有老鼠，而不是没了鸡。老鼠多了，就会咬坏我们的衣物，糟蹋我们的粮食，穿透我们的墙壁，毁坏我们的家具，我们的生活也会受到影响，严重的话还得挨饿受冻，除老鼠是要放在第一位的大事。虽然这只猫咬死了鸡，我们最多也只是没了鸡肉吃，但赶走了猫，又闹了鼠患，我们不就得不偿失吗?”

任何事情都有正反两个方面，我们应该抓住主要方面，同时兼顾次要方面。在用人识才时，更是如此。有些人身上虽然有很多小毛病，但无伤大雅，和他们的贡献和才能相比，根本不值一提。领导在用人时，如果只注重到他们的缺点和问题，那就无法去团结人才，也无法发挥人才的价值。

处理事情时，不能一味地强调细枝末节，以偏概全。要抓住重点，才能慧眼识人，不错过任何一个优秀的人才。无论是用人还是做事，都应该看重主流，抓住重点，不要因为那些无伤大雅的小事而阻碍了全局的发展。我们要用的是一个人的才能，而不是他的过失。将眼光放长远些，在识人用人上不拘一格，领导者才会大有作为。

古人常把不拘小节看作一个人能否成大事的关键，他们常把胸怀宽广的人奉之为人中龙凤。办大事的人，从不在乎小问题，成就大事业的人更不会在乎琐事。领导要做到虚怀若谷，从善如流。只有能容才、会用才的领导，才能振兴一个企业。“人才兴则事业兴，人才弱则事业弱。”对于那些有瑕疵的下属，领导要敢于包容，容忍他们的缺点，甚至“偏袒”他们的过错。

管理心理学启示

让领导容忍下属的过错，并不是让领导纵容、忽视下属的过错，把握这种分寸很重要。在多数情况下，对于一些无伤大雅的过失，如果领导能睁一只眼闭一只眼就能获得无数的好处。这样的领导能收获下属的信任，进一步密切上下级的关系。能提高自己在下属中的声望，为自己塑造出一种宽容、豁达的领导者形象。

在权衡利弊时，领导者要本着“利”大于“弊”的原则，当护短的行为不超过自己的底线时，护短才是有价值的，可行的。在自己的底线之内，领导可以允许下属犯一些过错，但要叮嘱他们及时改正。作为一个精明的管理者，要充分运用自己手中的权力，灵活掌握护短的尺度，放手大胆地“偏袒”下属，为自己所用。

010 通过外貌表征瞬间识别人才

企业领导在招聘时，都是按照既定的流程进行的，招聘的过程涉及很多细节。为此，必须准确地掌握门道，才能找到需要的人才。很多时候，一个人的外貌便能泄露他们的才能，在招聘过程中，领导不妨仔细观察应聘者的外貌特征，留心他们的言行举止，窥测他们的才干和品行。

观察一个人的外貌特征是识别人才的一个重要途径。生意场上，领导经常和各色人物打交道，面对许多陌生的面孔，很多领导依然能做到游刃有余。这其中的秘诀不言而喻，面孔反映了一个人的心理状态，而且随着年龄的增长，反映得更加清晰。脸就像是展示人物情感的显示器，将人的喜怒哀乐、欲望、目的全部表现出来。

清朝的曾国藩有着异乎寻常的识人之术，一天他回到府邸时，看见大厅前站着三个年轻人。曾国藩得知这是李鸿章引荐的人才，于是在不远处悄悄驻足观看，认真观察这三个人的外貌特征。只见其中一个人不停地观察屋内摆设，若有所思。另外一个年轻人则小心谨慎，目光低垂，规规矩矩地站在庭院中。第三个人相貌平平，却气宇轩昂，背着双手直视前方。曾国藩故意不前去理会他三人，过了许久，前面两个人已站立不安，嘴里颇有微词，只有这第三个人依然气定神闲地欣赏周围的风景。

曾国藩回到房中，召见了这三个年轻人。在交谈中，曾国藩惊讶地发现，那个一直打量庭院摆设的人和自己的兴趣爱好颇为相似，言谈甚欢。而其他两个人则口才平平，那位欣赏风景的年轻人更是口不择言，频频说出一些让自己无法回答的话。谈完话后，曾国藩让三人回去，待他们离开之后，曾国藩吩咐手下给三个人安排职位。令人惊讶的是，曾国藩并没有对和自己谈得最投机的年轻人委以重任，只是给了他一个有名无权的虚职，那个很少说话的人则被派去管理钱粮马草。最令人不解的是，曾国藩却派那名冲撞自己的年轻人去军前效力，他还再三嘱咐下属，要多多培养照顾这个年轻人。

众人不解，曾国藩却道出了个中缘由：“第一个年轻人在等待时，一直打量大厅的摆设，在与我谈话时，很明显地感受到他并不是真的懂得我的兴趣爱好，只是投我所好罢了。此人表里不一，左顾右盼，属于奸诈狡猾之辈，不能重用。第二个年轻人态度温和，拘谨有余，是小心谨慎之人，适合做文书工作。最后一个年轻人气度不凡，甚至敢冲撞显贵，并能不卑不亢地说出心中所想，是少有的人才。”

曾国藩的一番话说得众人连连点头，而第三个年轻人也不负曾国藩的厚望，在后来的征战中屡建奇功。通过大厅中三人的外貌和表现，曾国藩就辨识出了三人的性格特点，并据此用人，这是他几十年的阅历和经验所得。

从一个人的面部表情识人，这是一门大学问。常言道，表情是内心的写照，很多人的喜怒哀乐全都表现在脸上。通过对别人面部表情的观察，领导能够窥探对方的心思状况，把握他的情绪变化尺度，了解一个人的性格特征。

此外，领导者可以从一个人的穿着识人。喜欢穿着奇装异服的人有创造才能，内心有优越感；喜欢穿朴素衣服的人，做事讲究，循规蹈矩；喜欢穿华丽衣着的人内心十分自信，有独立意识，能独当一面。

最后，领导者可以通过一个人的言谈来识人。生活中有很多嫉妒心重的人，他们经常对别人品头论足，看不惯他人的所作所为，这样的人心胸狭隘，人缘不好，不能重用，有些人处事圆滑，懂得如何保护自己和利用他人，不肯让自己吃亏；有的人说话尖酸刻薄，自尊心强，经常抓住别人的毛病小题大做，他们有强烈的支配欲望。

管理心理学启示

公司的竞争就是人才的竞争，人才是企业的根本，只要掌握了人才资源，企业才能做大做强。作为老板，必须慧眼识人，只有全面掌握了解了他人，才能挑选出最满意的员工，进而在竞争中占据有利地位。

事物是普遍联系的，一个人当前的言行外貌很大程度上会反映出未来的发展。有前因，必有后果，领导可以据此来识人用人。在生活中，老板常常要面对各种各样的人，有的人能为你带来好运，有的人却会在背后捅你一刀，让你麻烦不断。为了避免不必要的纷争，老板需通过一个人的外貌特征来识别对方。观察一个人的言行举止，根据他们所表现出来的特征进行判断，长此以往，你一定能目光如炬，慧眼识人。

第三章
DI SAN ZHANG

用人心理学：以心换心，赢得忠诚

作为一位企业的领导者，他最希望下属能够做到的是什么？忠诚，绝对的忠诚。因为只有忠诚的人，才能够全身心为企业服务；因为只有忠诚的人，才能够发挥自己最大的潜能，为企业创造价值。员工的忠诚，对企业发展来说非常重要，提升员工的忠诚度是领导者的一项日常功课。如何赢得员工的绝对忠诚？如何发挥员工的最大潜能？论语讲“推己及人”，赢得一个人忠诚的心，就必须也用一颗忠诚的心去交换。以心换心，方能真诚相待，荣辱与共。

001 认同效应：用人不疑，疑人不用

当我们怀疑一个人的时候，往往就失去了对他的信任，出于本能就会疏远他，不敢把重要的事情交给他处理。而这种感觉是会变化为你的行动表现出来的，所以，被你怀疑的人是能够感觉到你的不信任的。如果一个人不被信任，甚至是被怀疑，那么他便会从心底里产生逆反、消极、怠慢的心理。这种心理也会影响他的行为，消极怠工，做事不认真、不投入，甚至到最后，真的会做出背叛公司、背叛领导的事情。

相反，如果一个领导者，能够做到对自己的员工极大的、真诚的信任，亲近他们，靠近他们，给他们自由发挥的空间，那么员工绝对也能够感受到你的这份信任。这会在心理上极大地调动他们的工作积极性，他们会觉得，上司把自己当作战友，是对自己的极大信任，因此必然以公司为家，绝对忠诚于公司、领导，最大限度地为公司创造效益。

这就是一种认同效应：用人不疑，疑人不用。事情往往会朝着我们相信的那个方向发展。既然你选择了这名员工，那么就请相信自己的眼光，相信这名员工是称职的，是忠诚的。如果从一开始，你就对这名员工存有疑虑，那么最好还是请你从一开始就不要任用他，因为，那会浪费你的时间和精力，而他也会因为你的怀疑而影响工作。

聪明的领导者不会每一天都像拿着一个显微镜、一个测谎仪一样，监督着每一位员工。领导者要明确的是，你的目的是充分调动员工的工作积极性，最大限度地发掘员工的潜能，促使他们为公司带来最高的效益。而员工的工作状态和工作环境有着极大的关系。工作环境分有形的和无形的两种。有时候，无形的工作氛围更能够影响一个人的工作状态。作为领导，必须要学会给员工营造一个自由、信任的工作环境，这样才能够让员工忠诚地为你所用。

在中国历史上，凡是明君都深谙“用人不疑，疑人不用”这一道理。开创大唐盛世的唐太宗李世民便有句名言，“为人君者，驱驾英才，推心待士”。这句话的意思是，作为一位君王，就应该善于任用人才，而对待你所任用的人才要推心置腹，信任有加。如果做不到“推心待士”，那又岂能“驱驾英才”？李世民的这一治国经验，正是从前朝隋文帝用人“多疑”的弊端中吸取的教训。“倘君臣相疑，不能备尽肝膈，实为国之大害也”。因此，李世民采取了“洞然不疑”的做法。

对待自己的朋友、属下信任，可能还没有那么难，而李世民的果敢豁达和用人不疑，居然能够表现得更加卓越——他对曾经的疏远者，甚至是昔日的仇人、对手也能够做到“洞然不疑”，这实在让人佩服。

武德年间，李世民收降了刘武周大将尉迟敬德，在这之后不久，尉迟敬德的手下叛逃了。这个时候，就有人向李世民进言，怀疑尉迟敬德迟早也会叛逃。对此，李世民当时并没有多说什么。于是有人就不经过李世民的允许，将尉迟敬德抓了起来，囚禁在军营之中，然后规劝李世民将其杀掉。而李世民的做法却出乎大家的预料——他非但没有杀尉迟敬德，反而让人把他给放了，并且将尉迟敬德请到卧室，用温和的语言安慰他，让尉迟敬德不要生气下属这样无礼的行为，也不必担心自己的安危。

为了表现对于尉迟的信任，李世民临别前还赠送给尉迟敬德大量金银珠宝。尉迟敬德被李世民的言行深深打动，决定誓死效劳，发誓“以身图报”。后来，尉迟敬德果然在李世民打天下的事业中立下了汗马功劳。

唐太宗李世民为何能够做到如此豁达？而且还是对待曾经的反叛者。那是因为他慧眼识珠，首先，他知道尉迟敬德是一名英才，绝对能够帮助自己赢得天下。聪明的领导者是绝对惜才如命的，他非常明白人才对功业的重要性。因此，尉迟敬德是李世民必须要笼络的一个人才。而李世民更加聪明的一点，便是他明白既然决定了要任用尉迟敬德，那么就要选择相信尉迟敬德。

这个时候，尉迟敬德也明白，自己曾经反对过李世民，现在投诚之后会遭到许多人的怀疑和猜忌；但是再多的人怀疑，他都可以不在乎，最重要的是李世民是否怀疑自己。显然，李世民选择信任尉迟敬德，对后者来说是一种巨大的鼓励和关怀。李世民的赤诚相对，就像是一剂强心针，给了尉迟敬德信心，所以后者才死心塌地地追随、效劳。

作为企业的领导者，如果对员工总是存有疑虑，那显然是一种负担。员工有那么多，如果每一个都不值得信任，那么每天就只能在怀疑中度过，从而错过真正有价值的东西。而如果你能够选择信任员工，那么每个人便会带着一颗感恩的心去回报你，用积极的工作态度为企业创造更大的效益。

管理心理学启示

想要每一个员工都忠诚于自己，这恐怕是每一个领导者的愿望。很多人会认为，人心很复杂，市场经济条件下利益至上，我们很难做到相信一个人的忠诚。但是，聪明的领导者知道，信任其实是一种工具，可以用它来达到自己的目的。善于信任员工，才能够驾驭人心，做一番大事业。

领导者是企业的核心凝聚力，如果你是一个多疑的人，那么员工必然不会死心塌地地对待你。只有你的信任才能将员工凝聚到一起，使之真正成为一个集体。所以，管理的一条法则便是“用人不疑，疑人不用”，信任的环境将带来巨大的效益和长远的发展。

002 用人不在于如何减少人的短处，而在于如何发挥人的长处

人都有一种填补心理，比如看到一件事物有一些不完美的、残缺的地方时，我们总想要去填充它，弥补它。因此，通常情况下，一名领导看到自己的员工存在有各种各样的缺点、短处的时候，会非常焦躁，迫切想要

把员工身上的所有缺陷都给补上，然后让大家全都成为他自己想象中的样子。

然而，“尺有所短，寸有所长”，一个人不可能做到十全十美；所以，作为一名领导，就不应该去奢望、要求自己的员工能够拥有你想要的所有才能。每个人都有自己的劣势和优势，领导者要做的并不是让员工将他的短处全都补长，而是应该做到充分地发挥员工的长处。

李白说“天生我才必有用”，这句话一点都没有错，因为每个人都有自己的长处。而领导之所以可以成为领导，正是因为他能够看到别人身上的长处，然后为我所用。员工身上有缺陷不重要，重要的是他的长处正是领导者所需的，充分挖掘、发挥员工的长处，这才是真正的用人之道。

中国著名史学家司马光在《资治通鉴》中曾经说过：“夫人之材，各有所宜，虽周孔之材不能偏为人之所为，况其下乎？固当就起所长而用之。”此话对于管理来说犹如醍醐灌顶。人无完人，每个人都会有这样那样的短处，也会有这样那样的长处。作为一个管理者，不应该只把眼光紧盯在员工的短处上，而应该“当就其所长而用之”。否则，你非但不能如愿利用一个人才，还会埋没一个人才。

东汉献帝建安五年（200 年），文韬武略冠绝一时的曹操曾经下过一道求贤令，强调“唯才是举”。在这里，曹操强调的是“才”，是能够为我所用的“才”，这才是领导者最为重要的事情。没有领导者会在招人的时候说“不要有什么什么样缺点的人”，而通常是说“需要什么什么样的人才”。这正是一个领导考虑到企业的发展而做出的正确选择。

美国总统林肯在用人之道上，与曹操“唯才是举”的理念有着异曲同工之妙。美国南北战争的时候，有一名非常有名的将军，名叫格兰特。这个人军事才能过人，但是却有一个大毛病——好酒贪杯。其实，这个缺点对一个军事领导者来说还是有一些影响的。林肯也知道这个缺点不好，不过他更看重格兰特的军事领导才能。所以，最后林肯在众多人的反对声中，毅然决然地选择任用、重用格兰特，并且还笑着对那些反对他的人说："你们说他有爱喝酒的毛病，我并不知道，如果知道我还要送一箱好酒给他呢！"

就这样，林肯选择忽视格兰特的缺点，去肯定发挥他的长处。果不其然，格兰特上任之后，将他的军事才能充分发挥，迅速扭转了战局。不久，北方军队很快就打败了南方军队，结束了南北战争。

发现别人的长处，利用他人的长处，并不是太难的事情，考验的是领导者的魄力和眼光。有句话叫作"垃圾是放错地方的财富"，虽然每个人都有短处，但是如果能够把一个人的短处用好了，那同样也是一种本事。

一位纺织厂的刘厂长，就非常善于用人之短。在他的厂子里，小张这个人遇事喜欢钻牛角尖，刘厂长就安排他去当质量检查员；而小李这个人缺点是头脑呆板，于是刘厂长就安排他去做考勤；脾气犟的、争强好胜的就被安排去当攻坚突击队长；办事情婆婆妈妈的被安排去抓劳保；能言善辩的就被安排做公关接待。

不得不说，这位刘厂长是一位极为有智慧的领导。人的短处，如果换个环境，就会成为一种长处。如何定义一个人的长处，没有固定的标准，这靠的是领导的聪慧。变短为长，善用长处，这才是有智慧的管理者。

管理心理学启示

世界上只有混乱的管理，绝没有一无是处的人。世界上没有完美的全才，只有适合某项工作岗位的偏才，甚至是怪才。物尽所能，人尽其才，这才是管理的好方法。如果领导只着眼在员工的短板上，而忽略了员工的长处，那么将会严重打击员工的自信心和自尊心，即便对方有一百分的才能，最终也只会发挥不到一半。

人人都有缺点，这不是一个领导能够全部改变的事实。花再多的时间去纠结员工的短处，对企业发展来说也是于事无补，并且浪费金钱和精力。而员工真正能够创造价值的是他的长处。所以，发挥员工所长，是领导者用人的关键。

003 善用比自己强的人，你才能成为巨人

一个人能够做到领导的位置，能力和智慧是不容置疑的。领导、管理者也是经过了无数的历练才走到金字塔的塔尖。站在塔尖的人，往往掌握着巨大的权力，往往拥有巨大的财富，万人敬仰，是无数人的偶像。很多人，费尽心思和力气走到这一步后，往往容易犯一个错误——刚愎自用，目中无人，认为自己已经是领导了，当然不应该有人比自己更强、更聪明。而这恰恰就是领导者最大的危险。

独木不成林，一棵树无论长得多么枝繁叶茂，也无法抵御一场暴风雨的侵袭。只有众多的树木团结在一起，你保护我，我保护你，才能够抵抗更大的风雨，才能成为一片茂密的森林。作为一个领导，即便你再有才能，一个人也不可能将财务、销售、行政等多个部门的事情都办好。因为一个人的能力是有限的，公司的长远发展需要的是团队的力量。真正聪明的领导者，或许并没有什么突出的才华，但是他却能够将那些拥有才华的，比自己强大许多的人聚拢到自己的身边，为己所用，让这些能人异士帮助自己成为真正强大的巨人。

重用比自己强大的人，承认他人比自己强大，对于一般人来说，可能并不是一件多么难的事情，但是对领导者来说，却没有那么容易。当人做到一定的位置之后，很容易被权位、钱财蒙住了双眼，而这往往会给自己带来致命的打击。

东汉末年，建安五年春，军阀袁绍厉兵秣马、养精蓄锐，准备带领十万大军进攻曹操。袁绍的手下有一谋士，名叫田丰，此人足智多谋，深谋远虑。田丰对当下的局势了然于心，当时曹操的军队刚刚在徐州打了胜仗，部队士气大增，这个时候，万万不可轻敌，轻举妄动。于是田丰向袁绍提出自己的建议："不如以久持之，待其有隙而后可动也。"

可是袁绍是一个非常刚愎自用的人，他自信于自己领军打仗的能力，瞧不上田丰的纸上谈兵，况且自己坐拥十万大军，岂能就此放过曹操？所以，田丰的话着实激怒了袁绍，袁绍发怒说："汝等弄文轻武，使我失大义！"一般人要是看到袁绍如此动怒，早就阿谀奉承，自我贬低了。但是田丰没有这么做，继续劝谏袁绍："若不听臣良言相劝，出师不利。"骄傲自大的袁绍哪里听得了一个手下这般的"恶言"，不分青红皂白，将田丰投入大狱。

田丰入狱之后，袁绍率领着十万大军进攻曹操的军队，结果，士气如虹的曹军在官渡一战中，将袁绍的军队打得是人仰马翻，落花流水。

袁绍大败的消息很快就从前线传到了后方，狱卒知道后，兴高采烈地跑来对田丰说："与君贺喜！"田丰还不知情，便问："何喜可贺？"狱卒说："袁将军大败而归，君必见重矣。"田丰听罢，瘫坐在地，说："吾今死矣。"狱卒很是纳闷儿："人皆为君喜，君何言死也？"田丰回答说："袁将军外宽内忌，不贪忠诚。若胜而喜，犹能赦我；今战败而羞，吾不望生矣。"

事情果然正如田丰所料，铩羽而归的袁绍气急败坏，心里清楚田丰分析得对，田丰比自己的军事才能更胜一筹，但是十万大军的失败让他颜面扫地，自然难以挽回颜面。于是，他便随便给田丰安了个妖言惑众的罪名，将其处死了。

让我们设想一下，如果这件事情能够重来，袁绍能够承认田丰的远见，能够重用田丰的才能布局作战，那么历史很有可能重演。作为一名领导要有开阔的心胸，要有容人之量，谦虚谨慎，切不可自作聪明，刚愎自用。作为一名领导，责任自然比下属大得多，你的每一个决定都可能会影响整个团队、整个公司的未来。

所以，领导再有能力，也有想不到的时候，也会有漏洞。这个时候，就需要有能人帮助你。遇见比你有本事、有才能的人，是你的福气和运气，能够善于利用他们，那才是你的才气和大气。

妒贤嫉能是抑制和扼杀人才的一种腐朽、落后的畸形心理，是管理过程中的一颗毒瘤。作为一名领导者，要想把事业做大做强，就必须克服嫉贤妒能的心理，敢于、善于任用比自己强大的人，这样才能成为真正的巨人。

管理心理学启示

嫉妒心理，每个人都会有。但是作为一名领导者，却不应该嫉妒。领导，永远要比员工站在更高一层的台阶上，想的要比员工更长远。领导的工作不是和员工比赛谁的本事大，也不是一定要事必躬亲，而是去管理人。当一个领导能够跳出员工的圈子，站在更高的台阶上俯视员工时，你就不会再眼红某个员工的销售成绩居然比我当年好那么多，而是会开心他为公司创造了这么大的效益。当你明白自己的工作是为了公司的发展的时候，你就会开心公司里有比你强大的员工，你就会去重用这些人，因为你明白了自己的角色定位，你是领导管理者，而员工，即便能力比你再强，他也是被管理者。

承认别人比自己强，需要谦虚的态度，豁达的心境，但是承认别人比自己强，并不是意味着你就是个失败者，如果你能够让这些比你还强大的人为你所用，那不是更强大的一种表现吗？

004 即使成员失败了，也要给他们机会

一个人能够成功，绝不是一蹴而就。作为一名领导，你很清楚自己能够走到今天这一步，也是经历了无数次失败、打击之后才历练出来的。所以，当你的员工做事失败了，把工作搞砸了的时候，你也要给他们一次机会，因为一次失败，而一棒子“打死”一个人，通常会让你失去一个人才。而给他一个机会，对方很有可能还你一个奇迹。

做领导的，自然是不希望员工犯错误的，因为犯错误必然会给公司带来损失。但是伟大的领导，却能够找到正确的方法，给员工们犯错误的自由，并且让员工在错误中吸取教训，迅速成长。的确，有时候，员工的一个错误可能会给公司带来非常高昂的损失，但是梅格·凯博特曾经说过一句话“勇气并不是心中毫无恐惧，而是知道某些事情比恐惧更重要。”聪明的领导懂得，即使员工失败了也要给予再来一次的机会，远远胜过一犯错就被开除的惩罚。

小张是一个刚刚走出大学校园的新人，本科就读于国内一所211名校，学习的专业是金融学。在大学期间，他经常参加校园活动，专业课成绩优异，为人踏实肯干，还担任过学生会主席。这样一份履历，给初入职场的小张带来了不少的优势，许多银行和证券公司都争抢他。最终，小张选择了一家外企证券公司做风投。

刚入职场，小张做什么事情都是非常谨慎小心，虚心学习。同事和领导都很喜欢小张。由于小张优秀踏实的表现，他很快就得到了一个客户，当领导将这个客户交到小张的手里时，领导语重心长地说：“小张啊，我知道你的能力，也看到了你的态度和努力，所以，我们才一致同意在这么短的时间里就交给你一个重要的客户，记得好好表现啊。”面对领导的信任，小张受宠若惊，心中有了些许忐忑，从前的那种自信变成了紧张无助。“如果赔钱了怎么办?”“我不能对不起公司!”这样的想法一直在小张的脑海中盘旋。这直接影响了小张的工作状态，他始终处于一种高度紧张的状态。

起初，小张凭着自己扎实的专业知识，有条不紊地为客户进行着投资理财。没用多长时间，小张就为客户赚了一笔钱，也为公司带来了效益。小张的心渐渐放松了下来。这一切都被领导看在眼里，只是没有流露声色。

过了一段时间，小张出现了一次重大的失误。客户出国旅游了，临走之前和小张说有一只股票行情不错，并让小张帮忙大量购买。可是小张从专业的角度出发，建议客户不要买入太多，因为他了解到这家企业的老总最近似乎染上了桃色新闻，这对公司的形象肯定会是一次重大的打击，股票必然会大跌。但是，客户没有时间听小张长篇大论，匆匆上了飞机。小张没有办法，但是之前几次成功的判断给了他自信，他决定不听从客户的安排，不购买这只股票。小张认为，这支股票肯定会大跌。

一个星期过后，果然有媒体爆出该公司老总的花边新闻，但是该老总立马站出来，拿出证据，打破了这一空穴来风的消息，该公司形象非但没有受损，反而得到了极大的提升，股票持续攀升。小张这下子傻了眼，后悔当初不该盲目自作主张。这时，客户也从国外度假回来了，当客户兴冲冲地以为自己赚了大钱的时候，才发现小张根本没有听自己的意见。客户大发雷霆，要求赔偿。这时，小张彻底慌了手脚，不知所措。

就在这个时候，小张的领导出面了。他亲自向小张的客户道歉，并且按照合同付了赔偿金。小张知道后，感恩又自责。领导将小张叫到办公室，对他说："小张，你是一只潜力股，但是潜力股不代表不会在暴涨之前大跌。在金融这个行业，没有常胜的将军，每个人都要经历失败，股市瞬息万变，你必须掌握最真实可靠的消息，并且要充分尊重客户的要求。这次失败是一次教训，是公司花钱给你买的一个教训。"小张听后，热泪盈眶，下决心以更好的状态投入到工作中去。

小张因为个人失误，给公司带来了重大损失，但是领导却愿意为他的错误买单，这是为什么？因为领导有远见，看到小张是一支潜力股，值得培养，必须留住。其次，他的领导非常清楚这个行业必须让初出茅庐的小伙子尝尝失败的滋味，否则不会成长。所以，他选择给小张犯错的自由，给他一次重来的机会。

失败，没有关系，任何事业都不是一帆风顺的，跌倒过才知道接下来的路如何走，才不会摔跤。作为领导，你需要培养长期的人才，一次失败代表不了什么，给员工一次机会，让他们还你一个奇迹。

管理心理学启示

每个人都会犯错，如果我们不犯错，那么就会永远待在安全地带，无法去尝试新鲜的事物，就会失去创新和改进的动力，这对一个企业的发展是没有好处的。失败后，通过给一次重来的机会，让员工获得成长，这个过程也很有价值。著名篮球教练约翰·伍登说："如果你没犯错，那么你什么都没做。"只有犯过错，才知道正确在哪里。

作为领导，如果员工一犯错，就将他炒鱿鱼，那么问题其实并没有真正得到解决。当下一个员工接手这份工作时，他同样有可能犯类似的错误，难道要再来一次吗？这样根本不能从根本上解决问题。如果能够选择给对方一次机会，那么他便会认真分析自己的错误，从而找到问题的根源，之后就不会再犯同样的错误，这才是明智之举。

005 克服嫉贤心理，敢用出色之人

领导者胜任日常工作，选拔优秀人才，需要敏锐的眼光，还有宽阔的胸襟。正所谓"海纳百川，有容乃大"，成大事的领导者有容人之量，凭借宽阔的胸襟吸纳更多、更优秀的人才，让发展梦想照进现实。

佛语有云：人有七情六欲。嫉妒之心，人皆有之。看到比自己美好的事物，或者是比自己幸福的人，心中多少会有羡慕之情。当这种感情还停留在羡慕这个层面上的时候，那么它还是一种比较正常的感情表达。但当这种感情上升到嫉妒之心时，就比较危险了。虽然嫉妒心人皆有之，但是嫉妒，对于一个领导者来说，却不是一件好事。

事实上，公司是一个团队，不可能就只有你一个人，作为一名领导，你必然要管理许多人。如果你嫉妒这些属下中的某几个人的才华胜于你、容不下他们，那就意味着他们的工作就需要你来做，或者安排能力不如你的人去工作。可是，这样是不是就忘记了创办公司的初衷呢？就忘记了公

司存在的目的呢？你是想要领导一群庸才，凸显你的才华，然后公司举步维艰？还是想要领导一群英才，做一个幕后的英雄，然后公司长久稳定地发展呢？聪明的领导者，绝对会做出正确的选择。

道家创始人老子曾经就一个领导者应该具备什么样的品德，用江海进行过比喻，他这样说："江海所以能为百谷王，以其善下之，故能为百谷王。"这句话的意思是，江海处于溪流、小河的下游，汇聚了千百条溪河的水流，然后才能够成为烟波浩渺的浩荡大水。表现在用人方面，要求领导者要有宽阔的胸怀，吸纳贤才，唯才是举，才能走得更长远。

"天外有天，山外有山，人外有人"，你在这个地方才华数一数二，但是到了更大的舞台上，可能你的光芒就不再那么耀眼。因此，领导者要明白这一点，世界上人才很多，每个领域都有非常优秀的人。此外，一个人不可能成为一个全才，所以不要指望着自己一个人能够做好公司每个部门的每一件事。你要去挖掘人才，而不是嫉妒人才。你的包容，会为你吸引更多的精英。

韩国三星电子集团，刚开始还只是电子通讯业一个很不起眼儿的角色，在诺基亚、摩托罗拉等老牌电子品牌面前，还只是个小朋友。但是在2004年美国《财富》杂志评选的"世界最受尊敬企业"的电子行业的排行榜上，三星名列第四名，一跃成为了电子业新的领军人物，这一成就的取得正是依靠三星大气的容人之量，广纳贤才。

三星集团中国总部的社长李相铉对于三星的成功，有过一段精彩的描述，他说："吸纳天才是我们的首要任务，为此公司善用'个性'的员工和行业专家，他们来自世界各地，三星大厦的鼎立和他们的功劳是分不开的。"这是一个拥有博大的胸怀的领导者才能说出来的话。

有没有容人之量，能不能够善用人才，这也是一个人能否成为一名合格领导的标志。周瑜和诸葛亮都是拥有卓越的军事才能的英才。周瑜在东吴效力，诸葛亮为刘备出谋划策，两个人可谓都算得上是各自地域的军事领导者。但是为何最终诸葛亮成就远胜周瑜呢？原因便在于诸葛亮拥有容人之量，有宽阔的胸襟。而周瑜恰恰相反，他心胸狭隘，无法接受一个比自己聪明有才能的诸葛亮。诸葛亮正是抓住了周瑜的这个性格弱点，招招击中周瑜的要害。最终，周瑜在临死前还要向上天感叹“既生瑜，何生亮!”

其实，诸葛亮、周瑜本来都是难得的军事人才，一个会谋略，一个善实战，各有所长。如果双方能够互相欣赏，包容对方，那么蜀吴绝对可以联合起来抵御甚至击溃魏国。一个领导者的嫉妒的性格缺陷，不仅仅断送了自己的生命，还连累了整个团队的前途。

领导要做的是选贤举能，而不是嫉贤妒能。通常一个领导嫉妒他人，是因为他担心比他有才华的人有一日会反叛自己，夺走自己的位置。那么这样的人，永远也成为不了一名合格优秀的领导。领导的工作就是将更多的人才聚集在你的门下，为你的公司服务。你需要的是管理手段和技巧，而不是和员工比赛谁能写出更棒的程序，谁能卖出更多套房子。

人才，不是用来嫉妒的，而是用来利用的。领导者，不应该把时间浪费在无聊的嫉妒心上，大胆地任用人才，你的企业才能蒸蒸日上。

管理心理学启示

嫉妒这种心理，是一种负面心理，它在人的心中扎根，往往会带来消极的作用。一名领导嫉妒自己的下属的才华胜过自己，那么就会讨厌这名下属，就会想方设法地想要刁难这名员工，让其出丑，让其做不成事情。可是这样做的后果，不过是你满足了一时之快，但是这却是自私的，因为公司会因为你的行为造成巨大的损失。

更严重的是，如果你的员工感觉到了来自你的恶意，那么通常情况下，他们都会选择弃你而去。是金子到哪里都会发光，是人才，到哪里都会有人要。你不珍惜你的员工，那么他就有可能到你的竞争对手那里去与你竞争。失去了人才的你就只有缴械投降的下场了。

006 你信任员工，员工才会忠诚地跟随你

一个庞大的公司，其内部必然是各个部门盘根错节交织在一起。作为一名领导，你不可能事必躬亲，唯权是抓，这不现实，也不合理。而中国恰恰有很多大企业的老板就连公司的一点芝麻绿豆大的事情也要亲自过问，否则就无法安心。这是一种深受中国传统思想束缚的行为表现。每个人都渴望获得权力，然而一旦得手就不想松手，唯恐失去，这也是不会当领导的表现。

经验表明，领导不懂得放权，给员工带来的是一种不信任感。有些领导者，甚至因为疑心病太重不相信任何外人，所以公司里的重要职位全部安排的都是自己的亲戚，似乎只有亲戚才会为他卖命，忠诚于他。但是事实证明，家族企业往往不会走得长久。

身为领导，一定要牢记一点：你的公司是由许许多多的员工组成的，只有信任员工，他们才会忠诚地跟随你的步伐，为公司创造更大的效益。

一代世界金融巨子陈弼臣，是泰国盘古银行的创办人，也曾是世界华裔大会代表。1910 年，陈弼臣出生在泰国春武里府，当时没有人会想到，这个少不经事的孩子，日后竟然会成就如此大的一番事业。青少年时期的陈弼臣，一直靠在泰国打工糊口。直到 20 世纪 30 年代的时候，陈弼臣得到朋友的帮助，在泰国开设了一家小小的五金木业行。此后，陈弼臣的事业开始慢慢做大，最终开办了“亚洲贸易公司”等企业。

1944 年，陈弼臣再一次做出决定，联合了几名中泰商贾，在曼谷开设了第一家“盘古银行”。创业之初的盘古银行，资金仅有 20 万美元，而陈弼臣当时也只是一个小小的董事。银行建立的第二年，陈弼臣得到了参与银行业务的机会，整个董事会给予了陈弼臣极大的信任，陈弼臣也用自己的行动汇报了董事会。他在发展银行存款和贷款业务方面成绩显著。

到了1952年，由于陈弼臣对银行的突出贡献，董事会推举他担任盘古银行的董事总经理。掌握大权之后的陈弼臣，深深地感动于董事会其他元老对于自己的信任和认可，所以将整个盘古银行打理得井井有条，风生水起，蒸蒸日上。自己的经历，给陈弼臣上了一课，于是他秉承着“用人不疑，疑人不用”的宗旨，充分信任自己的员工。

掌握大权之后的陈弼臣，并没有像有些企业家一样，赶快将自己的亲戚安插在自己的身边，而是大量搜集网罗人才。在重要的经营和研究技术方面，他大胆地启用新人，并且充分地信任他们，给他们自由发挥的空间，不去干涉他们。他说，是人才就不要去怀疑。你要充分相信他的才干，相信他能够给你带来利益。有人问他，为什么不选择让自己的孩子来担任要职呢？陈弼臣回答说：“富不过三代这种说法我是很赞成的。”

陈弼臣认为，家庭式的企业不会走得长远，因为家人之间的信任是不应该和利益、金钱挂钩的，这样既会损害了亲情，也会给企业的发展带来困阻。而选择相信与自己毫无关系的员工，对他们委以重任，他们会最大限度地发挥自己的潜力。精明的领导，懂得管理的收放自如，应该相信员工的时候，就要给予他们应有的信任，让员工放开去大干一场。这样企业才能走向成功。

员工对于企业的忠诚，来自于领导者对于员工的信任。这是一个双方面的事情。失去了信任，你的管理也就成了无水之源，无本之木，那自然是水不能流得长远，树不能长得茂盛。员工的忠诚是靠领导者的信任打造出来的。虚情假意，疑神疑鬼，只能换回同样的虚情假意甚至弃你而去。而只有用真心去打动真心，才能让整个团队充满干劲儿，才能让员工最大限度地激发自己的能量。

很多领导者并不怎么关心信任的问题，直到和员工关系破裂的时候才去重视已经晚了。一位成功的企业家说：“信任是我用人的第一标准。”没错，疑人不用，用人不疑，既然你已经选择了这名员工，那你就要相信自己的眼光。而当一个人得到了上司的信任之后，他会非常感恩，非常努力地工作。而这，是任何一个领导者想要看到的。

当然，社会很复杂，领导也有看走眼的时候，如何才能信任值得信任的人，这便需要你的火眼金睛了。

管理心理学启示

信任，是一种非常有效的心理暗示。当一个人得到了他人的信任之后，他的责任感会上升，他的内在的潜能会被激发。因为这是一种激励和肯定。信任，其实来自于了解。当你充分了解一个员工的生活状况之后，深刻了解，综合分析，选择了之后，就不要再怀疑。给他自由，当一个人在自由的环境下工作的时候，他的潜能会得到极大的发挥，他也会从心底里感激你的这种信任，反过来更加忠诚于公司。

007 木桶效应：注重提升“短板”员工

尺有所短，寸有所长，每个人都有自己的长处和短板，聪明的领导者善于发现并且利用员工的长处。同样，他也会非常注重提升员工的短板。

经济学上有一个效应叫作“木桶效应”，意思是，决定一个水桶能够盛多少水的不是最高的那块板子，而是最短的那块板子。

作为一名领导者，在挑选员工的时候，自然是先会查看其长处在哪些方面，这些长处是否符合自己公司的要求，从而往往忽略了对方的“短板”。而一个人的短板，如果不和他的工作相冲突的话，那便无大碍，可是如果这一短板恰恰是工作中的致命缺陷，那么领导者本身就存在严重失职。因为，这像一颗定时炸弹，随时会给公司带来严重的损失。

李方是一家外企的行政主管，主要负责公司的招聘工作。在一次为公司招聘销售主管的时候，就因为未能发现对方的短板，从而给公司带来了损失。

当时来面试的是一位海归，30 出头，神采奕奕，拿着美国名校 MBA 的硕士学位，能够说一口流利的英文，并且有着极好的口才和先进的销售理念及技巧。李方一下子就被对方的金光闪闪的履历表给吸引了，心想一定要留住这个人才。所以，当下没有经过太多的交流，李方就代表公司聘用了这名海归。但是，在这名海归上任一个星期之后，问题就逐渐暴露了出来。

对方在国外的时候，销售成绩骄人，销售技巧也无人能敌。但是最大的问题是，当时他在海外都是在单打独斗，自己出门做销售，而现在他担任的是销售主管，需要的不再是他一个人出去找客户就可以了，而是需要调度好手下的每一个销售人员。

问题的关键便在于此，这位海归性格倔强自负，不讲究团队精神，凡事喜欢独来独往，唯我独尊。这样的性格是无法做好一名销售主管的工作的。因此，团队里的人都不服他，大家的心渐渐地散了，部门销售业绩江河日下。最后，这名海归难逃被辞退的命运。

这个案例告诉我们，招聘人才的时候，既要了解他的长处，也要搞清楚他的短板。因为有的时候并不是谁都能够瑕不掩瑜，有些短板如果你未能及时发现，帮助你的员工加以提升、修正，它往往就会成为一颗隐藏的定时炸弹，给公司带来前所未有的损失。

一个领导，能够一眼看出员工的短板，是一种能力，如何提升员工的短板，则是一种智慧。想办法提升员工的短板，不失为一种方法，但却不是效率最高、投资回报率最高的方法，更高明的做法是发现员工的短板，将其发挥到合适的地方，让短板成为他的长处、优势。

唐朝有一位大臣，名叫韩晃。有人向他推荐了一名有抱负的年轻人。起初，韩晃并没有说答应，也没有一口回绝，而是举办了一次欢迎的宴会。在酒宴上，这个年轻人一言不发，别人和他说话，他也不善言辞。别人说一些恭维的话，他也不懂如何回应对方。当对方说得不对的时候，他就会不顾情面，不讲说话技巧地挑明对方的错误。如此一个不善交际的人，还想要为官，一般人一定不会重用他。但是韩晃却看中了年轻人的这个缺点。

在别人眼里，这个年轻人是不通情达理，不明人情世故，但是韩晃从另一个角度看到的却是他铁面无私、刚正不阿的优点。于是，韩晃决定任用这名年轻人，让其去做“监库门”的工作，也就是今天的仓库主任。事实证明，韩晃的选择是正确的，在那之后，库亏之事就绝少发生了。

这就是一个高明的领导的高明做法，用短中见长的态度看人，收获的就是另一个人才。试想，这名年轻人的性格通常在官场上并不是一件好事，因为这种性格经常会得罪人，但是这并不意味着他就做不了一个好官。因为官职有许多，不一定每一个岗位都需要为人处世圆滑的人，有些岗位就是需要这样有原则、固执的人。

如何将一个人放在最合适的位置，这是一件很不容易的事情。需要一名领导具备足够的智慧和眼光。员工有短板不可怕，作为领导的你，可以选择补足他的短板，亦或者是将他的短板用在最适合它的地方，让其转化为一种优势。

每个人都是有独立个性的个体，每个人都有自己的优势和劣势。所以，作为领导，你要学会区别对待，对于员工的长处，你要充分发挥利用。人尽其用便是这个道理。而对于一个有短板的员工，立刻辞退他，并不是最好的选择。人才往往都是需要培养的，没有耐心，人才也不会留在你的身边。因此，对于员工的短板，你更要充分了解。

管理心理学启示

用人如器，各取所长。就像小时候堆积木一样，只有通过合理的优化组合搭配，才能弥补每一块积木本身的缺憾。领导在用人的时候，也不能仅仅因为员工的一个短板，就把整个人才扔掉。能补足的短板，当然补足也是不错的选择，例如第一个案例中的那名海归，如果能够磨炼炼其性格，让其改掉刚愎自用，不团结的缺点，那他便会成为一名出色的销售主管。

除了这种方法解决员工的短板之外，更有效的方法便是将员工的短板应用到合适的位置上去，让他的短板转化为优势，这对于员工来说，是在增加他的自信心，对于企业来说，绝对会提高经济效益。

008 “刺头”人物也能为我所用

在一个团队里，往往有这么一类人，领导对他们可谓是又爱又恨，那就是所谓的“刺头”。他们往往在某个方面有着出众的才华，但是性格倔强，有个性，爱自由，不喜欢受束缚，在公司中常常会顶撞领导，在众人面前不给领导留面子也是常有的事情。面对领导的管束，他们也似乎总是抱着一种挑刺的态度，总能找出管理中的漏洞，与领导一较高下。

通常，这类人会被看作是公司里的不安分因子，弄不好，他们就会在公司内部煽动其他员工，掀起一阵狂风暴雨。面对这类人，大多数领导会对其进行打压约束，实在不行就会将之辞退。其实，这种做法并不高明。

这些“刺头”们表面上对公司起不到积极的作用，甚至会动摇军心，但是另一方面，他们也是整个企业管理的监督者和反馈者。这些“刺头”们往往能够在其他员工心中树立一个出头人的角色，因此多少会有一些威严。刺头们说话有时虽然很冲，但这些话也是其他员工的心里早就想说的话，只不过借着这些刺头的口说了出来。

因此，如果领导能够利用好这些刺头，将他们作为一个标杆，势必会给其他员工带来积极的影响。对领导者来说，甚至可以通过有效利用刺头们的性格特点，为其他成员提供施展个人魅力的平台，那么曾经的刺头便会成为领导的心腹。

在《西游记》这部著作里，唐三藏带着三个徒弟去往西天取经，一路上历经九九八十一难，遇到数不清的妖魔鬼怪，多亏了三个徒弟的忠心保护，唐三藏方能安全抵达西天，取得真经。

这四个人的组合，就相当于一个小小的公司团队。唐三藏便是当之无愧的领导者，而孙悟空、猪八戒、沙和尚便是唐三藏的三名属下。这三个人可谓性格迥异。大师兄孙悟空是一身绝世本领，但是一生放荡不羁爱自由，为人敢作敢当真性情，但是也比较鲁莽、固执，不喜欢听从师傅的教诲。二师兄猪八戒，好吃懒做，但却总会用甜言蜜语哄得师傅开心，讨得吃食也总会先给师傅献殷勤。三师弟沙和尚，踏实肯干，不争不抢，毫无怨言，但是不善言辞。这三个人正好对应着现在大多数公司里面的三类人。沙和尚就是那类每日埋头苦干，一心为公司默默做贡献，不事张扬，没有太大野心的稳定分子。他们是公司的基石，公司正是因为有这样的人存在，才能够稳定地发展。

猪八戒就是那类有点小聪明，爱耍小滑头，喜欢在领导面前表现自己，有了不满也不自己表现出来，而是要靠孙悟空反映的人。他们是公司的调和剂，他们虽然不像沙和尚那样稳定老实，但是也绝不会像孙悟空那样敢于反抗领导。而孙悟空，对应的正是公司中的“刺头”。他身怀绝技，才华出众，并且在沙师弟和二师弟心中有很重要的分量，他的话往往能够影响两位师弟。众所周知，孙悟空是一个十足的“刺头”，在西天取经的路上没少让唐三藏操心。三人中总是他不听唐三藏的话，总是他要闹几次离队出走的戏码，但也总是他击退妖怪，营救师傅。

其实，在孙悟空的心中是非常不服气唐三藏的，起初他多次想要逃离唐三藏，讨厌师父制定的清规戒律，向往无拘无束的生活。而唐三藏没有放弃他，没有任其自流。原因很简单，因为唐三藏深知孙悟空的本事有多大，西天取经，路途遥远，处处艰难险阻，他需要孙悟空保驾护航。此外他也明白，猪八戒和沙和尚也需要这样一个大师兄来震慑他们。因此，唐三藏是万万不可能将孙悟空抛弃的。所以，他选择的方法就是给他念紧箍咒，让他受控于自己。之后在整个路途中，孙悟空逐渐被唐三藏教化，脾气有了好转，责任感得到提升，最终保护唐三藏如愿取得真经。

唐三藏的高明之处，在于他知道孙悟空这个“刺头”是一个不可多得的人才，利用好了就能得到帮助，成就大事。如何利用这种“刺头”，需要智慧，不能蛮干。西天取经刚开始的时候，孙悟空脾气暴躁，不受控制。但是唐三藏有耐心，有毅力，时间长了，即便是石头做的心也会被捂热的。正是唐三藏的真心和耐心，渐渐地感化了孙悟空，让他甘心情愿地留在唐三藏身边，为他降妖除魔。

领导管理下属也同样是此道理。面对“刺头”，不要发愁、畏惧，不要想着将其打发走便是上策。一个“刺头”走了，还会有另一个“刺头”过来，采取逃避的方法永远解决不了问题，反而还会让你失去威信。面对“刺头”，正确的做法，应该是去挑战他，感化他，让他最终成为你的心腹，忠心地为你效劳。这会在公司里形成一种良好的榜样效应，会起到凝聚人心的作用。

管理心理学启示

“刺头”也是人，也会有他的性格弱点，作为领导，就应该把握每一个人才，即便他是个“刺头”，你也要抓住他的弱点，将其攻破。其实，“刺头”往往有些时候需要的就是领导的肯定，他们有本事，他们很自信，如果你拧着他们来，他们的反叛心理会更加显著。而相反的是，如果你能够顺着他来，润物细无声地感化他，他会慢慢沿着你的方向去改变，最终成为你的心腹。

009 皮格马利翁效应：你说他行，他就行

美国著名心理学家罗森塔尔和雅格布森通过在小学教学上的试验，提出了皮革马利翁效应。这一效应暗示，在本质上人的情感和观念会在不同程度上受到别人下意识的影响，人们会不自觉地接受自己喜欢、钦佩、信

任和崇拜的人的影响和暗示。基于对某种情境的知觉而形成的期望或预言，人们会使该情境产生适应这一期望或预言的效应。

作为企业的领导者，有必要了解皮革马利翁效应，并且能够有效地利用这种心理手段，帮助自己的员工迅速地成长为自己所需要的人才。

生活中，通常你期望什么，你就会得到什么。也是就说，你得到的不是你想要的，而是你期待的。只要你对其充满自信，相信员工能够完成每一个任务，那么这种信任便会成为员工的最大动力和催化剂。只要你真心相信事情会顺利地进行，那么事情便一定会顺利地进行。相反，如果你对员工没信心，这种负面的情绪就会变成一种阻力，阻碍员工的工作积极性，阻碍员工潜能的开发。

管理学和心理学有着千丝万缕的联系，因此，在心理学上得到的结论通常也能够应用到管理学上。1960 年，哈佛大学的心理学博士罗森塔尔在美国加利福尼亚州的一所学校做过一个实验。新学期开始的时候，该所学校的校长对两位教师说："根据过去三四年来的教学表现，你们是本校最好的老师。为了奖励你们，今年学校特地挑选了一些最聪明的学生给你们教。"

校长格外强调，这些学生的智商要比其他学生高很多。但是校长再三叮嘱这两位老师，一定要像平常一样教育他们，不能让其他的孩子或者家长看出来这些孩子是特意挑选出来的。两位老师听后，心中非常开心，知道自己教的都是智商非一般的孩子，心中充满了自豪感，于是更加努力地投入到教学工作中了。

在这样的状态下，时间过去了一年。这两个班级的学生成绩是全校中最优秀的，甚至分数要领先其他班级一大截。这两位班主任欣喜于自己班级的成绩，把这些成绩归功在这批高智商的学生身上。但是最后校长告诉他们，这些学生其实并不是什么高智商的孩子，他们和其他的学生都一样。

两位老师得知真相之后，很是诧异，但同时又很兴奋，因为这意味着他们是最优秀的教师。但是，随后校长又说出了另一个真相，他们两个也不是本校最优秀的教师，而只是在所有的教师中随机抽选出来的两位。

在这个实验中，正是学校对于这两位教师的期待，认为他们两个能够在教学岗位上发挥出极大的潜能，所以，他们两个才会在校长刚开始的赞美信任中得到鼓励和激励，在工作中卯足干劲，将工作做到最好。正是学校对于学生的期待，让老师相信这些学生天资聪颖，相信这些学生都是天才，这些学生在得到老师的赞美之后，信心大增，学习更加努力，这便促使他们成为更优秀的自己。

古希腊流传着这样一个神话故事，塞浦路斯的国王皮革马利翁是一位有名的雕塑家，他精心用象牙雕刻出了一位美丽的少女，然后便深深地爱上了这位少女无法自拔，他还给这位少女取了名字，叫做盖拉蒂。除此之外，皮革马利翁还给盖拉蒂穿上了美丽的华袍，每日拥抱她，亲吻她，真诚地希望能够唤醒这位美丽的少女。

但是，盖拉蒂始终还是一座雕像，不可能成为真实的人与皮革马利翁生活，这让后者非常苦恼。于是，他便带着丰盛的祭品来到了阿佛洛狄忒的神殿，寻求帮助。皮革马利翁期望阿佛洛狄忒能够给他一位像盖拉蒂一样优雅、美丽的妻子，以解他的相思之苦。最终，皮革马利翁的真诚感动了阿佛洛狄忒女神，女神决定帮他。

等到皮革马利翁回到家后，他惊奇地发现雕像发生了变化，她的脸上泛起了微光，眼睛也开始散发光芒，嘴唇微微张开，露出了甜蜜的微笑。盖拉蒂活了，她真的成为了皮革马利翁的妻子。

虽然这只是一个神话故事，但是他告诉我们的道理却很有意义，那就是你愿意相信的东西，往往就会成为现实。当你相信员工的时候，期待与赞美往往就会带来奇迹。

管理心理学启示

皮革马利翁效应留给我们这样一个启示：赞美、信任和期待具有一种神奇的力量，能改变人的行为。当一个人获得了另一个人的信任和赞美的时候，他便会感觉获得了一种认可，从而增加了自我价值，变得自信、自尊，获得了一种积极向上的动力和力量，然后达到你的期望值。

作为管理者，将皮革马利翁效应应用到管理中，对下属投入感情、信任，让下属充分发挥主观能动性。当你对下属说“我相信你一定能办好”“你是会有办法的”这样正面的话时，就会激励员工，激发对方创造出高业绩。所以，请相信你的员工，你说行，他就一定行。

010 职位越高的人，给他越多的事

一个大企业，必然有别于三五个人的小作坊，也必然存在着复杂的管理体系。在这个体系中，既有高层管理人员，也有中层骨干力量，还有其层普通员工。通常，一个人做到了企业的管理层之后，就认为自己可以高枕无忧，终于可以摆脱基层和中层的劳碌和奔波了。其实，这是一种错误的想法。

能够走到企业的管理层，说明这个人必然有特别的才能。中国有句古话叫“能者多劳”，面对员工当众有才干的人，要为他们提供高阶层的位置，为整个公司的长远发展做出更重大的贡献。所以，越是职位高的人，你就越是要给他越多的事情。人一旦无事可做，便会产生惰性心理，因此领导者要学会充分调动不同层级员工的积极性，发挥他们最大的价值。职位越高的人，他的工作量越多。这种情况来自于两种选择，一是被动地接受领导交给的更多工作；二是职位高的人主动要求做更多的工作。

某网站对香港的部分白领阶层的员工进行了一次关于工作时长的调查。调查显示，香港人每周工作的时间为 50 个小时，并且越是职位高的人，他们超时工作的时间就越长，每周超时 10 到 20 个小时的大有人在。

香港中文大学也做过一次类似的调查，用电话访问的方式访问了当地 5000 名私营机构的雇员。调查发现，49% 的受访者经常超时工作，每周工

作时长约为50小时。18%的人每周超时工作10到20个小时，34%超时5到10小时，36%超时1到5小时，7%超时1小时以下。对这些人的进一步调查发现，他们多数都是专业人士，而且普遍受过高等教育，职位和收入也处于较高阶层。

这一调查结果在当时很不被大众理解，有些基层员工很是不服气，他们认为应该是自己每周加班时间最长，高层管理人员哪里会超时工作？他们每日都是悠闲轻松的。这一质疑立刻就受到了高层管理人员的反驳。大多数的高超时且职位高的人对调查人员说，正因为我们的职位高，所以工作量才大，这和大众惯常的看法是有差别的。因为，这些人处于高位，职能超然，他们所做的工作是其他中层或者基层人员根本无法替代的工作，因此需要事必躬亲。

此外，这些人做到了企业的高层，自然是责任感比较重，非常自觉地要完成手头上的工作，不会拖拉，如果工作很复杂，也不会将其拖到明日再做，而是甘心情愿地加班。超时工作，只要不超出他们心里的预期，都是可以欣然接受的。

这是职位高的人主动加量工作的表现和原因。职位高的人，有比一般人高的责任心，有比一般人高的能力，因此他们会觉得自我工作无人能够代替，于是选择自愿加班。在他们心里，在更多的工作量中，体现的是个人价值，所以他们能够接受更多的工作量，能够在工作量多的情况下依然把每项工作做得井然有序。

至于被动地接受领导交给的更多工作，这种情况来自于企业领导的分配。有些企业的高层管理者因为身处高位，所以会产生不必再多工作的松懈心理。而一旦企业的高职人员产生懈怠的话，那么他将会给公司带来消极的影响，影响底层员工的工作热情。

小王是从一名小小的销售人员，通过自己的努力，慢慢爬到公司华北地区销售经理的位置的。这一路走来，小王摸爬滚打有十年之久，此时正当年，但是小王居然产生了偷懒享乐的心理。他觉得自己这么多年都在一线工作，风里来雨里去，看遍了各色面孔，尝尽了客户的冷嘲热讽，现在自己终于做到了经理的位置，为什么还要那么辛苦努力呢？

于是，小王开始放松自己，每天的工作时间从之前的十几个小时，一下子缩短到五六个小时，上班时间不定，也没有人去管他。他也不再总看报表，听报告，而是花费大量的时间在打高尔夫球和吃饭聊天上面。

这种奢靡的生活进行了一段日子之后，底下的员工们就开始议论纷纷，觉得经理好吃懒做，游手好闲，凭什么他每日享受美酒阳光，而自己却要到处奔波。员工们的抵触心情越来越严重，小王的威信也一天天下降。虽然大家对他的态度发生了巨大转变，但是小王还是没有意识到问题的严重性，依然过着轻松自在的日子。终于，下面的员工受不了他的这种做法，纷纷开始辞职跳槽。小王这才意识到了问题的严重性，但是已经晚了。公司的老总了解情况之后，马上将小王辞退了。

在这个案例中，小王自身的觉悟不高，毅力不够是造成这一结果的重要原因。但是，如果公司老总能够懂得越是职位高的人，越要给他多的事这一道理，那么也就不会是今日这个局面。每个人都有自己的性格弱点，并不是每一个人都能够在身居高位之后还能够加倍工作，人的惰性是一有机会就露出苗头的，因此需要领导去防微杜渐。能力越大，职位越高；职位越高，责任越大；责任越大，工作越多。在更具挑战性的工作中，一个人会锻炼出更高的能力，这便是领导用人的良性循环。

管理心理学启示

员工无论职位高低，都是为公司服务的。如果高职位的人，得不到更多的工作量，一方面，他会认为自己的才干被埋没，没有得到应有的重视，从而工作不积极；另一方面，他会产生懈怠心理，工作激情会大大减退，从而影响其他员工的工作情绪。总之，这两者都会给公司带来消极影响。因此，领导者在面对高职位的人才时，要主动交给他们更多、更重要的工作，让其发挥才干与价值。

第四章
DI SI ZHANG

暗示心理学：巧暗示，让下属在不知不觉中拥有干劲

暗示，是对他人心理上的一种悄无声息的影响，是一门很高深的学问。暗示，有积极暗示和消极暗示两种。有些人接收到了消极暗示之后，心情便会糟糕，行动的积极性会减弱，自信心也会丧失。而当人接收到积极的暗示之后，往往会信心倍增，心情愉悦，干劲十足，充满斗志。所以，可以说，暗示是一把双刃剑，利用好它，它就会帮助你提升人才。这对于一名领导者来说，是一个很好的促进员工工作积极性的方法。

001 “戴高帽子”是一种聪明的管理术

每个人都喜欢听美丽、赞美的话语。研究表明，当一个人得到别人的夸奖时，他的自信心会得到极大的提高，他的生活态度会发生积极的转变，他的工作热情会大大提高。而在中国的传统观念中，无论是在管理公司上，还是在教育子女方面，都认为员工和孩子是需要批评惩戒的。“不打不成才”“棍棒底下出孝子”都是古已有之的俗语。

诚然，向属下施威是一种有效的管理方法，它能够帮助领导者快速地建立起来自己的威严。并且惩戒也能够给人以警醒的作用，起到杀一儆百的效果。但是，从人的本性来看，人们都喜欢做一些愉快的事情，大家都不喜欢被批评。员工们希望的是自己能够按照领导的指示，做好要求他们做的事情，然后得到领导的奖励和夸奖。员工们不希望自己没能按照领导的指示去做，或者是做了但是没有做成功，最后被领导杀一儆百，给予严厉的惩罚。因此，学会给员工“戴高帽子”是领导的一种聪明的管理术。

《美国商业周刊》曾经写过一篇文章介绍通用电气公司执行总裁杰克·韦尔奇。在这篇文章中，引用了美国密歇根大学管理学院一位教授的话：“20 世纪有两个伟大的企业领导者，一个是通用的斯隆，另一个就是韦尔奇。但是韦尔奇又更胜一筹，因为他为 21 世纪的经理人树立了一个榜样。”

在外人眼中，韦尔奇是一个非常讲究底线和结果的人，当年他刚走马上任的时候，就公开宣称凡是不能在市场维持前两名的实业，将会面临被卖掉或者被裁掉的命运。对此，通用的许多员工都觉得韦尔奇过于严厉，总是不满意员工的表现。无论大家做了多么大的成绩，销售打破多少次记录，韦尔奇也总是觉得不够。

但是事实上，韦尔奇并不是一个只知道对下属严苛的人，他非常懂得如何对症下药。很多年以前，在一次中层主管给韦尔奇做简报的会议上，主持简报的这位主管，由于听闻韦尔奇的威严，很是紧张，在主持的时候双腿不自觉地在打颤。不过，这位主管倒是非常地诚实，在做简报之前就坦白地告诉韦尔奇："我太太跟我说，如果这次简报砸了锅，你就不要回来算了。"韦尔奇听后哈哈大笑，没有说什么。在听完整个简报之后，韦尔奇安排人给那位主管送上了一瓶高级的香槟，并且还给那位主管的妻子送上了一束红玫瑰，韦尔奇在便签上写道："你的先生的简报做得非常成功，我们非常抱歉害得他在最近几个星期忙得一塌糊涂。"当这位主管和他的妻子收到来自韦尔奇的礼物时，他们欣喜万分，觉得荣幸之极。

一名优秀的领导者，并不是只会动用威严来束缚员工，而是也会运用蜜糖去夸奖属下。恩威并施，是管理的手腕之一。在这方面，韦尔奇这一招可谓高明。

乾隆皇帝也是一个很会使用"戴高帽"这一招来管理人才的领导者。我们都知道，乾隆在位期间，大兴文字狱，搞得是人人自危。几篇游戏文章，几句赏花吟月之词都有可能给自己招来杀身之祸。但是无法否认的是，乾隆用这种强权的方法的确是巩固了自己的皇位。如果你认为乾隆只会用这一招来驾驭文人墨客，那你就大错特错了。

众所周知，文人是一股很强大的力量，他们虽然不能领兵打仗，但是他们却可以左右舆论的方向。乾隆皇帝深知文人墨客的利与弊，所以在严厉惩罚他们的同时，也会给他们"戴高帽"，让他们效忠于自己。

对待知识分子，乾隆采取了怀柔政策。他规定，见了大学士，哪怕是皇亲国戚也一定要行半路礼，并称对方为"老先生"，如果这位大学士还同时是自己的"师傅"，那就必须称其为"老师"，自称"门生"或"晚生"。与此同时，乾隆十分重视科举考试，不断地网罗人才，还特别开博学鸿词科，把那些自命遗老或者高才，而又不屑于参加科举考试隐居山林的隐士们，由当地的官吏推荐上来，直接由他来面试。这种活动，乾隆办了三次，一共录用了24个人。这些被录用的隐士们，无不春风得意，自感皇恩浩荡，忠心耿耿于乾隆。

乾隆的这种做法，恩威并施，拉近了与文人的距离。对他们的重用，是对他们的认可和赞扬，这会在文人的心目中树立明君的形象。从而使得这些文人墨客忠心于大清朝，效忠于乾隆帝。

马克·吐温曾经说过："得到一次赞扬，我可以多活两个月。"这种说法自然是有些夸大其词，但是公开的表扬的的确确能够鼓舞一个人的热情，激发一个人的潜能。

管理心理学启示

肯定一个人，比否定一个人效果要好得多。想要把飞虫逮住，就要多用蜜而不是多用醋。常常鼓励员工，夸奖员工，是更为有效的管理手段。你可能会认为，我已经支付给员工的工作应得到的报酬了，为什么还非要去夸赞他们呢？这些不是他们应该做的吗？但是，员工的付出得到酬劳是一种权利，他们不会感恩于你的报酬，那是他们应得的。而赞美却是一件礼物，赠与他人一件礼物，他人会从心底里感谢于你，感恩于你。这两种感情转化到行动上是截然不同的效果。

002 给予承认和肯定，暗示对方的重要性

作为领导者、管理者，自然是希望自己的员工能够将注意力都集中到工作的正面事项上来，那么如何让员工做到这一点，不妨试一试给予员工承认和肯定，向员工暗示他对于公司的重要性。

其实，这种暗示非常简单容易操作，一句真诚的感谢，既表达了你对于员工某种行为或者想法的欣赏，又能够大大地鼓舞员工继续他这种正确的行为。慢慢的，该员工的这项优势就会逐渐凸现出来，为公司做出更大的贡献。

心理学上做过研究，每一位员工都有自己的个性和需求，但是他们之

间有一个共同点，那就是他们都愿意得到老板的承认。领导对于员工的承认和肯定，会使得员工感觉到自我价值的实现，他们工作的积极性会得到极大的提高。

如何暗示员工你对他们的认可其实并不难，工作完成之后，你可以轻轻拍一拍员工的肩膀，说一句“你做得真好”“好好干”，这些就足矣让员工明白他们在领导心目中的重要性。

承认、肯定自己的员工，是管理者在管理过程中需要使用的重要手腕之一。而这种肯定最好是以一种隐含的暗示来告诉员工。暗示比明示的效果更好，这是心理学上的结论。

小李大学毕业后一直在一家汽车制造公司担任工程师，工作上一直兢兢业业，勤勤恳恳，但是小李这个人不善言辞，平常又很少有机会能够见到公司的领导，所以，小李虽然工作成绩不错，但是却很少受到嘉奖。不过，小李这个人还是保持着敬业精神，在工作中一丝不苟。

有一次公司联查，老总下车间巡视，得知这个消息之后，所有的人都把自己打扮得整齐干净，站得笔直，在车间两侧迎接老总。而只有小李一个人，像不知道这回事一样，还是在车间的最后面的位置低头干着自己的事情。老总面无表情地穿过人流，一眼就看到了背对着他继续工作的小李，然后轻轻地走到了他的身后，拍了拍他的肩膀。小李转过头来，看到老总，先是一愣，因为他根本不知道此人就是公司的老总。老总微笑着看着小李，只说了句：“小伙子，不错，好好干。”说完这句话之后，老总就继续巡视下一个车间了。

在别人眼里，可能并不觉得这是一件大事，但是小李的内心此刻却是澎湃的。因为这是他第一次和公司老总见面，并且老总没有对任何人说话，唯独对他微笑着说了“好好干”，小李明白，这是老总给自己的暗示，是对自己认真工作的认可，所以自己要更加努力地工作。果不其然，半年之后，小李被升为车间主任。

在这个案例中，小李是一个有本事的人才，但是因为性格的原因，再加上长期得不到认可，所以很有可能就被埋没了。幸亏这位老总能够慧眼识珠，并且懂得给予积极的暗示，给了小李工作的激情和动力，使得他的工作成效更加突出，最终得以升职。

积极的暗示的作用就是能够这么大。而如何给予员工积极的暗示，有几种方法值得大家一学。

第一种便是像上面的例子中的老总那样，用几句和风细雨的鼓励的话，便能够达到目的。因为很简单，就像拉·封丹讲的一则寓言那样，南风和北风打赌，看谁能够脱去农夫的衣服。北风自以为力气大，卯足了劲向农夫猛吹，瑟瑟发抖的农夫把衣服裹得更紧了。而南风却向农夫轻抚慢拂，送去温暖，全身发热的农夫很快就自己脱下了衣服。这则寓言就是告诉我们“以人为本”的软性方法能够顺应人的内在需求。

第二种可以表现在报酬上。如果你对一名员工在工作上的表现非常满意，你想要看到他更好的表现，想要给他一些奖励，那你不妨可以私底下给他一些额外的报酬。这种报酬可能不一定是钱，可能是一次午餐会的入场券，一场音乐会的门票，商场的代金券等等，这些都是对员工工作认可的一种暗示，员工会非常欣喜得到这样的额外报酬。

第三种可以体现在工作本身上。工作的内容其实可以体现领导对于员工的满意度。一般有能力的人喜欢富于挑战性的工作，他们并不满足于日复一日地做机械的工作。所以，对待这样的员工，积极的暗示，便是给他更具挑战性的工作。可能在一般人的眼中会认为是领导在刁难自己，而在这类人眼中，更困难的工作正是领导在暗示自己工作能力非凡，这会更大地激发他们的斗志。

管理心理学启示

人的心理很微妙，有时候再有才华的人也需要领导给予一下鼓励，因为没有积极的刺激，人就会在心理上失去前进的动力。生活上，自励性的人还是比较少，更多的人还是需要外在力量去激励他、肯定他。此外，有时候暗示要比明示效果好，因为暗示代表着领导对某个人的格外的注意和重视，会让员工从心底感谢领导对自己的赏识，同时他会更加努力地工作，他的潜能也会被激发。这会是满足员工心理需求和领导利益需求的好方法。

003 坚定下属的信心，暗示下属选择的正确

信心对于一个人来说，具有非常重要的作用。工作上如果没有信心，那么任何工作都不可能做好。信心是激发你能做得更多的动力。职场很残酷，没有自信心很容易就被职场的大浪拍回岸边。自信心对一个人来说，是十分重要的精神支柱，也是人们行为的内在动力。

信心是如此的重要，却不是每一个人都与生俱来的。调查结果显示，现实生活中，不自信的人占多数。作为企业的领导者，你需要帮助员工增加信心，暗示下属他的选择是正确的。

想象一下，如果是一群毫无信心的下属聚在一起，每一天对自己所做的工作也没有信心，那么这将会是怎样压抑、枯燥的工作环境。这个时候，下属是极其渴望领导能够增强他们信心的。其实很多领导也知道坚定下属信心的重要性，但是却往往不知道在工作中应该如何具体地去实施，反而有的时候还会破坏员工的自信心。

下面，给大家说几种可能管理者们平常没有注意到的地方，其实已经损害了下属的信心。首先就是作为领导的你，很少和下属进行真诚的沟通和交流。人是一种社会动物，渴望交流，渴望被人肯定。肯定下属的方式之一，便是主动和下属聊天。

某全国连锁中餐馆北京一分店的店长，在平常的管理过程中，就非常注重和下属的沟通。而在和下属的沟通过程中，他往往能够得到员工积极的好点子。2011 年夏天，北京格外热，当时来店里吃饭的人以家庭聚餐为多，且多数是带孩子的。而小孩子是非常难在餐桌上老实待着的，他们总

会动来动去，跑进跑出，所以就难免会影响到其他顾客的用餐。因此造成了多起顾客争吵事件。店长为此事也很发愁。

这天下班之后，员工们都聚在一起吃饭，店长走了过去，也坐在员工的旁边吃起来。开始，店长有一搭没一搭地问着员工们最近的身体，心情，然后就开始抱怨起最近发生的几起争吵。

说完之后，就有一个员工对店长说："其实，小孩子就是在饭店待不住，因为大人们都在做自己的事情，没人管理他们，所以他们就会捣乱。其实，我们可以把一楼、二楼的犄角处收拾出来，当做一个小型的游乐场，给孩子们提供例如拼图、故事书、积木之类需要坐下来进行的游戏，这样应该会让吵闹的孩子安静下来。"

店长听后，非常开心地说："这真是个好主意！你太聪明了，这件事就交给你办吧！"这位员工听后心里美滋滋的，得到店长的夸奖让他信心大增，干劲十足。

这便是一种增加下属自信心的方法，与之沟通，了解他们的想法，对于他们的想法给予鼓励、支持。

还有一些领导极少关注下属的进步，这也会严重损害下属的信心。对目标的坚定信心，需要在为目标前进的道路中不断得到阶段性成就的认可，这种认可可以是对现实成果的直接认可，也可以是领导者对下属工作推进的支持和表扬。

某房地产公司在整个第二季度的销售额都很不理想，员工们的士气不高，但也都在努力想办法提高业绩。其中有一名员工，在第三季度的时候开了一个好头，成功卖掉了一套小平米的房子，虽然成交额不高，但却是第三季度的第一笔订单，这对于整个销售团队来讲就是一件鼓舞人心的事情。

因此，他们的销售经理在开会的时候，就点名表扬了这名员工，肯定了他的销售态度和技巧，还让他跟大家分享销售心得。该员工得到经理的表扬之后，信心暴涨，更加卖力地销售，在整个第三季度，成功售出二十三套房子。

这种对于员工工作直接的表扬，暗示的是领导对于员工的认可和重视。这对在旅途中奔波劳累的下属看来，无疑就是甘露和面包，是支撑他们继续努力工作的动力。信心比黄金还要重要，困难面前，信心就是力量，展望未来，拥有信心的人方能主宰。

有些自信心可以是自己带给自己的，这种人拥有非常积极的心态，对自己有信心，不需要别人认可自己，依然对自己抱有自信。这样的员工，如果是真的有本事的人，那么作为领导，你就是捡了个宝贝，可是这样的人才少之又少，通常情况下，下属是没有这种自信的。一方面是因为他们真的没有绝世的才华，其次就是他们的性格是典型的中国人性格，不事张扬，为人谦虚含蓄。面对多数这样的员工，就需要领导给予其信心，肯定他在工作上的正确性，让他能够以更加积极自信的面貌工作。

管理心理学启示

一个人如果长期得不到对于他工作上的认可，便会失去对工作的自信心，即便他曾经是这一领域的翘楚，也会对自己产生质疑。这是非常普遍的心理现象。

激励机制的意义便在于此，过一段时间，就对员工的工作给予褒奖、肯定，会在下属的心里种下一颗安心丸，会让他们对于自己的能力有更大的自信心，会培养他们果敢认真的品格，会让他们在接下来的工作中更加自信从容。这是一种良好的工作状态，好的工作状态就会带来好的工作效率，最终受益的还是作为领导者的你。

004 引导下属做出承诺，使其骑虎难下

一位在商界打拼已久的人，向他人谈到自己的处事方法，其中很重要的一点是凡事不喜欢给自己留退路，那样便可以硬着头皮勇往直前。这是

一个很好的促进自己进步的方法。因为，人有惰性和逃避的心理，身后有个洞，就会想要钻进去，躲起来，而只有外在的力量逼迫一下，才会勇敢地走出去，创造一番成绩。

因此，想要让自己的员工发掘出自己掩藏在身体里的能量，就需要作为领导的你来刺激、引导他一下。通常，引导下属做出承诺，让其骑虎难下，是促使其迸发出意想不到的能量的良策，最终创造更高的业绩。

以色列心理学家研究发现，在他们调查的某个小区的居民中，在回答是否同意为残障人士建立一个娱乐休闲场所这项慈善活动中，有的人被硬是要求在书面上进行签字支持，而有的人并没有被要求这样做。两周后，研究人员联系这批居民，请求她们为这个项目捐款。可是结果却是，那些没有在意见书上签过字的人，只有大概百分之五十的人捐了款。而在书面上签了字的人中有百分之九十的人都捐了款。

大量的研究结果表明，并不是所有的承诺都会兑现，而将承诺写在纸上，会给人们心里产生一种神圣不可欺骗的感觉，因此，纸上的承诺总是要比口头承诺来的可靠得多。所以，在引导下属做出承诺的时候，可以尝试着让员工将自己的承诺写在纸上。

比如，在月初制定销售计划的时候，可以让每一位员工在办公室的公告板上写上自己的销售目标和宣言。当每一天他们都能够看到自己所写下的目标和宣言的时候，内心是会产生动力和压力的。这无形之中就是在时时刻刻地提醒他们要加倍工作，不要给自己偷懒的机会。骑虎难下的他们往往能够被激发出顽强的斗志，做出骄人的成绩。

当我们需要鼓励员工加倍工作的时候，可以采用引导其做出承诺这种方法。当需要说服员工接受不情愿的工作的时候，同样也需要员工能够做出承诺，让他骑虎难下，顺利完成工作。而这如何实施呢？在这里介绍两种方法。

首先，你可以向员工说明这件工作对于他的重要性和好处。

张丽是一位年轻貌美而且才干出众的公关经理，2012 年的时候，她结婚了，年底便生了宝宝。生完孩子的张丽，整个人的斗志丧失了许多，每天在照顾孩子身上花费大量的时间，对于工作上的事情，虽然还是很负责任，但是热情却大不如前。所以，当总经理提出要让她代表公司去美国出差三个月的时候，她是极其不情愿的。这个时候，作为领导，你不应该暴躁，拧着员工来，而应该心平气和地与她沟通。

总经理找到张丽，首先他关切地询问了宝贝的状况和家里的情况，这让张丽的心里感到很温暖。他了解到张丽的婆婆现在也在帮忙照顾孩子，还有就是张丽刚刚结婚不久，房子还在还房贷，孩子的饮食也需要不小的支出，这对于张丽来说，经济压力是不小的。于是总经理温和地对张丽说："张丽，这次去美国出差的机会，是我们争取了一年才得到的，在那边你将会接触到业界最顶尖的人才，你可以学习到世界上最先进的公关技巧和理念。并且，公司把这次出国学习当做是培养未来高层领导的机会，三个月的时间，回来之后，你很有可能就会升职加薪，那么你和你丈夫的经济压力就会小很多，你们的孩子今后的生活会更加地舒适和幸福。"总经理一番设身处地的话语，深深打动了张丽。于是，张丽非常乐意地接受了这次出差。

这是一个很好的例子，当员工不情愿做某一件事情时，通常是他只看到了这件事对自己的不利，而没有看到这件事将会给自己带来什么样的好处，就像上面的例子中，出国会影响张丽照顾孩子，减少她和孩子相处的时间。这个时候，你想要让张丽做出出差的承诺，就要从她的立场出发，寻找这件事情能够给她带来的好处，出差对于她来说是利大于弊。这样，她便会很容易接受，并完成工作。

第二种方法就是当你的说明不奏效的时候，你可以尝试说明不做这件事会给他带来什么样有形和无形的损失。比如，在上面的案例中，张丽对你的引导听不进去，你还可以告诉她，如果放弃这次出国的机会，那么她就很有可能会失去进一步学习的机会，会失去晋升的机会，甚至如果这个机会给了别人，那么她的公关部经理的职位可能都要拱手让人了。

而且，你可以再告诉她，这种行为会给公司的老总留下不良印象，今后很有可能就失去了一切学习和表现自我的机会。试想，当张丽听到这样的损失之后，她权衡一下，肯定会做出让你满意的选择。

管理心理学启示

有的时候，员工并不能够做出最正确的选择，有时候，他们也无法发掘自己内在的潜力。作为领导，你的工作就是要去帮助下属权衡利弊，做出最优化的选择，帮助他们对自己狠一下，使其发挥出潜在的能量。井无压力不出油，人无压力轻飘飘。因此，领导者要学会引导下属，让他们做出承诺，最好是纸上的承诺，让他们不要有后路可退，敦促着他们极速前进。

005 推功揽过，传递友善

在企业的运行过程中，难免会发生一些小插曲。任何工作的进行，也都不可能是一帆风顺，毫无差错的。一个成熟的领导者，不会担心企业出事，出了事也有解决问题的良策。

企业就像是一艘航行在大海上的巨轮，员工就是轮船上的水手。他们都各怀本领，但是并不能起到指挥航向的作用，领导者才是这艘船的领航人。所以，当这艘船因为某一个水手的失误，出现了差错的时候，这些水手们会感到惊慌，不知所措。

在这种情况下，作为轮船领航人的领导者——你，不能够从大局出发，将这个错误揽过来，反而是去追究这名水手的责任，那么这艘船注定就要沉入大海。

成功的领导者，懂得自己的身份和位置，明确自己的责任和方向。在管理员工的时候，他们懂得推功揽过，向员工们传递一种友好亲善的感情，懂得如何凝聚人心。

某个五星级大酒店在三亚新开发了一个度假村，由于刚刚开始试营业，所以知道的人还不是很多。到那里旅游度假的游客们，大多数也不知道这家度假村是隶属于知名的五星级大酒店。

由于这个度假村位于一个酿酒的庄园的旁边，因此这个度假村为了增加自己的知名度，就举办了一个品酒会，邀请了许多媒体朋友，旅行社的朋友，还有一些商界的朋友前来捧场。度假村的每一个人都非常重视这次品酒大会，大家忙前忙后，尽心尽力。服务生们将餐桌和盘子、杯子擦得一尘不染，主管们还精心设计了独具度假村特色的邀请卡，被邀请的人都非常期待这次啤酒大会。

品酒会上的美食可谓是重头戏，度假村的厨师们绝对是卯足了劲在准备。这其中有一位当地的师傅，他的家就是酿酒大户，他的祖母留下来了一瓶陈年老酒，非常有味儿，他觉得应该把它奉献出来，没准儿这还会成为度假村的一个特色。因此，他就没有跟任何人说明，便将家中的祖传酒加入到了牛排中。到场的所有宾客都品尝了加入特殊酒的牛排，大家对这次品酒会也都非常满意，对度假村的环境和设施都赞不绝口。但是一天过后，等到所有宾客入睡后，大家都开心地坐下来休息的时候，糟糕的事情发生了。半夜的时候，开始有顾客按铃，说自己肚子痛。紧接着，陆陆续续有顾客捂着肚子打电话到前台。顾客们怨声载道，一时间，大家慌了手脚，度假村的经理在第一时间将客人们都送往了医院，然后将午餐时的所有食物都拿到了医院去做检验，检验结果发现，问题就出在那瓶酒上。这当然是度假村的责任，那位厨师可谓是“罪魁祸首”，他内心自责不已。客人们也都十分生气。其他员工对这名厨师很生气，但是大家又无可奈何。

就在这个时候，这所五星级大饭店的总经理知道这件事情之后，迅速赶到医院，亲自慰问每一个住院的客人，并代表公司向他们报以诚挚的歉意，表明这家度假村是隶属于本酒店，希望大家可以看在本酒店的信誉上，相信他一次，给度假村一次机会。当客人们看到堂堂五星级大酒店的总经理亲自给自己鞠躬道歉时，他们相信这次只是一次意外，这个度假村今后的发展还是乐观的。于是，大家就谅解了这次的事故，事情因此圆满地解决了。

在上面这个案例中，这位总经理做了一个很好的示范。当企业的员工犯了错误的时候，当这个错误造成了一定的损失的时候，领导者去批评、指责犯错的人，对问题的解决没有丝毫的作用。让犯错的人去给每一个客人道歉，客人也不一定会接受一个不知名的小厨师的歉意。反过来，如果企业领导者能够将这个错误揽过来，勇敢地承担起错误，事情会比较顺利地解决，你也能给员工传递温情，增强企业的凝聚力。

除了在遇到挫折的时候将过错揽在自己身上之外，作为领导，当做出功劳的时候，也应该学会将其推让给属下。这样做，更容易赢得人心。

当一个城市的标志性建筑展现在大家的面前，并且赢得了大众的一致好评的时候，设计院的领导没有将这一功劳全都挂在自己的肩上，而是在庆功宴上，感谢建筑的设计师、施工人员，还有幕后的工作者们，说这座建筑是他们的辛勤汗水和智慧的成果，自己不过是“坐收渔翁之利”罢了。

这样做，会让参与建设这座建筑的员工心中感到温暖，虽然他们也都知道自己是在设计院这棵大树下才能有这个机会，但是当领导能够当着这么多人的面把这份荣耀分到自己身上的时候，他们的内心是喜悦并且感恩的。此外，这样做还会增加整个团队的集体意识，这便是推功于员工的好处。

管理心理学启示

对每个员工来说，他们急需一种集体感和团体归属感。哪有一个员工愿意犯错误？可是错误又在所难免。员工犯错以后会感到无助，因为他们深知自己力量薄弱，职位卑微。了解到员工的这样一种心理之后，领导者就要懂得推功揽过，给员工一种企业的归属感，让他们体会到你的温暖，感受到你的温情。显然，这对于提升员工的归属感、积极性是大有裨益的。

006 记住每个下属的姓名，暗示你对对方的重视

名字，是一个人有别于他人的特殊代号。上下级之间，朋友之间的熟稔程度，都是通过名字与样貌来建立联系的。一个人的名字，对于一个人来说，是所有语言中最动听，最有感情的声音。因此，领导能够记住每一个下属的姓名，这会给下属们一种暗示，即你非常重视他们。

周恩来总理为人和蔼可亲，毫无架子可言，在人民的心中树立了崇高的形象。周恩来总理对待人的关切可以体现在，他能够叫得出几十年前认识的记者的姓名。

当年，在中国和美国搞“乒乓外交”的时候，有个美国的随团采访记者，名叫罗德里克，他曾经在20世纪40年代的时候，到延安采访过周恩来总理。当罗德里克跟随美国乒乓球代表团来到北京的时候，周恩来一眼就认出了罗德里克，走过去首先跟罗德里克握手，亲切地说：“这不是罗德里克先生吗？我们好久没有见面了。”

罗德里克听到周总理的话之后，大吃一惊，他万万没有想到周恩来总理在时隔多年之后还能够认出自己，并且还能够叫出自己的名字。罗德里克万分激动。周恩来总理的这一举动也在西方记者圈里引起热议，大家都感动于周总理的悉心体贴。这也使得西方媒体对周恩来本人以及当时还不是很熟悉的新中国迅速产生了好感。

西方也有许多领导和周恩来总理一样，能够准确地记住属下的姓名。法国皇帝拿破仑三世就曾经自信地对属下说：“即使我日理万机，我仍然能够记得住每一个所认识的人。”

还有一位欧洲著名的政治家，对于自己记住属下名字这一点自信至极。当有一个记者问他："听说你可以一字不差地叫出一万个人的名字。"这位政治家听后，骄傲地摇摇头，纠正道："不，你错了，我能叫得出名字的人，少说也有 5 万人。"

能够记住一个人的姓名不是一件难事，但是能够记得住成百上千个下属的名字，这就的确需要下一点功夫了。在这里，可以教给大家一套快速记名字的方法，帮助你和员工快速地建立信任友好的关系。

首先，第一次和员工见面的时候，你需要保持集中注意力。然后，你要有一双灵活的眼睛，能够迅速抓住每一个员工身上的特征，可能是小眼睛，也可能是嘴角的一颗痣，还有可能是员工的某一个特长，比如唱黄梅戏，亦或者是员工的爱好。当你把这些特点对号入座之后，就可以避免张冠李戴了。再次，就是尽量多的与下属接触、沟通。深入到基层中去，才能发现员工真实的一面，才能摸清每个员工的脾气属性。最后，要经常复习。可以给自己准备一个记人名的小本子，在第一次见面的时候将对方的特征记录下来，没事儿的时候多翻翻，多看看，自然而然就记住了。

不管是在什么时候，无论是在公司里，还是在平常生活中，当你遇见下属的时候，如果能够准确地叫出下属的名字，就等于是给了对方一个赞美。因为这表明你很重视他，所以才会记住他的名字。

一个初出茅庐的小伙子，来到了纽约这座国际化大都市。虽然他在大学期间获得过许多专利，参加过许多全国大赛，但是由于公司里全部都是来自各所名校的高材生，因此，这名小伙子心里其实是有些自卑的。他并没有奢望有人会注意到他这样一个小角色，而且他的名字还非常复杂，叫尼古得·玛斯帕·帕都拉斯，因此他从未想过有人会记得自己的名字，所以一直默默无闻地工作。

但是，这名小伙子的履历可是被公司的领导看在眼里，他的工作成绩也是大家有目共睹的。有一次，这名小伙子正在公司的茶水间泡咖啡，公司的副总走了进来，两个人相视一笑，小伙子并没有说什么。

副总一边冲着咖啡，一边说："早上好，尼古得·玛斯帕·帕都拉斯，你泡的咖啡可真香啊！"尼古得·玛斯帕·帕都拉斯听到后非常吃惊，从来没有一个人在公司里叫出过他的全名，他惊呆了。过了一会儿，他眼含泪水对副总说："你是公司里第一个记住我的名字的人，还是公司的副总。"

一个名字，就代表一个人，记住一个名字，就是记住一个人。当一个人被领导记住的时候，他的内心会增加自信和感动。就像上面例子中的那个年轻人，一身本领，需要领导去激发。这个时候，你叫出他的名字，对于他来说就是一种重视，他便会感激不尽，他便会加倍工作。

管理心理学启示

一个人的名字，对他自己来说，就是全部词汇中最好的词语。能够被自己的领导记住名字，会被认为是一件非常荣耀有面子的事情。记住一个人的名字，其实并不是一件多么困难不可实现的事情，既然记住下属的名字可以给下属带来如此高的兴奋度，能够激发他们的工作热情，那么作为领导者的你，为什么不去用心记住每一个员工的名字呢？

人的心思通常都是比较敏感的，员工如果能够感受到领导对自己的重视，往往这名员工就能够更忠心尽职地工作。被记住名字，在员工心中有着很重要的意义，领导们有必要记住员工的名字，拉近彼此心与心的距离，激发大家的热情。

007 描绘宏伟蓝图，暗示工作计划可行

领导和员工之间的重要区别之一，就是员工对公司具有重要性的工作没有决定权，而领导才是公司里那个掌握着大权的人。因此，当一位员工，他即便是看到了一个商机，想出了一个好主意的时候，他也很难直接

迅速地开展工作。所以，在这个时候，如果你看到了员工的成熟的想法，那么你便要使出这样一招：给你的员工描绘出公司的宏伟蓝图，暗示他的这一想法，这一计划可行，能够为公司带来美好的未来。

当我们进入到一个新的环境中的时候，通常会有一种这样的感觉：不敢发表自己的意见。私底下，自己的头脑风暴已经席卷大脑好几次了，但就是很难开口跟领导说，也很难自主地施行构想中的计划。这是为什么呢？因为人的一种胆怯心理。通常，员工对公司的忠诚度和认可度并不是那么高，尤其是对刚刚进入公司的员工来说。所以，在一个相对于比较陌生，不确定的环境里面，人首先想到的是保护自己，尽量给自己安装一个“外壳”。每天只是周而复始地做着上级交代的工作。

但是，在下班之后，自己又会对公司里面存在的各种问题和公司的未来发展，做出各种各样的设想和计划，想得让自己热血沸腾，但是这种激情在睡醒一觉之后就会被第二天的太阳晒干，然后便又回归到呆板枯燥的工作中去。这种现象比较常见。

基于特殊的国情和历史，“枪打出头鸟”成为一种潜规则，做事情中规中矩就好。而且，万一没能够做成功，收获的就会是一片指责和谩骂。在这样的心理压力之下，员工的工作积极性将被大大压抑，创造性也将被扼杀，公司的发展就会受到不良影响。

如何改变这种现象，我们可以看看下面这个案例中的王总是怎么做的。

王总，是一家广告创意公司的创意总监。在新一年的春季招聘中，又录用了一批从各大高校毕业的高材生。这些高材生的履历都很漂亮，学生会主席，国家奖学金，校园广告创意大赛一等奖等等。王总对这批新人充满了期待，因为广告这个行业，毕竟是需要不断有新鲜的血液注入。

但是，令王总失望的是，这一批进来的五名大学毕业生，虽然每个人都是学校的佼佼者，活跃分子，但是到了公司里却都变成了乖乖仔。开会讨论的时候，他们也一言不发，只会拿个小本子在那里写来写去，也提不出什么具有创意的点子。王总本来希望这五个人的到来能够给公司增添一些新的活力，但是没有想到这五个新人比老人还要沉闷死板。这下王总可着急了，难道是自己看走了眼，找错了人？王总决定好好找他们谈一谈。

这一天下了班，这五个新人一起走到公司楼下的咖啡馆喝咖啡。正好王总在那里和朋友谈事情，正好是背对着他们。他们五个人坐下来之后，就开始聊天，大家聊的正是公司这两天准备制作的一个广告。他们你一言，我一语，讨论得好不热闹。王总在这边听得仔细，其中有些人的点子非常具有创意，很具有实操性。王总这下子安了心，原来这帮孩子不是没本事，而是才美不外现啊。

第二天公司开早会的时候，大家又开始讨论这个广告策划案。那五个新人没了昨天咖啡馆的激情，又一言不发了。王总看在眼里，计上心头。他主动将昨天某个人说的点子开了个头，大家肯定这个想法有意思，但是又没有将想法完全说出，而是说自己还没有想得太全面。听到领导和自己的想法不谋而合之后，其中一个新人鼓起了勇气，接着说出了自己的想法。王总听后大加赞赏，一锤定音。告诉大家，这个创意一定能够为公司赢得这个案子，而且还会让公司名声大震。这个想法绝对可以实施。

五个新人看到领导的这种反应之后，消除了后顾之忧，在日后的工作中，积极性提高了不少，也勇于说出了自己的想法，逐渐成为了可以独当一面的人才。

试想，如果这五个人没有得到领导的暗示，是不是还不会把自己的想法说出？还在继续默默无闻地做着微不足道的事情呢？那样公司岂不是白白浪费了五名人才。有时候，这些刚出校园的新人，需要领导的肯定，需要领导为他们描绘未来的蓝图，给他们信心，告诉他们，他们的想法不是空想，绝对有实现的可能性和价值。

总之，作为领导，你要做的就是太阳，给员工阳光和希望，让他们看到未来的美好蓝图，让他们有实践梦想的勇气和动力。

管理心理学启示

一项伟大的事业往往都是起源于小小的萌芽，当伟大的想法还处于萌芽状态的时候，如果它没有得到积极的阳光的浇灌，那么他们就很有可能被阴影所掩盖，无法长成参天大树。而如果当他们还是嫩芽的时候，你能够给他们描绘出他们将来长成大树时的情景，给他们实践的勇气，那么嫩芽就会在阳光的照射下，努力地生长，结出丰硕的果实。

008 心理安慰是神奇的暗示手段

巴普洛夫认为，暗示是人类最简化、最典型的条件反射。举一个简单的例子，平常的时候，任何人都敢站在桌子上，丝毫也不会感到害怕。但是，这张同样的桌子放置在山涧之间，下面就是万丈深渊，这个时候还敢站在这张桌子上的人恐怕就寥寥无几了。几乎每一个人在站上去之前，就已经头晕目眩，双腿发抖了。

这就是一种非常典型的心理暗示。当然，它是负面消极的心理暗示，如果人们在站上这张桌子之前，能够在心底里这样对自己说，这不过还是那张桌子，现在它就是放在平地上，与之前没有什么不同。有了这样的心理安慰之后，大多数人就能够站上去了。

一个老头在出门旅行中，投宿在一个家庭旅馆中。这个老头一直就有哮喘的毛病，这天半夜里，老头的哮喘病又犯了，他感到呼吸困难，胸部憋闷。黑暗中，他呼救无力，只能凭着自己的力量赶快摸索窗户。但是，任凭他怎么用力就是打不开窗户。

情急之下，他举起拳头，将窗户砸碎了。顿时，老头感到一阵凉风袭来，喉咙瞬间就舒畅了。不多一会儿，老头就安然入睡了。

第二天老头醒来后，赶紧查看昨天被自己砸碎的玻璃，但是卧室内的窗户完好无损，都紧关着。而地上的确是有一堆碎片，老头抬头一看，原来是挂在墙上的一幅画被自己打碎了。

老头哮喘发作是事实，打破了挂在墙上的画也是事实，但是老头心里感觉到的“一阵凉风”却是不存在的。可是，老头心理上暗示自己已经把窗户打破，获得了新鲜空气，所以在这种积极的自我安慰中，他就逃过了一难。而有的人却因为自己消极的心理暗示丢了命。

有一个搬运工，在将海鲜搬到冷冻室之后，不小心将自己关在了里头，顿时他感觉到了恐惧和绝望。他感觉异常寒冷，越冷就越害怕，最后自己蜷缩在墙角，居然在惊恐中死去。但是事实上，冷藏室内的气温并不足以达到冻死人的程度。而这个人是被自己恐惧的自我心理暗示逼进了死亡的深渊。

心理安慰具有神奇的作用，运用得当，能够给人勇气、动力。运用不好，则会让人绝望、丧失动力。作为企业领导者，要学会灵活使用这种心理安慰的方法，帮助自己的员工健康快乐地工作。

一位做了十几年招聘工作的人力资源部经理，在如何激发新员工的工作积极性，发挥他们最大的潜能方面有着自己独到的方法。其实他的方法也很简单，就是给新晋员工积极的心理安慰，让他们在新的工作岗位上能够拥有自信。

在新一年的招聘工作中，行政助理这个职位只需要一个人，恰好那一年来面试的人也不多，仅仅就三个人。最终，这位经理在这三个人当中选择了一位有两年经验，并且已经结婚生子的女士。

在通知该女士被录取的时候，这位经理对她说：“这次招聘，公司领导非常重视，我们一共面试了超过五十人，但最终选择了你，是因为我们看到了你身上拥有其他人所没有的品质，认真、负责、肯吃苦，配合度高，我们相信你会是我们想要的人才，希望你能够在这家公司好好工作，我们期待你的表现。”

听到经理这么说以后，这位女士心中大受鼓舞。她没有想到，原来自己是在众多人当中脱颖而出的，并且自己的能力受到了公司领导的认可。

她非常开心，下定决心要在这家公司好好做下去。

在这个案例中，很明显人力资源部经理向该女士撒了谎，其实并没有那么多人面试，公司的老总也并没有对此有多么重视。但是他选择这样对这位女士说，目的就是要给她积极的心理安慰，让她对自己充满信心，相信自己的能力，这样她便会以饱满的热情在新的工作岗位上贡献自己的力量。

心理研究表明，一些比较敏感、脆弱、独立性不强的人，比如女性更容易接受暗示。无论是长期的消极暗示还是积极暗示，都会对她们的生活和工作上的情绪产生一定影响。如何给自己积极的自我暗示，可以尝试下面几种方法。

第一，用语言来表达内心的感受。心理学上讲究一种“内省法”，当自己处于一种紧张的环境中时，可以将内心的想法，比如求生、求胜的欲望用语言表达出来，这样情感得到了释放，人就会变得轻松许多。

第二，把每一次失败当做是最后一次。每个人都会失败，但是重要的是要能够从失败中站起来。尝试着在自己最不开心，最失意的时候对自己说，不会再有比这更糟糕的事情了。既然自己已经到了最倒霉的地步，那么人生马上就要否极泰来了。这样的想法会增加内心的安全感，给自己重新再来的勇气。

管理心理学启示

经验表明，总强调负面结果会带来消极的心理暗示。当我们在做一件事情的时候，不要总被上一次失败的阴影所笼罩，不要在心底里总是念叨“上次就是在这里失败的”、“这套房子至今都没能卖出去”之类的话，这样只会让你再失败一次。聪明的人应该对自己说，“我比上一次可有经验多了”，这样正面的引导，比向自己强调负面结果更为重要。这就是自我安慰的神奇效果，这就是人的心理可以战胜一切困难的原因。

009 暗示的批评比当面指责更有力量

作为一名领导，当然不能一味地夸赞员工，给员工“蜜枣”吃，该批评的时候也绝不能含糊，毕竟，领导就要有领导的威严和风范。但是这里讲的批评也是要求讲究艺术的。有时候，批评不到位，或者是过了火，都有可能适得其反，引起员工的反感。而如果能够巧妙地对员工进行批评，那么这种力量可能要比你当面指责他来得更为强大。

任何事情都不能只偏向一方，而要折中适度，所以领导要做到恩威并施。前面讲了很多领导如何向员工施恩的表现和方法，下面就来说一说领导如何施威。

领导向员工施威的一种表现就是对员工进行批评，但是真正有智慧的领导是不会当面批评指责某个员工的，而是会采用暗示的方法，艺术地对员工进行批评，从而收到更好的效果。

如何做好暗示性批评？首先，在批评之前，你应该明确是否因个人问题才提出批评。有些领导会感到来自员工的威胁，觉得某些员工不喜欢自己，所以就莫名其妙地想要批评教训人家一番。而如果你真的这样做了，就会让被责骂的员工感到莫名其妙，无所适从，心生反感。这样就降低了你的领导身份，也会影响你在企业中的领导形象。所以，当你想要批评一个人的时候，想一想，不要根据自己的情绪，而是要根据客观事实做出反应。

此外，要思考现在是批评的好时机吗？批评需要及时，当下犯了错误就要马上进行批评，过后批评的效果就会减弱。还有，当员工在这次错误中深受打击的时候，那你就要等待一下了，要考虑到对方的心情，委婉地批评之后最好加以鼓励。

事实上，批评是一种管理下属的方法。如果使用恰当，可以达到推动工作的效果；但是如果用得不恰当，就会适得其反，所以要讲究批评的艺术。

有时候，员工犯了错误，身为领导可能会非常生气，就想立马批评他几句；但是在同事都在场的情况下，一个员工被领导骂了，他在心理上是会有阴影的。因为人都是要面子的，都有自尊心，所以尽量避免当众责骂员工。

孙丽在一家私立幼儿园当老师，工作上一直都很敬业，对待小朋友非常有耐心。但是最近，孙丽的家里出了一些事情，父亲生了重病，来到省城住院、做手术，花费了家里大量的金钱，孙丽还向亲朋好友借了不少。为此，最近孙丽没少和丈夫吵架。家庭中的不如意，烦躁的情绪，在所难免地带到了工作当中。

这一天，孙丽带的小二班正在上图画课，小孩子们天生好动好玩，况且他们还那么小，什么事情都不懂，画笔、染料什么的，他们哪里知道怎么使用。孙丽一个人要照顾十几个孩子，再加上她心情不好，所以很难顾得全面。当天课堂上，有一个小朋友，很不老实，他不稳稳当当地坐在椅子上画画，偏偏要拿着画笔到处乱涂乱画，有的画在地上，有的画在墙上，还有的画在别的小朋友的衣服上。

孙丽看见后说了他几次，这个孩子都不听，这可气坏了孙丽。情急之下，她一把夺过孩子的画笔，冲他大声吼叫："出去!"孩子当时就被吓哭了，这一切正好让路过的张园长看见了。如果张园长当时立马冲进教室，对孙丽大加指责，那也是于事无补，反而会让孙丽觉得自己很委屈。所以，张园长选择没有说话，静静地走了过去。

当天下午，张园长将全园的老师聚在一起，给大家看了一个新闻报道。报道中讲的就是一位幼儿园的老师因为自己家庭里的事情将不满情绪带到了工作中，对孩子又打又骂，最终被媒体曝光，受到了法律的制裁。老师们在看完这则新闻之后，纷纷表示自己绝不会那样做。张园长说："每个人都可能会遇到不如意的事情，当你们遇到困难的时候，我希望你们能够告诉我，我会尽我所能地帮助你。但是我们不希望你们将这种情绪带到工作中来，释放在孩子身上，这是绝对不允许的。”

孙丽被张园长的话说得脸一阵红一阵白，心中既感动又愧疚。事后，她自己向张园长承认了错误，也讲明了家中的情况。张园长对其进行了帮助，孙丽的工作状态也回到了从前。

张园长用一种巧妙的暗示，批评了孙丽不专业的做法，既给孙丽留足了面子，又给孙丽好好上了一课，可谓一举两得。

其实，批评并不是目的，目的是要让员工能够认识到自己的错误，并且能够吸取教训，重新站起来。直截了当地批评，往往会伤害到人的自尊心，而且不易于被人接受。所以，婉转地对其进行批评，反而更容易收到你想要的效果。

管理心理学启示

有赞扬就应该有批评，在领导的工作中，批评也是一种必要的管理手段，它与表扬相辅相成。但是在批评的时候，要尽量减少批评所产生的负面作用，减少员工对其的抵触情绪。

批评要注意含蓄，借用委婉、隐晦、暗喻的方式，由此及彼地将自己的批评之意表达给员工，揭示出批评的内容，引导员工深入思考，这比单刀直入地指出员工的错误更加易于让人理解和接受。夸奖有夸奖的艺术，批评也有批评的艺术，关键是要弄清楚人的心理，对症下药。暗示的批评有时候就是能够比当面指责力量更大，效果更好。

第五章

DI WU ZHANG

沟通心理学：换位思考是提升沟通效果的“催化剂”

掌管企业，最重要的是做好沟通。企业人员众多，每一个人都心思各异，身为管理者，要及时了解这些人的想法，要和这些员工进行有效沟通。这样在管理工作中，才能够做到直接有效地交流，确保心意相通。一个重要的沟通思路就是换位思考，从员工的角度想问题，理解员工最真实的想法，这样才能让沟通的效果达到最大化，使沟通行之有效。

001 掌握沟通“蜂舞”法则，带团队如鱼得水

世界上多数动物都要过群居的生活，它们要依靠各种方式和身边的同伴进行沟通、交流，以便更好地生存下去。蜜蜂之间的沟通方式非常的特别，它们以独有的“跳舞”为信号，告诉同伴各种蜂蜜信息，沟通完毕后一起去采蜜。

蜜蜂神奇的舞蹈引起了生物学家的注意，奥地利学者弗里茨多年细心研究，发现了“蜂舞”背后的秘密，破解了这种交流方式。蜜蜂的“舞蹈”主要有“圆舞”和“镰舞”两种形式。如果工蜂跳“圆舞”，就是告诉同伴蜜源与蜂房相距不远，约在 100 米左右；工蜂如果跳“镰舞”，则是通知同伴蜜源离蜂房较远；如果跳“8”字形舞，并摇摆其腹部，舞蹈的中轴线跟巢顶呈夹角，正好表示蜜源方向和太阳方向的夹角。

蜜蜂的沟通方式让管理学家大受启发，他们认为企业管理应该采用蜜蜂的这一套沟通方式，掌握信息的主动性，加强企业人员之间的沟通来改善管理。管理学家将这种方式命名为“蜂舞”法则，并一直沿用至今。

“蜂舞”法则提醒管理者要像蜜蜂采蜜那样，用多种沟通方式来传递信息，要展现沟通方式的特点，让手下员工充分理解你的命令。一个企业是由各个部门、不同职务的员工组成的，沟通将这些员工联系起来，朝着一个共同的目标一起努力。有关研究表明：管理中 70% 的错误是由于不善于沟通造成的。由此可见，沟通能力很重要。掌握好沟通“蜂舞”法则，带团队就会事半功倍。

职场中的关系十分复杂，每个人都在急着完成自己的任务，所以在沟通时难免会缺少耐心。面对日益激烈的市场竞争，管理者都十分希望自己能够锻炼出一支令行禁止、高效有用、团结一致的企业队伍；在建立企业外部环境时，管理者希望企业能在与顾客、股东、上下游企业、社区、政

府以及新闻媒体的交往中，塑造出良好的企业形象，建立一种健康良好的外部环境。这一切的问题都离不开沟通二字，沟通或许不能解决所有问题，但没有沟通所有问题都解决不了！

团队之间最重要的是沟通默契，在紧急时刻，沟通的结果将决定团队的生死存亡，也许一次失败的沟通就会让团队全军覆没。

1990 年 1 月 25 日，一场令人心痛的坠机事件就是由于沟通失败造成的。那一天，阿维安卡 52 航班飞行员与纽约肯尼迪机场航空交通管理员之间的沟通出现了问题，使飞机没有能够及时降落，直接导致了一场空难事故，机上的 73 名人员全部遇难。

1 月 25 日晚 7 点 40 分，阿维安卡 52 航班到达了南新泽西海岸上空 11277.7 米的高空。机上的油量十分充足，可以维持飞机近两个小时的航程。正常情况下，飞机降落到纽约肯尼迪机场仅需不到半小时的时间，两个小时的时间完全足够降落飞机，机组的缓冲保护措施可以说十分安全。

然而，整整两个小时的时间，却因为双方之间的沟通问题而耽搁了。晚 8 点整，肯尼迪机场管理人员通知 52 航班，由于严重的交通问题他们必须在机场上空盘旋待命。晚 8 点 45 分，52 航班的副驾驶员向肯尼迪机场报告了飞机情况：他们的燃料快用完了。管理员收到了这一信息后，并没有对飞机降落做出安排，直到晚 9 点 24 分之前，仍没有批准飞机降落。

在这段时间内，52 航版的机组人员再也没有向肯尼迪机场传递任何情况十分危急的信息，即使飞机座舱中的机组成员已经开始相互紧张地通知他们的燃料供给出现了危机。

晚 9 点 24 分，52 航班第一次试降失败。当肯尼迪机场指示 52 航班进行第二次试降时，机组成员再次提到他们的燃料将要用尽，但飞行员却告诉管理员新分配的飞行跑道“可行”。晚 9 点 32 分，飞机的两个引擎失灵，1 分钟后，另两个引擎也停止了工作，飞机上的燃料全部耗尽，于晚 9 点 34 分坠落于长岛。

事后，调查人员听取了飞机座舱中的磁带，并与当事的管理员进行了交谈，他们发现导致这起事故的主要原因是双方没有进行良好的沟通，彼此之间没有领会对方的意图。

在这起事故中，飞行员和管理员之间的沟通存在很大的问题。飞行员一直说他们“燃料不足”，但这句话是飞行员们经常使用的一句话，当降落被延误时，飞行员就会说这句话。所以在管理员看来，这只是飞行员想要快速降落的理由。但是，如果飞行员发出“燃料危急”的呼声，管理员有义务优先为其导航，并尽可能迅速地允许其着陆。

仅仅只是转换一下沟通的用词，就可以避免一场悲剧。遗憾的是，52航班的飞行员从未说过“情况紧急”，所以肯尼迪机场的管理员一直都没有理解“燃料不足”这句话的含义，不知道飞行员所面对的真正困境。

所以，在合适的时刻选择正确的沟通方式，这是“蜂舞”法则给每一个管理者的重要启示。总之，让对方领悟到你的意图，才能让整个团队的工作更有效率。

管理心理学启示

沟通是管理者的一门必修课，完美地掌握它，才能让员工和你之间没有隔阂，真正做到令行禁止，将团队凝聚成一个整体。很多人觉得，领导说话一定要有内涵，不能轻易让下属猜透你的想法。这种想法更适合用于平衡员工之间的权力，而不是带领团队做事。

商场如战场，激烈的竞争中，一个细小的失误就会造成功败垂成的下场。管理者一定要保证下属理解好自己的每一句话，这样在执行的时候，才不会出现理解错管理者话语的情况。

002 成为提问专家，让带人变成一件简单的事

作为一名出色的管理者，如果想让员工完全领会你的意图，那一定要

善于提问。管理者要成为一名出色的提问专家，将自己讲话的重点变成问题询问手下的员工，引导员工将自己的答案变成管理者的意图。

《韩非子》中有这样一句话：“挟知而问，不知者至，深知一物，众隐皆现。”意思是佯作不知而询问，就会明白自己不知道的事情；熟知一件事情，就可以明白其他隐晦的事情。如今的企业中，很多管理者都喜欢对下属提一些问题，这并不是他们对这一问题没有答案，而是在考验手下员工的领会能力和忠诚度，管理者更希望从员工的口中得到自己想要的答案。

善于提问的管理者，能够根据员工对于问题的反应来判断他的能力和忠诚度。那些“提问专家”往往可以通过几个小问题，就在心中勾画出了员工的各方面的品质素养，所以提问不失为对员工的一种简单测试。

韩昭侯希望身边的近侍都是忠厚老实的人，但他没有办法直接判断出近侍们的品格，就想了一个办法。有一天，他故意把一片剪下的指甲握在手中而假装遗失，然后佯装生气地命令道：“剪下的指甲如果丢失是不吉利的征兆，无论如何也要给我找到！”

身边的近侍不知道实情，急忙搜寻房间的每一个角落，但是他们查找多遍都没有结果。韩昭侯见状再次催促道：“绝对不能丢失，你们一定要给我找到，否则就要接受处罚！”一众近侍听了之后都非常着急，担心受到处罚。

就在大家犯愁的时候，一名近侍偷偷地剪下了自己的指甲，装作突然找到的样子，惊喜地喊道：“找到了，我找到了，在这儿！”韩昭侯立刻就知道了这个近侍是一个喜欢说话谎的人，暗地里就将这个近侍辞退了。

韩昭侯“明知故问”，在心中已有答案的情况下，对手下近侍提问，考验了手下近侍的品质，及时将那个善于说谎的近侍辞退了，毫不费力地达到了自己的目的。

随着现代经济活动的日益增加，企业每天的人员流动十分频繁，管理者不可能面面俱到地考察员工的每个方面，“明知故问”的考察方式就成了一个不错的选择。这不仅是对员工忠诚度的考察，更是对员工统御的有效手段。

三国时期，曹操争雄天下；尽管当时刘备没有自己的势力，但是仍然不能让曹操放心。为此，曹操宴请刘备参加酒会。

两人一边喝酒，一边交谈。曹操问刘备："你认为当今天下的英雄是谁呢?"刘备列举出了当时的各路诸侯，比如刘表、袁绍、袁述等人；但是曹操连连摇头，忽然说："天下的英雄，唯使君与操耳!"

刘备当时正在曹操的手下任职，竭力收敛自己的锋芒，以饮酒种菜消磨时光；但他没有想到曹操对他仍不放心，听了曹操的话不禁惊慌失措，吓得手中的筷子也掉落在地上。恰巧一阵雷声传来，刘备急忙遮掩，曹操只以为是雷声所致，并不放在心上。这就是三国中著名的"青梅煮酒论英雄"。

曹操问刘备对天下英雄的看法，并将自己和刘备列为天下仅有的两个英雄，这是他对刘备的一种考验，看看对方是否有称霸天下的野心与勇气，这是曹操御下高明之处，但是刘备颇有心机，借雷声瞒过了曹操，保全了自己的羽翼。

在现代商业管理教育中，对人才的考察已经被列为一项重要的课程。比如，美国哈佛大学就最早设立了"观人学"，并把它定为优秀学生的必修课程。"观人"是企业管理者的一门必修课，通过与员工的简单交谈，掌握员工的品行，这才能够有效地使用员工。

企业事物纷繁复杂，领导不可能面面俱到，对所有的事务都加以分析和判断，所以一定要找到好的帮手来帮助自己。"挟知而问"的方式不仅可以考察员工的忠诚度，用已经知道的情况询问员工，可以通过局部的考察了解员工的工作状态，对自己获得的信息准确性进行科学的评估，还能通过判断信息的有效性和真实性，从全局高度把握企业整体的发展状况。

从古至今，提问一直都是上位者要学习的一门课程，掌握好这门课程，才能御下有方，让手下一直在你的掌控之中。当今社会的管理者，更应该从中吸取有益的经验，让提问成为手中的利器。

管理心理学启示

“挟知而问”是一种由点到面的管理策略，简单的几个问题就能够帮助我们核实员工的忠诚性，从而让我们准确地辨别是非。这种古来就有的方法，在今天仍然能够发挥巨大的作用。

简单的几个问题，就可以判断对方是否忠诚，进而考察出对方的能力。这样管理者就可以决定是否要重用这名员工。这样找到的员工才能够保证其可以为企业带来良好的效益。倘若识人不明，就随意冒然重用，俨然是埋下一颗定时炸弹，相当于将企业置于了危险的境地，随时都有可能使企业遭受巨大的损失。

003 交流用心不用嘴，引导员工积极交流

一般情况下，管理者已经是企业的高层了，自身的利益和企业的效益紧密相连，对于企业十分爱惜，就好像父母望子成龙一样期待着企业的兴旺发达。这时的管理者和企业血肉相连，一荣俱荣，一损俱损。管理者和企业利益相连，扯一块就痛一块，但是员工不同，大多数员工在企业工作的时间都很短，他们对企业并没有归属感，管理者要做的就是培养员工的归属感。

如果员工和管理者一样以企业为家，把企业的利益看作自身利益，那么管理者的工作就很好展开了。当内部员工上下齐心协力时，即使有一两个别有用心的狡猾员工，也不敢打主意挖墙脚，这就有利于企业的发展。

身为一名管理者，手下总会有几名人员，当你和这些人聚集在一起后，你们就成为了一个团队。经营团队最重要的就是让团队成员团结一致，所有成员都围绕在管理者周围，向着一个目标共同努力。因此，管理

者要掌握沟通的秘诀，让员工对公司产生认同感，这非常考验上位者的智慧。

每一名员工在刚进企业的时候，脑子里的观念都是个人观念，并没有把公司当成自己的家。管理者沟通的诀窍，就是把员工脑中的“你们”的观念，有效地转变成“我们”，让员工尽快地认可自己的企业。

有这样一位管理者，他十分欣赏自己手下一名员工的能力，为了获得这名员工的忠诚，他很喜欢在下属面前表现出十分器重这位员工的样子，常常会和这位员工开一些玩笑。

一次，大家组织集体春游。一上车，这位领导就把手下的这名员工叫到身边的座位旁，让他和自己坐在一起。一路上，两人谈笑风生，显得亲密无间，周围的同事都在一边窃窃私语，议论他们。等到了目的地后，领导更是让他跟在自己的身边，走到哪都带着他，一副完全把他当做自己人的样子。

领导的器重，让其他的员工对他十分眼红，大家开始不在意他的能力，只在意他被领导器重这件事。时间久了，公司就开始传他是靠着家里的关系才得到领导的器重，他常常给领导送礼，他拍领导的马屁……渐渐的，他觉得身边的人都对他指指点点，没有人在意他的能力。

最终，这名员工将自己的不满都发泄到了公司身上，当他和公司的合同到期后，他就转投别的公司去了。

事实上，每个人都有攀比的心理，管理者如果刻意地亲近某一个员工，只会引起其他人的嫉妒，给这名员工带来困扰。聪明的管理者不会去刻意讨好自己的手下，他们会通过自己的一些行动就让员工产生归属感，将企业当成自己的家。

很多管理者总是抱怨手下的员工对自己有戒心，无论怎样和他们亲近，员工都还是刻意和自己保持距离。其实，想要获得员工的认可靠的是管理者的诚心，而不仅仅是嘴上功夫。优秀的管理者知道在什么时候选择什么样的沟通方式，最大程度地让员工感受到你的诚意，收获员工的信任。

要使员工对企业产生归属感，像爱惜自己一样爱惜公司，就不能仅仅靠嘴上的一些好听话，还要用一些方法吸引住他们。

首先，要彻底打败他们的自信心，让他们觉得自己很平庸。管理者是慧眼识人的伯乐，正是管理者的收留，他们才能找到这样一份好工作。

其次，要突出公司的有利条件，扩大公司的“闪光点”。比如公司面积小的，就可以突出公司的地理位置优越，身处闹市，交通便利，晚上可以看电影，周末可以逛个公园，那些大公司虽然面积很大，但是地处市郊，出行不便利。采用诸如此类的方法，尽量突出企业的优点，让员工忽视企业的缺点。

身为管理者，要在最合适的时候给予下属一些恩惠，既不会让手下多想，又会对你心存感激，认可你的善意。比如逢年过节发个小红包，或者生日时送张生日卡，送一份生日礼物，感谢大家对公司的奉献等。

总之，管理者要能够审时度势，用心同员工交流，让员工感受到你的诚意。只有这样，员工才能放下心里的成见，将自己的想法同你交流。

管理心理学启示

管理员工，不能仅靠说好话，发福利，必要的时候要给员工一些紧迫感。一是外面很多员工都找不到活儿干，你们还不努力加油；二是各公司都在竞争，不拼命把公司做好就会被人家挤掉；三是公司做好了，大家都有好日子过，员工出去的时候，也能感觉到有面子，可以过稳定的日子。

恩威并施，诚心诚意，管理者才能管好手下的人。员工也不会搬起石头砸自己的脚，员工也希望让公司越做越好，越做越大。只要管理者用好方法，收获员工的真心是很轻松的一件事情。

给员工灌输一种“同在一条船上”的思想，把员工与公司紧紧捆绑在一起，这样他们就能同心协力，士气高涨，公司业绩也就会蒸蒸日上了。

004 寻找共鸣话题，作为沟通切入点

一个优秀的管理者，总是对员工有着一定的期望，期望员工按时上班打卡、做好自己的工作、出门在外展示企业的风度等。管理者对员工有这些期望都是很正常的，但是一定要让员工理解你的这些期望，让他们对此能够有一个清晰的认识。否则，这些期望就会变得有些官僚化，员工会觉得管理者出于私人目的提出了这些要求，这些善意的期望就会被腐蚀，对于公司的发展极为不利。

管理者的期望值不是总能和员工心中所想达成一致。这些期望不仅仅包括希望员工工作能达到目标，还涉及日常工作、生活的各个方面。管理者的期望对员工的工作有着很重要的影响：当管理者和员工的目标一致时，员工只要知道管理者心中所想，以及管理者对他们的期望值，就会有一个明确的奋斗方向，向这个方向不懈地努力。出色的管理者能够为员工制定一个合理的期望值，及时告诉员工，并给员工以鼓励和信心。员工知道了管理者对于自己的期望，就能够充分调动自身的积极性，将自己全部的精力都投入到工作中。

当管理者和员工内心的期望值出现冲突的时候。这种时候，管理者一定要摆正自己的心态，平和地同员工进行沟通。很多时候，冲突是因为缺少沟通，员工并不明白管理者心中的期望值。这种时候，员工就会认为他软弱、没主意、立场不坚定、糊涂。员工对管理者产生误会，就会对他阳奉阴违。所以，领导者对员工的期望必须是在考虑客观情况的前提下，了解员工心中所想后，与员工协商而成。

中国古代兵法上讲究“知己知彼，百战不殆”。在管理时也要“知己知彼”，管理者如果能够对员工的需求有一个清楚的认识，就能够有的放矢地解决问题，用最直接的办法达到最好的效果。要想了解员工真正的需

要并不是件容易的事情。因为，由于职位的高低不同，员工对管理者总有一层顾虑，这层顾虑往往使他们在管理者了解自己的需要的时候，不敢说出真话。成功的管理者都善于“套”出员工的真心话。

管理是一门艺术，管理者要想让员工心甘情愿地服从自己的管理，就必须向员工明确他的期望。没有给员工一个明确的期望，员工们就会不理解工作中努力的方向，内心就不安定，没有确定感，在面对管理者的一些责备时，就会变得特别脆弱，经受不住批评。所以，管理者要经常和员工进行沟通，了解他们心中所想，为每一位员工制定合理、明确的期望值，并让员工对他的期望有一个清晰的认识。期望值只是一种管理手段，它的作用是督促员工积极投入工作。员工没有达到领导期望的情况也常有出现，领导者不需要抱怨，或者处罚员工。只要员工朝着这个方向努力，即使没有达到这个期望值也没有关系。

身为管理者，要时常了解员工心中的想法，和员工交谈、沟通无疑是一个很好的方法。当然，要想从员工的口中“敲出”他们的真心话，管理者就要用一些手段了。要想从员工口中听到有用的话，就要在他们放下戒心的时候和他们聊天。如果管理者和员工在办公室进行正式谈话，就容易引起员工的警惕和戒备心。为了不得罪管理者或者讨管理者欢心，他们很可能会提供一些管理者想要的答案。所以闲聊是最有效的方式。管理者不在工作中直截了当地向员工提问，而是在工作之余，和员工不期而遇时，与他进行心平气和的闲聊，让员工自然而然地说出你想要听到的话。

不期而遇的条件并不是经常可以碰到的，所以当管理者同员工在办公室进行交谈时，要尽量让员工多说话，鼓励员工多谈自己，追求自我利益。这样的方法能够让员工感觉到自己受到了管理者的重视和尊重，让员工不自觉地对你放下内心的隔阂，向你主动靠近。人放下戒心后就会侃侃而谈，就能向管理者反馈更多有用的信息。管理者只需要在员工大量的话语中，捕捉到自己想要的信息就可以。

管理心理学启示

同员工沟通，管理者要做的最重要的事情就是倾听。倾听是对员工的尊重，当员工感受到自己受到重视的时候，就会向管理者打开心扉。撤掉心理防线，员工的谈话就会坦率真实得多。管理者要保持自己的耐心，多同员工进行眼神交流，时常对他们进行提问。

员工的真心话能够减少管理者平时自己的摸索，帮助管理者找出日常管理中的不足，改善自身管理，也可以解决员工最关心的问题以提高员工的积极性。成功的管理者必定是善于发现员工真正想法的人。无论是工作之余的闲聊，还是鼓励员工多谈自己，首先要做一个合格的倾听者，这样才能让员工向管理者打开心扉，说出真心话。

005 倾听心理学：让团队人心凝聚起来

很多管理者只是把员工当成自己的下级，这是不可取的。管理者与员工之间的关系不能只是单调的上下级关系，管理者也要去了解员工内心的想法，通过有效的沟通进行感情上的交流。管理者应该将员工当做企业的一部分，及时了解员工的需求、烦恼和不满。员工就像是企业内部的零件，员工内心不满时，零件就会出现问题，影响企业的运行。管理者要及时发现员工的问题，在他们情绪低落需要找人倾吐和帮助时，主动地伸出援助之手。

沟通是管理企业的一门必修课，事实上，管理者必须学会与员工有效沟通，掌握好沟通之道，管理者就能让整个企业井井有条。没有沟通，整个企业就会变得死气沉沉，不愿意沟通的领导则很难得到下属的支持理解和爱戴。一旦员工拒绝向管理者倾吐心事，那就意味着管理者对整个企业失去了掌控。

那些精于管理的人才通常都懂得如何成为最佳的倾听者。当管理者主动去倾听时，就能让员工产生“士为知己者死”的心态，许多问题他都不用亲自去解决，员工都会义不容辞地为他做，事后员工会觉得这是管理者对自己的看重，他们对管理者会心存感激。

一家私营企业的董事长突然重病住院，情急之下，只能让董事长的继承人来管理公司。这个孩子是家里的独子，父母平时的溺爱让他变得顽劣不堪。他平时的表现只会让人把他当做一个不学无术的富二代：上学时，他打架、逃课；大学毕业工作后，他也是三天打鱼两天晒网，无缘无故就不来公司上班。

可是，这场变故把他推到了台前，让他意识到不能再像从前那样生活了，他要承担责任，为父母和整个家族遮风挡雨。这时他才发现，他对管理一窍不通，根本不知道该从哪里下手。好在他继承了父亲的优点，十分聪明，和员工接触几天后，他发现了一个诀窍：往往员工来征求他的意见时，心中就已经有了注意。于是，每当有员工需要他的忠告时，他总是问：“你认为该怎么做?”

员工以为这是领导的考验，每次都会认真地说出自己的方案。一般情况下在他点头表示赞许之后，员工都会显得兴高采烈。倾听之后，他就会认真地思考并有选择地执行这些管理方案，因此公司在他的管理之下井然有序。

当他的父亲大病痊愈重新回到公司之后，公司高层争着前来夸赞他。他的父亲刚开始以为是公司高层在刻意奉承，慢慢地却发现事情似乎不是那样，于是就询问儿子。听了儿子的解释后，他的父亲哈哈大笑：“你这是‘瞎猫碰上死耗子’了。你采用了员工的意见，不但解决了问题，还会让员工觉得被重视，对你这位新领导的印象就会非常好，而管理也就不在话下了。”

每个人都渴望被重视，管理者要给予员工他想要的这种重视。当员工感到被管理者器重时，工作的热情就会提高。所以好的管理者都会认真听取员工的建议。这样做，一方面能够让员工觉得被重视而积极工作，另一方面对于管理者自身来说，员工已经为他想好了解决问题的方法，大大减少了其工作量，降低了其工作难度。

许多管理者自身能力出众，但却不能得到手下员工的爱戴，这就是因为他们同员工缺乏沟通。沟通是一门学问，有效的沟通并不是管理者和员工聊聊天，而是有技巧地交流。

（1）学会倾听，做一个倾听者。

倾听是沟通的开始，只有学会了倾听，才能更好地沟通。管理者和员工聊天时，要时刻谨记你是来了解员工的想法的，所以要让员工多说一些，你只需要做一个绝佳的倾听者。往往懂得倾听的领导都能够赢得员工的信任，能让员工主动同你分享心事。倘若管理者没有时间倾听，可以将自己的邮箱等联系方式告诉员工，以此来搭建你们沟通的桥梁。

（2）不只要倾听，还要学会回应。

一些管理者在同员工沟通时，只是将自己当做了一个让员工发泄烦恼的发泄口，认为只要听员工说完之后就万事大吉了。这种看法是对员工的一种敷衍。只是倾听却不给员工回应，让员工自己唱独角戏，这比不和员工沟通还要糟糕。员工从你这里得不到回应，下次就不会再选择你作为倾诉的对象。聪明的领导善于利用各种方式去倾听意见，及时商讨解决方案，研究制定解决策略，并持续追踪直至不再有新的问题发生。

总之，管理者不能将员工当做毫无感情的程序，只希望员工无条件听从命令和指挥，而不进行任何形式的人际关系沟通。这样做虽然可以让你在员工面前保持威严，做到了令行禁止，但是却让员工处于被压制的状态，会影响员工的工作热情。员工也具有一个正常人的想法，也需要得到管理者的尊重。事实证明，那些愿意花时间倾听员工心声的管理者，管理企业时会更有成效。成功的管理者都是善于和员工进行有效沟通的。

管理心理学启示

与员工进行有效的沟通不仅能够不断发掘员工的潜力，避免因领导单独决策而带来的失误，还能增进上下级之间的关系，在公司形成一种融洽、和谐的工作氛围。

不愿听取员工意见的管理者，会给员工一种专制、骄横的坏印象。在这样的管理者手下工作，员工会感到不被重视，从而变得倦怠、消极。精明的管理者都会巧妙地运用员工渴望被重视的心理，倾听并采纳他们的意见，以激起其对工作的积极性。

006 跨越与员工的心理鸿沟

管理者和员工之间因为职位的高低，天然的就会有一道屏障，这造成了两者之间的距离。必要的距离可以让员工对管理者心存敬畏，帮助管理者树立威信，保证决策的权威性。但是，管理者和员工之间的距离太远，就会形成一道心里鸿沟，使两者的关系畸形发展，公司将变得毫无人情味，只剩下机械、枯燥的上下级关系。

实际上，管理者与员工之间的心里鸿沟并非不可跨越，但这需要管理者放下自己的身份，主动走近员工，与员工沟通，让员工为了企业打拼，让员工把你当成共同奋斗的战友。一位成功的领导讲述他的管人诀窍时说："重要的是掌握员工的心态，无论在国内还是在国外，我们都一样是人，只要我们以诚相待就可以了。"

对身居高位的管理者来说，如果想让员工主动亲近，就要和员工同甘共苦，严格要求自己。管理者要和员工一起加班、一起严守公司制度、一起分享胜利果实，这样才能赢得员工的认同和敬重。如果员工在加班工作时，管理者却四处游玩，员工嘴上不说，但是心里就会不平衡，而对管理者必然不会产生亲切感，甚至会产生心理上的不平衡。相反，如果管理者能够和员工一起奋斗，就会让员工自然地亲近你，把你当做自己人。

很多管理者为了在员工面前保持威严，在与员工相处时，总是面若冰霜，这是不可取的。管理者在与员工相处时，不能太过于严肃，即使是在召开非常重要的会议时也要多用一些幽默的语言。幽默是管理中一种有效的方法，能够让员工感到亲切愉快，缩短权力和职位给员工带来的距离感。用幽默的语言来发号使令能够最快地让员工接受，从而让指令顺利执行。

无论是和员工同甘共苦，还是运用幽默语言，都是为了和员工进行良好的沟通，只有沟通才是拆除员工和管理者之间“隔离墙”的好办法。通过有效的沟通，管理者可以取得员工的信任，走进员工的内心。双方敞开心扉交流，隔阂自然就会消失。

在沟通时，管理者一定要适时激励员工。何人都是需要激励，需要被别人肯定的，每个人都希望自己的辛苦努力被别人肯定。在员工努力工作时，管理者的一句喝彩是送给员工最好的礼物。员工每天拼命工作，肩上背负着沉重的压力。管理者及时赞美能够产生激励士气、鼓舞人心的效果。

管理者还要及时地为员工喝彩，无论员工提出多么小的设想，或微不足道的合理化建议，管理者得知后，就要给员工鼓励，给予你的肯定。哪怕只是简单的一句“辛苦了”，也会让员工觉得努力是值得的，员工也能够感受到来自管理者的关心。不懂赞美的管理者是不可能打造出一支团结、有凝聚力的团队的。

管理者只要说几句肯定和赞美员工的话语，就可以收获非常好的效果，何乐而不为呢？但是现实中，偏偏就有一些管理者惜字如金。一方面，管理者认为自己高高在上，是员工的顶头上司，掌握着员工的升迁，不用拿赞赏来讨好员工，他会觉得对员工的赞赏是对员工的阿谀奉承，会掉身价。另一方面，管理者认为，他和员工只存在雇佣关系，员工工作只是为了赚取生活的费用，他向员工支付薪水，员工就应该努力工作，这是理所应当的，没有必要去为他们喝彩。

有这种想法是管理者的失职。管理者虽然是企业的领导，但是并不能一手遮天，也需要手下员工的帮助。没有基层员工的努力工作，企业只是空中楼阁，早晚会有倒塌的一天。因此，管理者理所应当对员工表示感谢和赞扬。管理者不要认为自己在施舍员工，员工的工资是通过自己的努力挣到的，这是员工应得的。员工辛苦为自己换取面包和牛奶的同时，也为整个公司创造了巨大的利润。

每一个员工都希望自己的努力能够得到认可，希望别人对自己的成功表示赞扬，达到自己的心理满足。管理者要善于为员工喝彩，这样才能在树立权威的同时，赢得员工的认可。

管理心理学启示

融洽的上下级关系对于企业有百利而无一害，但是，管理者和员工之间总是存在着各种各样的矛盾，这使得管理者与员工之间总是存在着隔阂。好的管理者能够消除隔阂，拆除两者之间的隔离墙；但失败的管理者被员工挡在心扉之外，为员工做再多的事情，也无济于事。管理者要学会聪明的方法，通过与员工同甘共苦、进行有效的沟通、适当运用幽默等手段跨越员工心里的鸿沟。

管理者要会说激励的话，只需要一句简单的赞美、一个肯定的眼神，就能让员工死心塌地。这并不需要花费管理者太多的精力，却能取得良好的效果。一旦管理者得到了员工的认可，他就会对管理者心存感激，必定用更好的工作成绩来回报管理者。

007 有时候少说话沟通效果会更好

人类是具有社会性的群居动物，企业是人与人日常聚集接触的场所。有接触就或多或少会有感情的投入，而中国传统文化又非常讲究人情，讲究礼尚往来。这种人情会成为管理者日常管理工作中的一个巨大考验，管理者每天都要与员工进行频繁的交流，这难免会对一些员工形成人情的观念。所以，管理者应该在日常管理中与员工减少人情的往来。管理者和员工之间可以有感情，但是感情不能代替原则。

面对越来越激烈的商业竞争，管理者要不断地提高自身的能力。事事把人情放在第一位的管理者已经赶不上时代的步伐，现代企业的管理者必须是讲原则、守规矩的人。管理者首先要做规矩的执行者和拥护者，让“规矩”成为企业内的第一铁律。

所谓“无规矩不成方圆”，国家需要法律，企业需要纪律。与维持公司运行的纪律相比，公司其他的一切都是第二位的。所以公司一定要制定良好的规章制度，维护好公司的纪律，这是公司的生命，否则公司就会失去活力。

纪律对企业的发展至关重要，很多管理者在企业里奉行人情至上的原则，为了和员工拉关系，上班时间和员工有说有笑，丝毫没有管理者应有的架子。管理者在上班时间应该少说一些话，以维护自身的威严。

摩根斯坦利董事长兼CEO普赛尔说：“所谓的企业管理就是解决一连串关系密切的问题，必须树立健全的规章制度，以便系统地予以解决，否则必将造成损失。”企业内部的问题并不是仅靠管理者的三言两语就可以解决的，这需要一套严密的规章制度。

制度是企业中一只无形的手，左右着公司的走向。如果管理者因为自身的权威，干预企业的制度。企业的日常运行将陷入一片混乱之中，很容易走上歧途，导致灭亡。如果在企业内能够管理员工的是管理者的话语，而不是企业的规章制度的话，那企业将会成为管理者的一言堂，将会失去公正。

经验表明，制度完善的公司，其各项事业才能够井井有条地进行，管理者的决策才能够更加准确明智，对市场的适应能力才能更强。管理者应该在日常事务中少去干预企业的运行，将这些权力交还给规章制度。这样企业才能在市场中完全发挥自己的竞争力，源源不断地壮大发展。在企业的规章制度面前是不允许“讨价还价”的，而是一定要严格遵循企业的规章制度。

因此，制度应该是企业中的最高权威，不管是什么人都不应该干预企业的制度，都应该受到制度的制约。管理者要严格控制自己的管理权，注意好自己的一言一行。

管理者是企业的方向标，每一个员工都在看着管理者的日常行为。如果管理者经常用自己的话语影响制度的运行，那员工同样会视企业制度如无物。相反，如果管理者成为制度最模范的遵守者，员工将会以此为榜样，这样员工就能够自觉地维护制度的权威性。

有些管理者喜欢在员工犯错误时，送人情给员工，宽恕员工的错误。这种行为并不可取。在原则问题上，管理者必须冷血无情，触犯制度就要受到应有的惩罚，不论他是谁，管理者不能让自己的三言两语来决定员工的命运。执行制度不能讲人情，如果管理者心慈手软，处处讲人情，没有任何原则，公司的制度就将形同虚设，起不到任何约束作用。

公司制度的原则必须坚守，但是管理者在执行制度的时候应该学会变通，在原则之外适当地讲究人情。如果管理者只懂得铁面无私，而不知道变通，那么员工就会把管理者视为凶狠的刽子手，会用敌视的眼光看待管理者。

制度是保证公司日常事务顺利运作的基础，制度应当具有最高权威，任何人在制度面前都是平等的，特别是管理者要带头遵守制度。当然，遵守制度不能成为不讲人情的借口。在制度之外，管理者还要考虑员工的实际情况，要学会变通。这样，制度才不会被员工仇视，员工才能心甘情愿地遵守制度。

管理心理学启示

在企业中，员工难免会有犯错误的时候，按照公司制度予以处罚是十分必要的。然而，管理者也要考虑错误的原因，如果情有可原，管理者在原则之外另行考虑。比如一位员工上班迟到了，而迟到的原因是妻子生病，员工需要在家照顾年幼的孩子。管理者在了解到情况后，首先必须对员工进行惩戒，以免其他员工放松对自己的要求，但在力所能及的范围内，要给予员工一定的帮助。这样一来，管理者即坚持了原则惩罚了员工，避免公司制度松弛；又在原则之外帮助了员工，让企业充满了人情味。

不讲感情只铁血地执行公司制度的管理者，员工将会视其为自己的敌人；而不讲原则只重人情的管理者，会把企业的制度变得可有可无，将企业推向制度松弛、效率低下的深渊。所以，管理者在日常事务中要仔细斟酌，既要严格执行公司制度，又要具有人情味，更要注意不能让自己影响规则。

008 踢猫效应：疏导才能有效化解矛盾

管理者每天都要处理企业内大大小小的各种事务，难免就会碰到一两件烦心的事情，这些事情就会影响管理者的心情。管理者糟糕的心情无处发泄，就会发泄给手下的员工，员工受到了责骂就会向下一层的员工发泄。这样管理者的坏心情，就会由金字塔尖一直扩散到最底层，无处发泄的最小的那一个元素，则会成为最终的受害者。

从心理学角度来看，人的情绪会受到环境以及一些偶然因素的影响，当一个人的情绪变坏时，潜意识会驱使他选择向下属或无法还击的弱者发泄。这样就会形成一条清晰的愤怒传递链条，最终的承受者，即“猫”是最弱小的群体，也是受气最多的群体，因为也许会有多个渠道的怒气传递到他这里来，这就是“踢猫效应”。

有一个故事，详细阐释了何为“踢猫效应”。

某公司董事长为了重整公司一切事务，在公司内部许诺自己将早到晚回。有一次，他因为被报纸上的信息吸引，以致看得太入迷忘了时间。事出突然，为了不迟到，他在公路上超速驾驶，结果被警察发现，开了罚单，最后还是误了时间。这位董事长非常愤怒，回到办公室后，为了发泄自己的怒气，他将销售经理叫到办公室训斥一番。销售经理挨训之后，气急败坏地走出老董办公室，将秘书叫到自己的办公室并对他挑剔一番。秘书无缘无故被人挑剔，自然是一肚子气，就故意找接线员的茬。接线员无可奈何垂头丧气地回到家，对着自己的儿子大发雷霆。儿子莫名其妙地被父亲痛斥之后，也很恼火，便将自己家里的猫狠狠地踢了一脚。

“踢猫效应”就是提醒管理者不要被情绪左右，随意将自己的坏情绪传递给手下的员工。现实生活中，很多人在受到批评后，不是冷静地想一想自己为什么会被批评，而是将注意力集中到自身的愤怒上，想方设法地将自己的愤怒发泄给别人，以排解自己的怨气。这种做法非常不利于人发现自己的缺点，这是人没有接受批评、没有正确地认识自己的错误的一种表现。

企业之间的竞争非常激烈，管理者难免会因为一时的失意而非常地生气。管理者不能将员工当做自己的出气筒，冲着员工大骂一顿。管理者应该心平气和地指出员工的错误，并提出自己的意见和改正的方向，引导员工走上正确的道路。

员工也不能因为上司的批评就心生不满，犯了错误之后管理者愿意及时地提出批评意见，这是员工的福气。如果管理者不及时地提出来，员工也许就不知道自己犯了错误。因此，就会在错误的道路上越走越远，甚至毁了自己的一切，被企业抛弃。

很多人都无法正视别人的批评。其实，有人提出了批评，不管最终接不接受，至少批评让我们知道了自己犯了错误，会使我们变得小心。只要我们注意，那么在今后的生活里就会少犯或不犯同样的错误。批评在我们日常的工作、学习、生活里是不可缺少的。亲朋之间、同事之间、上下级之间，都需要有相互的批评指正。无论是管理者，还是员工，都应该正视这种批评，共同促进企业的进步。

我们生活在一个充满诱惑的社会，一失足就会成千古恨，因此需要有人在我们深陷诱惑时骂醒我们。批评能让我们保持清醒，即使批评错了也能让我们未雨绸缪、防患于未然，因此，我们无须因为受了批评而生气。批评是生活中每个人都会遇到的，我们应该善待批评。良药苦口利于病，忠言逆耳利于行。管理者能接受批评，就能从善如流，少犯错误；如果善听批评，就能做到虚怀若谷，在企业的日常事务中就能少走弯路，少犯错误。

如果一听到批评就生气，或者暴跳如雷，只会给员工留下刚愎自用的印象，这样的管理者，早晚会把企业带向深渊。管理者不要因为批评就将不良的情绪传染给员工，批评虽然会带来一时的不快，但只要能冷静下来思考，就可以看到自己的不足，从而在批评中受益前进。管理者身居高位，却能受到批评，这是一个企业的福气。

“胜人者力，胜己者强”，在压力下能够保持风度，意味着对自己心理弱点的征服，意味着人格魅力的提升，这首先就是一种成功。

管理心理学启示

管理者在下属面前要保持风度，这就要求管理者对己，在压力下能保持从容的心态，做到泰山崩于眼前而面不改色；对人，能做到与人为善——真诚，宽容，大度，不斤斤计较，不迁怒于人。

只有身处压力之下，还能够“羽扇纶巾，谈笑间，樯橹灰飞烟灭”的管理者才能够赢得员工的尊敬。管理者遇到挫折或不顺心的事就拿下属当出气筒，这样的领导即使事业上取得了一定的成绩，也难有真正的成功。管理者如果不能与人为善，不能宽容地对待下属，那他身边聚集的将会是一些脾气暴躁的人，会影响身边的工作环境。企业就更不可能成功了。

009 乔治定理：接受下属的意见

任何企业归根到底都是由人组成的。企业管理实际上就是如何做人的工作，所以说，要想管理好企业，就要掌控好企业中人的因素。想要管好人，沟通必不可少，通过沟通可以给员工信心，可以把团队的目标深入到团队中每位成员的心中，将团队中每一个成员的能力聚合起来，将之引向整个团队最终追求的目标。

乔治定理就是鼓励团队进行适当的意见交流，提议企业展开诸如“意见交流会”之类行之有效的活动，让企业充满生机和活力，实现企业的高速运转。通用电气公司前总裁韦尔奇曾说：“现代企业必须使公司更团结、更容易与人沟通，并鼓励员工同心协力为越来越挑剔的顾客服务，这样才能成为真正的赢家。”

韦尔奇领导的通用电气公司为了实现意见的畅通，采用了“门户开放”的政策。通用电气公司从最高决策层到各级主管，随时欢迎职工进入他们的办公室反映各种情况。最具特征的一点就是：公司从上到下，不论是总经理还是一般员工，没有尊卑之分。这样做的优点就是公司的各个阶层都能够互相尊重，相互依赖，上下级之间的关系非常融洽。这种感情沟通式的管理，可以让刚刚加入的员工感觉进入了一个和睦的大家庭。得益于这种方法，通用电气发展速度远超其他公司。

企业要实现高速运转，有赖于下情能为上知，上意迅速下达，有赖于部门之间互通信息，信息共享，共同作战。所以，有效的沟通渠道是十分必要的。只有搭建起了沟通的渠道，才能做到上知下行，下体上意，企业内部才能畅通地运行。

大型企业中，中级领导大约有60%的时间在与人沟通，高级领导与人沟通的时间更是达到了80%，可见沟通对领导力和企业发展的重要影响力。国内外事业有成的管理人士都将沟通当做管理的重要法宝。英特尔公司的前任CEO安迪·格鲁夫如是说：“领导公司成功的方法是沟通、沟通、再沟通。”

意见交流是日常工作中经常要进行的，也许正因为它的经常性，则容易被人们所忽略。随着市场竞争的不断升级，有效的内部沟通已经成为企业成功的关键因素之一。管理者要考虑的是让平时的例会，变成有意义的

"意见交流会"，不要花了那么多时间和精力，单单缺少了彼此间平行的意见交流。更不要整个会议全部是管理者发言，没有员工的意见，将领导的长官意志贯穿全会。

根据国际权威机构的调查分析，企业绩效的提高70%来源于企业内部的沟通和反馈。引起思想共鸣的"沟通"是实现企业上下一条心的主要方法。美国管理学家小克劳德·乔治说："有效地进行适当的意见交流对一个组织的气候和生产能力会产生有益的和积极的影响。"他的话简单地揭露出了企业发展的一个真谛：在企业内部形成有效的沟通，或者说将"意见沟通"制度化，日常化，使企业内部能够群策群力，建立起一个频繁交流的民主氛围。

管理者要建立有效的沟通制度，而不是开一个个空有形式、徒有其表的会议。很多企业开会只是形式主义，走过场，在会议的末尾问大家有无不同意见，最后还是草草收场，缺少实质上的民主。很多员工在会议前没有准备好要提的意见和自己的想法，在现场就肯定提不出自己的想法。

乔治定理的高明是：指出了"有效地"进行适当的意见交流。"有效"二字才是沟通的关键，它从一个侧面道破了沟通的规律：即很多的沟通未必都是有效的，相反，可能完全没有效率。很多时候来自领导层的信息只有20%—25%被下级知道并正确理解，而从下到上反馈的信息不超过10%，平行交流的效率则可达到90%以上。也就是说员工的意见大部分都是在同一阶层内传播，很少能够传播到上层。

乔治定理就是提醒管理者不要做没有效率的沟通，很多时候虽然也在进行这样那样的沟通，但是加起来充其量效率却不到30%，很多沟通都在做无用功，是无效的。所以要想有效地沟通，首先就要争取管理者和员工进行平行交流，大家彼此放下各种架子面对面地对话探讨，只有这样才能提高沟通效率。

管理心理学启示

在日常的沟通中，我们的交流都很难做到平行，这是因为，各人的背景、身份、年龄、学历和社会地位等等都有所不同，人与人之间存在天然的屏障，它阻碍着我们的沟通与交流。要想实现乔治定理的“有效”沟通，管理者必须建立一个制度化、日常化的沟通规则，即把意见交流列入议事日程：定期开会，召开专门的“意见交流会”。每个月至少几次，或者每周一次，并且要求大家在这种“意见交流会”上，要全都放下架子，排除所有“位差”，会上大家人人平等，可以畅所欲言，可以辩论和争议。

要在企业中鼓励员工提意见，任何人提不同意见都应该得到表扬和赞许。这样的“意见交流会”与其他会议是有所区别的，会上可以直奔主题，直接提出自己的看法，并专门就大家的各种不同意见进行深入、平等地交流，最终解决问题。

010 对于冲突和矛盾，不要逃避，要面对

现代企业都把人才放在第一位，讲究以人为本。企业在对员工进行惩罚时，会考虑各个方面的因素，那些前景良好的企业都不会轻易放弃任何一位员工。然而，很多员工会仗着自己的才华和管理者的赏识恃宠而骄，视企业制度如无物。管理者一定要把好关，对犯错员工过于仁慈，就是对整个企业不负责。所以，当和下属有冲突和矛盾时，不要逃避，必要时做出严厉的惩罚也是可取的。

管理者要有自己的立场，不能包容员工的所有错误，而是应该视情况而定。员工日常所犯的错误一般分为两种：一类是受不可控的因素影响，比如自身能力影响或是突发情况的干预；一类是员工主观原因犯的错误，如玩忽职守、粗心大意、吃里爬外等。管理者就要仔细地斟酌这两种错误，根据原因来采取处理的措施。

对于第一类员工，管理者要坚持处罚，但应该提供给他们弥补错误的机会，多给他们一些锻炼的场所，提升他们的能力。而对于第二种员工，管理者必须予以严厉地惩戒，绝不应该妥协。这类员工就如同害群之马，如果不严厉惩戒，他们将危害整个企业。

管理者不应该在制度面前留情，处罚员工时，一定要坚持人人平等的原则，不能因为珍惜人才或者私人原因就选择妥协。无论从人格尊严，还是职位高低的角度来看，管理者都应该得到应有的尊重。如果管理者对员工的不敬行为不采取相应的措施，员工的行为就得不到约束，管理者的威严相应也就得不到体现。所以，管理者不能对一再不尊敬他的员工多留情面。

如果管理者因为某一个员工能力很强，就对他犯的错误采取包容的态度，就会被其他员工认为是偏心，就会失去威信。管理者要维护自己的权威，就要做到一碗水端平，这样才能让企业的制度起到应有的作用。

管理者应该有容人之量，但是对于那些敢于挑衅自己威严的员工，管理者绝不应该妥协。一再对管理者不敬的人，管理者不必多留情面，一定要坚决严惩。管理者管理整个企业，统御全体员工，靠的是自己的威信，没有威信，管理者手中的权力就没有用处了。而且员工身为下属，仅是从职位高低的角度考虑，也应该对管理者保持尊重。如果员工无意中的行为造成了对管理者的不敬，管理者可以原谅他。但如果是员工故意对着干，把管理者当做“软柿子”，管理者就应该给他点颜色看看。

俗话说，“老虎不发威，当你是病猫”。只知宽容忍让的管理者是不能管好下属的，只有恩威并施，让员工见识了你的手腕以后，管理者才可以在员工面前展现你的宽容。如果管理者一再容忍员工的不敬行为，员工的态度就会日益嚣张，以为管理者不敢对他们怎样而肆意妄为。

管理者想要展现自己的宽广胸怀，可以在员工犯错时，主动站出来承担自己的责任。员工不称职就表明管理者没有很好地履行自己的责任和义务。所以，管理者在惩罚犯错员工之前应该承担自己应接受的惩罚，让员工觉得管理者勇于承担、有气度、心怀宽广，这样被惩罚的员工才能心服口服。

企业制定规章制度是用来管理手下的员工的。如果因为某些原因，就将制度放在一边，只会让制度成为一纸空文。错误得不到惩罚，就会泛滥成灾。所以管理要用制度说话，用制度来对员工进行奖赏或者惩罚。管理者在必要时应该拿出应有的魄力，该严肃处理的时候，绝对不能心慈手软。

拥有众多的有修养的员工是每一位管理者希望看到的事情。但管理者难以避免与素质差的员工打交道。当管理者的威严遭受挑战时，必须及时采取行动予以处理。

当然，如果员工是在不良情绪影响下没有控制好自己的脾气，管理者应该予以理解，并帮助其改善不良情绪；如果员工是欺软怕硬之人，对管理者不敬只是因为管理者好欺负，那么管理者就应该让他们见识一下自己的霹雳手段；如果员工早已有了跳槽的打算，想当众人心目中向管理者挑衅的英雄，管理者就应该毫不留恋地抛弃他们，因为把没有忠心的员工留在身边无疑是抱着一颗定时炸弹。

管理心理学启示

通常情况下，企业内部总有拥有一技之长的人才，这样的员工会有恃才傲物的坏习惯。管理者只是管理人才，不是全才。如果遇到这种仗着自己才高，目空一切，玩世不恭，对谁都不在乎的人，就要开动自己的脑筋，适时地给高傲的人来个下马威。

这些有能力的员工都是值得管理者投资的人才，有必要在这类人的身上投入大量精力。高傲的人一旦为企业所用，就能为企业的发展做出巨大的贡献。处理这类员工一定要讲究方法，不然会引起他们心中的不满，让他们产生抵触情绪。

第六章
DI LIU ZHANG

激励心理学：队伍不能赶着跑，主动走起才是王道

员工有饱满的工作热情，在工作时才能全身心地投入，这样才能保证企业高效地运转。管理者管理企业，就要优化好企业的方方面面，充分调动起员工的工作热情，让员工觉得工作能够带来充足的利益。成功的企业，都有自己的一套管理办法，员工根本不需要管理者的督促，就能以最大的热情投入到企业工作中。

001 德西效应：为什么说奖励太多反而适得其反？

德西效应是心理学家德西通过一次实验得出的结论，即在某些情况下，人们在外在报酬和内在报酬兼得的时候，不但不会增强工作动机，反而会减弱工作动机。

实验的经过是这样的：德西让大学生做被试者，在实验室里解有趣的智力难题。实验分为三个阶段进行：第一阶段，所有参与测试的学生都没有奖励；第二阶段，将被试者分为实验组和控制组，实验组的被试者完成一个难题可得到 1 美元的报酬，而控制组的被试者跟第一阶段相同，无报酬；第三阶段，所有被试者进行休息，允许他们在原地自由活动，并把他们是否继续去解题作为喜爱这项活动的程度指标。

最终结果显示，实验组在第二阶段时比控制组要努力，然而到了第三阶段实验组继续解题的人却很少，表明兴趣与努力的程度在减弱，而控制组在第三阶段有更多人花更多的休息时间在继续解题，表明兴趣与努力的程度在增强。

这次实验所得的规律在日后被人们称为德西效应。这个结果表明，当进行一项自身感兴趣的活动时，如果提供外部的物质奖励，反而会降低参与者的兴趣，减少这项活动对参与者的吸引力。

如今，德西效应被广泛地运用于企业管理，尤其是在对员工的薪酬奖励方面，管理者更加注意德西效应。薪酬是企业管理的一个有效手段，合理的薪酬能够刺激员工的工作情绪，但是这项武器一定要慎重使用，不然，就会带来“德西效应”，损伤员工的工作热情。

在 IBM 有一句拗口的话：加薪非必然！IBM 虽然是知名的外企，但工资水平在外企中却非常中庸，既不是最高的，也不是最低的。在 IBM 中只有一种人会有高薪，就是干得好的人。所以 IBM 有一个让所有员工坚信不疑的游戏规则：干得好，加薪是必然的。

IBM 的管理者十分了解德西效应，所以制定了一个与众不同的薪资规则。IBM 薪酬政策的精神是通过有竞争力的策略，吸引和激励业绩表现优秀的员工继续在岗位上保持高水平。这种独特而有效的薪金管理，能够将薪金管理的作用最大化，使薪金管理达到奖励先进、督促平庸的作用。IBM 的手段十分高明，将外在报酬和内在报酬相互挂钩而且有效地避免了“德西效应”的产生，堪称企业管理的一个典范。

一群孩子在一位老人家门前嬉闹，十分吵闹。连着几天过去，老人难以忍受。

他想出了一个办法。第一天，他出来给了每个孩子 25 美分，对他们说：“你们让这儿变得很热闹，我觉得自己年轻了不少，这点钱表示谢意。”

孩子们觉得既能玩耍，又能挣钱，都很高兴。第二天他们仍然来了，一如既往地嬉闹。老人再出来，给了每个孩子 15 美分。他解释说，自己平时没有收入，只能少给一些。15 美分也还可以接受，孩子们仍然兴高采烈地走了。

第三天，老人只给了每个孩子 5 美分。孩子们勃然大怒，“一天才 5 美分，知不知道我们多辛苦！”他们向老人发誓，他们再也不会为他玩了！老人只用了三天就解决了这个问题，并且让孩子们忘记了他们是“为了开心才在老人门口玩耍”的动机。

在这个故事中，老人用的方法就是德西效应，他将孩子们的内部动机“为自己快乐而玩”变成了外部动机“为得到美分而玩”，而老人却控制着美分的多少，所以他也操纵了孩子们的行为。故事中的老人，其实就是生活中的上司、老板；而美分，就是我们的工资、奖金等各种各样的外部奖励。

现在很多的私企老总都在私下抱怨自己留不住人才，即使是连续为手下的人才涨薪，仍然不能阻止这些员工的离开。有些老总已经开始认为薪资并不是一个有效的管理手段。其实，加薪资是需要讲究技巧的。从薪金的角度而言，原有的外加报酬如果距离人才需要满足的水平太远，直接激励的原有强度又不足，必然导致“德西效应”。如果手下的人才本身就对于这份工作没有太大的兴趣，而老板的涨薪幅度又不能让他满意，那必然会导致人才的出走。

在实际的企业管理中，一定不能滥用奖励制度，因为这并不能起到好的效果。只有真正地树立典型，将奖励给应得的员工，才能让其他员工心服口服。让奖励起到真正的激励作用，企业管理才能蒸蒸日上。

管理心理学启示

在实际工作中，有些企业的表彰评比活动过多过滥，这就会引起“德西效应”。过多的评比表彰会让表彰流于形式，没有真正起到激励员工的作用。如果对员工只是完成了应完成的任务、履行了应履行的义务、遵守了应遵守的规章制度，而管理者却当做突出表现大张旗鼓地进行奖励，这对今后的企业管理就可能产生负效应。员工就会把这些一般行为当成是一般人难以做到的，做到了就应该受到领导的褒奖。这会让得不到奖励的员工失去心理平衡和工作的动力。可以说，这种轻易的表彰是一种短视的行为。当然，作为领导，应该注意发现每一位下属的“闪光点”，在适当场合恰如其分地进行表扬激励。但必须注意，这种表扬是有限度的，只有真正优秀的员工才应该得到奖励。

002 内耗效应：建立合理的竞合机制

内耗是企业中经常发生的一种情况，它可能发生在各个部门之间，也可能发生在个体和个体之间。不论是什么样的形式，内耗的本质都是做无用功，而且还在消耗企业的能量。所以说，管理者要尽量减少这种不必要的消耗，把员工所有的精力都用在企业发展上。

企业是一个群体环境，员工与员工之间的认知是不协调的。企业的员工都是来自不同阶层的，个人之间的生活空间以及知识、经验，特别是认识能力、认知风格等不一样，所以对于同一件事情难免会有不同的看法。成年人心中都有攀比心理，谁都不服谁，经常就会因为不同认知造成不必要的摩擦，严重的会产生争吵、冲突和矛盾，最终产生内耗。

情感对行为起调解作用，员工之间的感情矛盾会影响他们日常工作中的行为。如果大家情投意合、感情融洽，企业就会有凝聚力，员工之间就会减少甚至没有内耗；如果大家关系紧张、情感分离或常常发生冲突，那么内耗就大，就不能齐心协力，甚至会互相给对方下黑手，这就会引发内耗。因为冷淡、憎恨、悲观、仇视、嫉忌、猜疑、埋怨等消极情感具有极大的破坏力，常常能使群体产生冲突，甚至剧烈的冲突，影响相互间的团结。内耗最终都会影响到企业的发展，使企业在市场竞争中处于弱势。

为了避免不必要的内耗，管理者应该制定一套合理的竞争机制，让企业的员工能够人尽其用，让每一个员工都能在合适的岗位上发挥自己的能力。韩非子曾说：“有能则举，无能则下。”现实中，有太多尸位素餐的人了，在相应的职位却不发挥自己的能力。管理者要让有能力的人来担当重任，让没有才能的人从高级职位上退下来。

竞争是大自然的生存法则，也是领导者成功激励下属的一个原则和方式。没有竞争，整个团队就是一潭死水，没有生机；只有启动竞争，团队成员才能真正“活”起来，获得前进的动力、激发内在的潜能。竞争对于企业的发展非常重要，成功的竞争机制可以促进人才结构的优化，帮助企业打造一个“能者上，平者让，庸者下”的竞争局面。

联想是中国 IT 行业的领导品牌，联想集团的成功就得益于有一支优秀的经理人队伍。联想有一个传统：每年年初，公司所有员工，无论职务高低都要花足够的精力和时间制定明确的年度规划，所有的员工都要对自己的岗位目标负责，而保证公司整体目标的达成。这一制度联想一直都在坚持实施，也取得了很好的效果。

员工设定了目标，就要为之而努力。等到了年终，哪个岗位的目标未达成，哪个岗位的人就要对此承担应有的责任，这个完成度会直接与考核挂钩，体现在季度、年度的个人绩效成绩上，这一点联想的全体员工都一视同仁，好就是好，不好就是不好；行就是行，不行就是不行。

此外，联想每年还会根据员工的工作业绩进行淘汰，这种淘汰并不是简单地通知走人，而是进行调岗。让有能力的员工得到他适合的岗位，让员工在不同的部门、不同的岗位上去做新的尝试，以便人尽其才，因为有可能在这个位置上不太合适，而在另一个位置上就会合适。

联想的竞争机制能够充分地调动员工的积极性，它把机会留给了员工，只要员工肯努力、肯拼搏就能够实现自己的价值。通过竞争管理机制，联想使员工强烈意识到竞争的存在和无情，最大可能地发挥员工的主动性和潜力，让员工不断进取、创新、拼搏。正是这个方法，联想才拥有强劲的、均衡的竞争力。

在硅谷内流行着这样一种工作意识："业绩是比出来的。"只有互相竞争才能出一流的成果。硅谷的企业管理者注重持久性地延续员工的"竞争"观念，帮助员工自发地形成竞争意识，增强员工对于"竞争"的认可度。这种竞争会让员工不断拼搏，而不是躺在过去的荣耀上。因此硅谷所有的员工都有一种意识：已有的辉煌只是暂时的，稍有懈怠，就会被后面的人迎头赶上，个人和企业的竞争实力就会一泻千里。

竞争管理机制十分必要，它是企业持续发展、灵活制胜的关键。相信建立了合适的竞争管理机制后，管理企业会更加轻松。

管理心理学启示

现代市场经济从本质上说是竞争经济，通过优胜劣汰的比拼提升经济效率，促进发展。提高竞争，减少内耗是市场的潮流，是大势所趋。竞争机制的建立对企业生存和发展来说是异常重要的，它是企业获得发展的关键。对管理者来说，没有竞争意识的人力资源管理最终只能导致整个企业陷入松散甚至瘫痪的状态。

良好的竞争是对整个企业的促进。但是竞争一定要掌握好方式，如果因为竞争引发了员工之间的矛盾，那就会造成不必要的冲突，最终会损害企业的利益。所以管理者一定要控制好竞争的尺度，不要让一件对企业有利的事情变成坏事。

003 培养员工，给员工发挥的空间

在企业中，员工的成长同管理者息息相关。员工是否成长了、有没有进步，管理者负有不可推卸的责任。很多时候，管理者总是抱怨员工能力不够，不能帮助领导分担困难。其实，管理者在平时就要给员工锻炼能力的机会，多磨炼员工的意志，这样在关键时刻员工才能够大有作为。

如果是新进企业的员工，因为缺乏经验而能力不足，这种缺点和管理者无关，但如果员工已经跟了你几年，他的能力仍然不能派上用场，这就是管理者的失职。员工在日常工作中做出了哪些成就，管理者应该做到心中有数，在合适的时候给员工升职加薪，给他们展示的机会。员工升职后，能够给管理者更大的帮助，这对管理者来说，是一种双赢。

诸葛亮本来躬耕于南阳，若不是刘备三顾茅庐，拜他为丞相，给他提供了一个良好的平台，他决不可能显露出不世之才化；姜子牙八十多岁拜相，这也是同周文王的“愿者上钩”密切相关。

人才想要发挥出自己的价值，需要领导者为他提供出一个舞台，让他在上面尽情地发挥。否则，即使是再有本事的人，没有发挥的空间，也无法显露智慧、展示本领，最终只会浪费了一身的才华。对此，鸿海当家人郭台铭给出的策略是：“人的潜能是无限的，把人才变成将才，就能战无不胜，就没人能打败你了。”

管理者要善用人才，给他们充分展示自我的舞台，利用各种机会历练

他们，这对员工来说也是一笔宝贵财富。只有在这样的团队里，员工才有机会登上个各种舞台，他们的价值才能得到彰显，这是管理者做的最有意义的事情。

鸿海当家人郭台铭曾给企业出谋划策："人的潜能是无限的，把人才变成将才，就能战无不胜，就没人能打败你了。"郭台铭的鸿海集团就是这样做的。

2001 年，鸿海集团旗下最大的一块事业版图——富士康控股公司成立了手机制造单元。当时，郭台铭聘用了一个"门外汉"戴丰树来当总经理。戴丰树虽然拥有东京帝国大学博士学位，却不懂电子设备；虽然有在丰田汽车工作了 8 年的经历，却没有生产手机的经验。

当时，很多人都对郭台铭的这一决策产生了质疑，一个做车子的，能把手机做好吗？郭台铭的回答一如既往地自信："车子的零件有两千多种，但手机只有两百多种，你说能不能做好?"

果然，没多久，戴丰树就证明了郭台铭的眼光，他不负众望，从欧洲关键零件到美国设厂，他一开始就参与手机的全球布局，五年间鸿海创造出来的营业收入大约是两千亿新台币，也是鸿海 2006 年成长最快的部门。

鸿海集团能够取得今天的成就，同郭台铭敢于大胆用人不无关系。许多人才宁愿去大企业拿低薪从最基层做起，也不愿意去小企业做经理。这就是因为大企业有一套完善、合理的竞争机制，只要有能力，即使起步的门槛很低，也有机会升到高层。机会才是一个企业最吸引人才的地方。

一个好的管理者，就要给员工自由发挥的空间。很多的员工在有管理者在时，往往大气都不敢出，做任何事情都很规矩，当管理者离开后，员工才能轻轻地嘘一口气，并开始真正感到自由，庆幸自己可以用最舒服的状态工作了。所以管理者要想让员工以自己最真实的状态工作，最好是离开一会，把空间留给员工。

当然，给下属自由发挥的机会，并不是说管理者可以作甩手大掌柜，什么事都不过问。管理者首先要给员工指明正确的方向，确定了方针，将自己的真实意图告诉员工，就可以让员工自己去找解决的办法了。当然，管理者要进行必要的监督，只要不影响员工的工作即可。

管理者身为企业的高层，要能够创造条件为自己“解压”，只要下属有相应的能力和水平，就给他们机会，把他们推到前台去独当一面。这样既为自己锻炼出了出色的干将，做到了人尽其才；又能够解放自己的时间，让自己充分地休息，可谓一举两得。

管理心理学启示

企业内部没有竞争，员工就没有危机感，企业内部就更没有公平可言。只有实施了激励手段促进竞争，企业才能保证自身的公平，才能把员工的潜能无限地激发出来，督促员工不断地奋斗进取。

企业要想让员工心甘情愿地付出，就需要满足员工的个人利益。这样之后，员工才会为团队的共同利益而努力。管理者可以奖励成绩优异的团队，这样团队的荣誉也是员工的个人荣誉，最终会和员工的个人业绩挂钩。这样往往能激发大家的工作热情，体现人才应有的价值。这是一种最根本的竞争机制。

一个进取向上的工作环境是至关重要的。很多时候，员工不努力是因为缺乏进取心，缺乏前进的动力。而管理者应该督促员工努力，给员工动力。对于积极进取的员工进行奖赏，以激励员工努力工作，积极创新；对于消极的员工，必要时可以进行处罚。人才都是逼出来的，没有在顺境成长的人才，只有不断地挑战，才能够锻炼出人才。

004 不杀鸡，就唬不了猴

很多管理者，希望能够在下属心中留下宽宏大量的印象，因此他们对于下属的一些错误，会采取容忍包容的态度；还有些管理者希望凸显自己的能力，只会一味地粉饰太平，掩盖平静中隐藏的危机。管理者的这些做法，都会对团队造成重大的伤害，千里之堤毁于蚁穴，这些疏忽迟早会爆发成为灾难性事件，使整个组织遭受灭顶之灾。

韩非子说："不塞隙穴而劳力于赭垩，暴雨疾风必坏。"这就是提醒我们：不将房屋的裂缝塞住，却只想着将墙壁粉刷漂亮，一旦暴风骤雨来临，房屋一定会倒塌。这个道理延伸到企业管理中，下属由于能力不足、个人疏忽等原因，往往会出现这样那样的错误。管理者的责任就是督导、发现员工的错误，就要及时地监督指导他改正，而不是帮下属掩盖他的错误，只是一味地称赞他。如果这样做，企业就像一幢布满裂缝的大房子，即使外表再华丽，只要风轻轻一吹，企业就会垮掉。

管理者督促员工改掉自身的缺点，就是在帮助企业排除存在的隐患。只有管理者帮企业去除了一个又一个的隐患，企业的生命力才能更长久。否则，隐患不除，就相当于在团队中植入了定时炸弹，可能让整个企业的努力毁于一旦。

用人是企业管理中的一件大事。管理者用人的策略，将直接影响到企业日后的长远发展，决定战略执行的好坏，也可以改写员工个人的历史。所以，对于行为有错误的员工，管理者一定不能姑息，要坚决严惩不贷。

在中国历史上，有很多英雄因为纵容下属，而最终失败，李自成就是其中一位。李自成适逢明朝末年的乱世，起兵造反，从农民成为了英雄，然而最终他还是以失败告终，走向了穷途末路。究其原因，是因为他管理下属时出现了问题，他纵容下属的错误，使团队走到了末路。

李自成在战争中不断磨砺，逐渐发展壮大。1640 年，他率军进入河南，获得灾民响应，提出了"均田免赋"的政治主张，使队伍急剧扩大，连败明军。接着，李自成攻克洛阳，杀福王；改襄阳为襄京，称新顺王；直到成功实施先取关中，再攻山西，后取北京的战略，很快进入北京城。

在战争期间，他严格要求手下的将领，让每个人都安心地打仗，建立了一支高效运作的团队。但是，随着战争不断取得胜利，他和许多高级将领开始被金钱腐蚀，整天沉迷于歌舞声色，军队中甚至还出现了欺压百姓的事件。李自成对自己放松了约束，对下属的错误也不管不顾、听之任之，结果他建立的大顺王朝很短时间内就在将士的腐化享乐中土崩瓦解了。每当后人们听到这件事情，都对他扼腕叹息。

李自成的事件给所有的上位者都敲响了警钟。对于下属中存在的问题，管理者必须非常重视，及时提醒下属改正错误。李自成就是因为在团队内部放任属下的错误，才最终走向了灭亡。

身为管理者，一定要制定规矩，做好团队的赏罚，有功必赏，有错必惩。面对犯错的下属，领导者绝对不能够姑息，要让他们心甘情愿地接受教训。

管理者手下管理着众多员工，难免会和某几个员工兴趣相同，走得很近。人的感情常常会影响人的判断，对于和自己关系近的员工，很可能会给其特殊的待遇，尤其是对他的错误睁一只眼闭一只眼。事实上，这并不是对员工的爱护，而是在祸害这名员工。

显然，管理者一味地纵容，会使下属不能严格要求自己，每当犯了错误就会想着有人给自己撑腰，视企业的规章制度如无物。这最终会使员工的执行力、认知力大打折扣，在日后发展中无疑不具备应有的智力与才干，被那些严格要求自己的员工所超越。而如果管理者过分溺爱团队中的人，那么整个队伍都会丧失竞争力。

开除往往是对待员工最严厉的一种手段，如果管理者要决定解雇人，尽管你有充分的理由，但是解雇将会对他人带来巨大的影响，你仍旧会感到难以痛下决心。需要下决心时，管理者必须做出决定，因为这是你分内的事情，你必须要剔除团队中的害群之马。屡教不改的员工只会对企业带来伤害，对于企业的发展毫无益处，只有开除他们，企业才能步入良性发展的轨道。

管理心理学启示

管理者的职责就是赏罚分明，及时奖励立功的员工，坚决严惩犯错的员工。管理者要严格执行自己制定的规章制度，对犯错的下属不去提醒、惩戒，是领导的失职，是不负责任的表现，这只会伤害管理者的威严。

市场竞争非常激烈，每天都有众多的企业被市场淘汰，这其中有很大的原因就是用人的错误。因为管理者没有发现手下员工的问题，所以导致了企业的出局。因此，发现团队成员中存在的问题，管理者一定要扮演好救火队长的角色，及时把错误消灭在萌芽状态，如果等到火势蔓延之后，管理者才发觉，那就太晚了，只能眼睁睁地看着自己的心血被焚毁。

005 管理者要给员工合适的位置

管理企业不能只靠蛮力，要有能力将手下员工团结在一起，让整个团队一起为了梦想拼搏。管理者应该善于选人、用人，把企业的日常事务交给有能力的员工去处理，实现真正的放权，这样才能成为合格的管理者。

英明的管理者不完全依靠个人的智慧，而是让贤德的人发挥出自己的智慧，自己很少花费力气而是借助团队的智慧，这样管理者就可以掌控一切。发挥整个团队的力量，管理者就可以做成很多大事。

管理者应该找到合适的选人方式，《管子·形势解》中曾提出过关于选人的建议："多士者，多长者也。明主之官物也，任其所长，不任其所短。乱主不知物之各有所长所短也"。这句话是说人手众多的领导，手下的人才也众多。明理的领导，能够让手下发挥自己的长处，绝不会让人才去发挥自己的短处，只有糊涂的领导才会不明白手下的长处而让他们胡乱地发挥。审时度势，因势利导才是一个管理者应该做的事情，实现手下人才的组合优化，发现需要的人才，让他们发挥出自己的潜力，帮助自己取得成功。

古代君王管理一个国家，却能够实现“无为而治”，这就是发挥出手下人才能力的好处。管子提出的借用圣人之智、众人之力成大事的主张，就是这个道理，就是要求管理者给手下施展才华的空间，这种成果远比管理者事必躬亲要好。

楚汉争霸时期，韩信原本是项羽的手下。但项羽明知韩信有做将军的才华，却不重用他，最终让他成了刘邦的手下。

韩信经萧何举荐到了刘邦的帐下，刘邦没有看出他有任何才能，于是决定考校一下他。刘邦询问韩信：“如果让你统领兵马，你想要多少兵？”

韩信非常自信，只说了四个字：“多多益善。”

刘邦听后认为韩信是信口开河，就命人拿来了一张纸，说：“你在上面能画多少士兵，我就派给你多少？”

结果，韩信画了一个城门，从城门里露出一面将旗，上面写着一个大大的“韩”字。刘邦因此知道了韩信不是一般人，对他委以重任，让他统领帐下的千军万马。

刘邦发现了韩信过人的才能，并将手下的兵马全部交给他，任命他做大将军，反观项羽却在得知韩信的才能后，一再地压制他，不委以重任。据说项羽在授权上就显得有些优柔寡断，他把封赏的印鉴都刻好了，放在手上磨弄得印角都磨没了，最后还是不舍得交给应受封的人，这实在不是成大事者应有的气度。正因此，刘邦帐下人才济济，文有张良、萧何，武有韩信、樊哙；而项羽帐下只有一个范增，还得不到信任。所以刘邦战败项羽，实则是理所应当的。

任何团队之间的竞争，实质上就是人才的较量。一个团队的起步、持续、发展，任何阶段都离不开人才的支持，只有不断补充有才能的人，不断开发已有人才的能力，团队领导者在众人智慧的基础上才能在较量中取胜。因此，一个好的管理者，一定要做好人才的合理分配，给人才合适的位置使其发挥才华，懂得让每一个聪慧的头脑发挥最大的价值，才能在激烈的竞争中屹立不倒。

市场要求任何一个领导者都要比以往任何时候更懂得分配资源、使用资源，这样才能在竞争中取胜。今天的领导者，在人力资源的问题上，要知道自己需要什么样的人才，并善于发现这些人才，让他们为自己所用。手中有人才，并能让他们在合适的位置上发挥自己的实力，这样的领导者本事就不得了了。

人尽其才、物尽其用，这些话说起来简单，做起来却十分困难。领导者需要打破企业内部人才与外部人才之间的鸿沟，很多企业都有老员工排斥新员工的事情发生，这都需要领导者来疏通各个岗位人员之间的关系，对领导者的能力要求很高，做到这些，才能考虑人尽其才的问题。

大的企业往往是由几百、几千、甚至几万个人组成的，即使是小企业也不是由一两个人组成的。他们来自不同的地方，有不同的家庭、教育和经历的背景，甚至各自的生活压力也各自不同，所以他们的心理状态自然也不同。这是人力资源管理的一大难题。

因此，真正有水平的领导者，就要将这些差异整齐化、系统化，让他们心往一处想，为了企业努力。领导力便是影响力，领导力强的人能够通过他个人的影响力，使得一整群人愿意跟随着他的意志迈向同一个正确的方向。这样企业才能凝聚集体的力量，使其发挥出最大的潜能。

管理心理学启示

在我国历史上，任何一个精明能干的将帅、帝王都有自己的智囊团，每当要做重要决策时，往往会询问智囊团的意见。所以那些帝王、将帅往往算无遗策，因为他们的高明往往是建立在智囊团高明的基础上的。今天的企业领导也要借助咨询顾问等人的才智，集合众人的智慧，才能获得更有价值的建议、方案，从而保证决策的正确性。

领导要让大家忠心耿耿地跟自己走，就要考虑如何让每个人充分施展自己的才华，让大家团结一心，实现 1 + 1 > 2 的效果。中国人不好管，但是中国人也是乐于合作的，这需要领导者安排好各个岗位上的人才。只要大家能够安心工作，同心协力，每个人的才智才能充分发挥出来，再难的问题也就迎刃而解了。

006 知道员工的心理需求，才能更好地调动员工的积极性

在一家企业中，管理者和员工分属不同的阶层，他们所考虑的事情各不相同，因此他们有着各自不同的需要。管理者手下有众多的员工，每一位员工的心理需求也不相同。管理者在管理企业时，需要站在员工的立场上想问题，考虑手下员工的心理需求，然后再决定采取什么样的管理方式。

著名的管理专家米契尔·拉伯福说："人的能力是有差异的，要承认人的差异，对人的不同贡献给予不同回报，要让每一个员工都羡慕贡献者，模仿贡献者，不断激发自己向优秀人才靠拢。"在社会飞速发展的今天，管理者不能墨守成规，要根据员工的需求对症下药，这样才能获得预期的回报。

现代心理学研究成果表明，员工的需要已经发生了以下变化：

（1）要求能够参与决策，得到应有的尊重。

（2）要求能让自己获得成长的工作，并能在工作中找到乐趣。

（3）要求薪酬能够不断增长。

（4）要求被需要、被关心、被理解、被倾听。

员工的需求在随着时代的发展而变化，企业管理者的管理方式也应该随之改变，采取针对性的管理。最好的管理方式是"按需激励"，根据员工的需求激励他。比如，针对家庭条件困难的员工，管理者可以利用奖金来激发他的工作热情；而有的员工希望能够不断获得挑战性的工作，实现自己的职业价值，管理者就可以分派给他重要的任务；对于那些新来的员工，他们希望自己的工作能够被公司的同事接受，管理者就要及时鼓励

他们。

按需激励有一个最需要注意的地方，就是不可以“一刀切”，千万不要犯经验主义的错误。一定要在仔细调查员工的需求后，根据员工不同需求层次的需求结构，制定出有针对性的激励措施，这样才能起到良好的作用。

西门子公司一直把员工当做企业内部真正的管理者，让员工做企业内部的企业家，是西门子公司的人才观。西门子公司将每一位员工的业绩和潜能，作为其人力资源开发的一项重要依据；公司内的每一位员工都有发展的机会和空间；管理者认真考虑每一位员工的需求，把其作为公司的利益考虑到公司的发展中，努力实现个人与团队的双赢等等。

在西门子公司发展的过程中，员工得到了众多参与企业决策的机会，能够充分施展自己的才华；与此同时，公司还及时增加员工的薪酬，让他们能够享受自己的生活，最终员工在事业与金钱两方面都收获良多。员工的工作热情被激发出来，就能全身心地投入到工作中，西门子公司也得到了丰厚的回报。

很多人说：“一个人是条龙，三个人是条虫”；还有人说“一个和尚有水喝，三个和尚没水喝。”这些话都是在说人数越多，力量越难以凝聚。这就提醒管理者在管人时要合理安排，让每个人都能发挥自己的能力，要能够聚合团队的力量，通过合理组合来使队伍获得更强的战斗力。

很多团队，明明有很多人才，却没有战斗力，这就是因为领导不会用人。人们说“中国人不好管”，这并不准确，这是因为管理者没有激发他们的合作精神。一个好的团队关键在于领导会不会管人用人。

如阿里巴巴创始人马云所说：“进了公司，就是朋友，我是粘合他们的水泥，他们是石头。”马云不懂互联网的具体技术，但是他可以管理好手下懂技术的人，满足他们的需求，让他们为阿里巴巴贡献自己的能力。在公司里，每位员工的性格、能力和特长都会有所不同。马云要做的，就是通过自己的调控，把不同的人“捏”合在一起，打造一个完美的团队。

企业就好像一个个的小团队，是由各色各样的人才组成的，每位员工都有自己的闪光点，作为管理者，要有针对性地满足他们的需求，让他们在岗位上努力工作。只有这样，你的企业才能战胜其他企业，最终高人一筹。

人的内在情绪和动机是可以通过其外在的言语和行为动作表达出来的。管理者日常要仔细留意员工的状态，在与员工接触的过程中，不仅要会“看脸色”，还要根据员工的穿着、气质、对待他人的态度等方面，来判断员工的能力和实际需求。这样在日常的安排中，才能采取有针对性的方法，提高工作效率。

管理心理学启示

在企业管理中，领导者要考虑如何让每个人充分施展自己的才华，通过优化组合，实现 1 +1 >2 的效果。只要员工的需求得到满足，他们就会安心地为团队奉献。管理者要做的就是使手下的员工安心在岗位上工作，使整体效果大于部分之和，做到这些管理者才算实现了自身价值。

人总会有这样那样的缺点，一个聪明的管理者，一定要明白“金无足赤，人无完人”的道理，只要员工能登大雅之堂，管理者就要识人之长，用人之长。盯着员工的缺点不放，只会显示管理者没有容人之量。管理者要做员工的伯乐，而不是扼杀天才的刽子手，要让员工能够在企业内实现自己的需求，实现企业和员工的双赢。

007 要掌握好奖与惩的力度

管理者制定规章制度是为了规范员工的日常行为，通过奖励的措施，激励员工，使员工努力工作；通过惩罚的措施，暗示员工，让员工不敢去违反企业的制度。员工在管理者的恩威并施之下，就会将精力投入到工作中。

管理者制定企业的奖罚制度，是企业发展过程中十分重要的一件事情，但是管理者一定要控制好奖罚的力度。制定合理的奖罚制度能够激励和督促员工的日常工作，保证企业在日常的事务中平稳发展。如果奖励过高，就会让员工望而却步，对奖励不抱希望，伤害员工的积极性；如果惩罚过于严苛，就会引起员工内心的不满，心生怨言，对企业失去归属感。这些都是管理者在制定制度时需要考虑到的事情。

中国古代统治者为了治理国家，制定了许多严苛的刑罚来恐吓百姓。比如，刺面、割鼻等肉刑始于夏、商、周三代，这些刑罚在最初起到作用后，仍然没有阻止王朝的衰败，各王朝最终消逝在历史中。

《韩非子》一书针对各王朝的刑罚，提出了自己的意见："明于治之数，则国虽小，富。赏罚敬信，民虽寡，强。赏罚无度，因虽大，兵弱者，地非其地，民非其民也。"书中建议君主赏罚要有法度，要慎重地依据法令加以赏罚，否则即使有广阔的国土，百姓也会和君主离心，国家只会走向灭亡。

古代的刑罚虽然严苛，但是却毫无人性；这些严刑峻法虽然能够威慑百姓，但很容易让君主失去人心。

汉文帝时，依然沿用着秦朝的酷刑。一次，名医淳于意因人诬告而入狱，被判肉刑。淳于意之女为了救父亲，向汉文帝上书表示自己愿入宫为婢来为父亲赎罪。她还向汉文帝建议肉刑过于残酷，犯人受刑后即使想要改过自新，都没有机会。

汉文帝是一位明主，被淳于意之女舍身救父的孝行感动，赦免了淳于意。同时她认为肉刑的设置确实失当，没有起到应有的作用，就废除了肉刑。汉文帝的这种选择，其实是对以往惩罚制度的一次修正。在他治理下，百姓休养生息，安居乐业。

管理者在管理企业时依据制度，制定严明的法令必不可少，但是，也要像文帝这样，及时修改严苛的法令。刑罚过于严酷，也是不允许的，因为这很容易适得其反。一个企业是否强大，并不仅看企业的绝对实力，还要看企业内部运行是否通畅、人心是否稳固等企业软实力。

即使企业很小，管理者也不能掉以轻心，应该仔细地运用管理之道。如果管理者善于管理企业，制度严明，赏罚合理，那么就能够和员工上下一心，企业内部一定是安定团结的，能够呈现出健康向上的发展势头。这样的企业，即使当前规模很小，但是迟早会发展起来。但如果赏罚不明，企业规模再大，内部也会出现混乱，必然会走向衰落。

管理最终就是管人，管理者制定制度的目的就是安定人心。赏罚合理的企业，人心安定，大家按部就班做事，就会因为良好的秩序产生强大的动力。反之，一个企业赏罚不明，超出了员工正常的心理承受程度，就会人心混乱，大家无法安心做事，只会担心受罚，也就没有效率和价值产生了。因此，管理者的每一项赏罚决策，都要让员工心服口服，这样管理者的管理水平才算合格，你的团队也会迸发出强大的生机与活力。这就是合理的赏罚能够产生的凝聚力和爆发力。

判定一个管理者的管理水平，就看他的赏罚是否恰当，而不在于数量上的多少以及程度的轻重。因此，管理者一定要从全局出发，在赏罚的问题上，要把握好火候与时间，这样就能管理好手中的企业。

把赏罚控制在合理范围内，其实就是合理的运用规章制度，保障企业内部高效运行，制度合理，才能让每一名员工充分发挥自己的主观能动性，这对企业的前途和命运影响十分深远。

每一位员工都渴望高额的奖金，但是管理者一定要控制好奖金的数额。奖金给得太多，也是一个“重量级”隐患。过高的奖金制度不是万灵丹，这很有可能会引出员工心中的贪欲。假如管理者不能控制员工心中的贪欲，无法满足员工心中对金钱的渴望，很有可能会演化成一场危机。所以，合理的奖赏，才是最有效的。

管理心理学启示

管理者要使员工屈服在自己的威严下，要使他们认识到自己的错误，让他们及时发现自己的缺点，并且服从自己的意志，最直接的方法就是使用赏罚制度。用惩罚来给员工压力，让他知道服从上层命令的后果。

作为管理的一种手段，惩罚是必不可少的。但是在具体的管理过程中，还是要看情况、分对象、区别对待。管理者要明确自己使用的惩罚手段是否能够被员工接受，避免惩罚出现副作用。其次，管理者应该奉行“胡萝卜加大棒”的政策，采取威迫等惩戒手段之后，要给员工一定甜头，立刻采用应对的对策和手段，减少冲突的可能。

008 肥皂水效应：把批评夹在赞美中

肥皂水效应是美国前总统约翰·卡尔文·柯立芝提出的一项理论。该理论指出要将批评夹在赞美中。将对他人的批评夹裹在前后肯定的话语之中，减少批评的负面效应，使被批评者愉快地接受对自己的批评。

即使柯立芝身为总统，在批评下属时都要先赞美对方，以便下属更能够接受。如今的管理者，既不是柯立芝，更不能和总统媲美，在管理下属时，更应该采取这种“肥皂水方式”。

员工是企业的最底层，每一天都要承担沉重的工作压力，管理者的一言一行都会引起员工的深思，所以管理者在批评员工时，一定要谨慎考虑。如果管理者批评员工的话过于严厉，就会让员工认为自己不受重视，在日常的工作中会更加缩手缩脚，不敢充分发挥。

管理者在日常管理时，应该多给员工一些鼓励，这样员工才有工作的动力。即使是批评员工，也一定要考虑到员工的情绪，在员工心情好时，委婉地将自己的不满告诉他，这样既能让员工认识到自己的不足，还不会伤害员工的工作热情。

这种“肥皂水效应”不仅可以应用于管理，即使在日常的商务谈判中，也非常实用。华克公司在费城承包建筑一座办公大厦，而且指定在某一天必须竣工。这项工程，每一件事进行得都非常顺利，眼看这座建筑物就快要完工了，承包外面铜工装饰的商人，却说他不能如期交货。这会影响整个建筑工事的完工时间，耽误了时间就要交付巨额的罚款！

长途电话，激烈的争辩，都没有半点用处，于是卡伍被派往纽约，找那个人当面交涉。

卡伍走进这位经理的办公室，他并没有向这位经理抱怨，而是兴奋地说：“你该知道，你的姓名在勃洛克林市中，是绝无仅有的？”这位经理听到这话，非常地意外，他摇摇头说：“不，我不知道。”

卡伍说：“今晨我下了火车，查电话簿找你的地址，发现勃洛克林市里，只有你一个人叫这个名字。”

经理听到他的话，很感兴趣地把电话簿拿来查看，发现真有这回事，于是他很自豪地说：“是的，这是个不常见到的姓名，我的祖先原籍是荷兰，搬来纽约已有两百年了。”

卡伍和他谈完这件事情后，并没有谈论工地的事情，而是接着赞美他拥有这样一家规模庞大的工厂。卡伍说：“这是我所见过的铜器工厂中最整洁、完善的一家。”

那位经理说：“是的，我花了一生的精力经营这家工厂，我引以为荣，我可以带你参观我的工厂。”

参观之后，这位经理坚持请卡伍一起进午餐！这个时候卡伍已经可以算得上是经理的朋友了，但直到现在，卡伍对于他这次的来意还只字未提。

午餐后，经理没有等卡伍开口，而是主动说道：“我们现在可以谈一谈正事了，我知道你来这里的目的。可是想不到，我们见面后，会谈得这样的愉快。”他脸上带着笑容，十分诚恳地告诉卡伍：“你赢得了我的友谊。你可以先回费城，我保证你的定货，会准时运送到你们那里，即使牺牲了别家生意，我也愿意的。”

卡伍的目的很顺利地达到了。那些材料，全部如期运到，而那座建筑也没有受到任何的影响而如期完成。所以说不使对方难堪、反感的改变一个人的想法，把批评夹在赞美中是最好的方法。

装饰公司耽误了卡伍的事情，卡伍即使大声指责这位经理都毫不过分，但他却选择了赞美的方式。不仅解决了公司的难题，帮助公司免受了损失，还赢得了这位经理的友谊，这就是“肥皂水效应”取得的成果。

批评只是解决问题的一种手段，如果不使用这种手段就可以解决问题，那管理者何乐而不为呢？将批评夹杂在赞美中，这样员工即使听到了你的批评，但是依然会对你感恩戴德，心存感激。

赞美中的批评能够让员工认为管理者看到了自己工作的各个方面，认真地去理解管理者的苦心，将管理者当做自己人。这样，每次管理者给员工安排任务时，员工都会干劲十足，把赢得管理者的赞美当做一项荣誉。员工开心工作，企业的业务就会越来越好。

管理心理学启示

批评是进步的明灯，因为有批评才有进步。俗语说得好：人非圣贤，孰能无过？圣贤都会有过错，何况我们这些凡人呢！管理者看到员工的过错，自然就会想着去指正，帮助他们改正自己的缺点。但管理者一定要记住，赞美要看时机，批评要靠技巧。批评员工时一定要态度诚恳，语出谨慎，这样才能得到更多的友谊，收获一个好人缘。

人都不愿意听从别人的批评，往往我们做错了事，自己却不知，而需借助别人的批评、指正。如果管理者能够诚恳指出员工的错误，员工一定会仔细倾听，以为管理者这是在真正地帮助自己。

009 公平的奖罚能唤醒员工沉睡的心灵

管理者在进行赏罚时，一定要注意公平、合理。管理者制定奖罚制度就是为了维护企业内部的公平，如果奖罚不公，让没有过失的人遭受惩罚，那些犯了错误的人却得到奖励，那么员工就会对管理者心生不满，在私下里也就会阳奉阴违。管理不讲究公平，管理者就会失去人心，失去员工的爱戴。聪明的管理者绝不会在奖罚的问题上出纰漏，一定会通过公正严明的赏罚管理团队，使受罚的人心服口服，也通过惩罚让员工心生畏惧，不敢违反企业的制度，这才是高明的管理方法。

古往今来，很多团队都是因为管理者的赏罚不公而分崩离析的。那些管理者奖罚不公，引起下属忌恨，最终遭到下属背叛的例子更是比比皆是。管理者执掌赏罚大权，就一定要慎重使用权力，尤其是在做决策时一定要保持谨慎，以免错判、漏判。管理者赏罚员工，还要主观和客观相结合，避免以个人喜好为标准进行奖赏与惩罚，一切都要严格遵循公司制定的制度，这样才能让下属没有怨言，让下属甘心为你拼命。

历史上，隋末农民战争爆发后，太原留守李渊乘机起兵，决心逐鹿中原。隋代王杨侑得知李渊进兵关中的消息后，立即派大将宋老生驻守霍邑、屈突通防守河东，阻止李渊继续前进。

李渊带领部下到达霍邑，并没有立即开战，而是命令部队休息，等待后续步兵赶来；然后李渊派李建成、李世民带领数十名骑兵来到城下故意辱骂隋朝的守军，逼迫随军放弃城墙，下来决战。宋老生脾气火爆，果然中计了，带领人马冲出来决战。结果李渊麾下的将士锐不可当，在激战中杀得隋军大败；短时间内就乘胜攻占了霍邑这座坚固的城池。

夺取胜利后，李渊要赏赐部下。当时许多人认为，刚刚招募的新兵应该接受较少的赏赐，老部下应该享受更优厚的待遇。但李渊坚决按照赏罚同律的原则犒赏三军。李渊还明确地告诉大家：“作战的时候不分贵贱，大家都是在用性命杀敌；所以论功行赏的时候也不能有等级差别，每个人都应该根据战功的大小接受奖赏。”

李渊的话充分表明了一名领袖应有的魄力。隋朝历经二世而亡，很大一方面是因为没有对有功劳的将士进行相应的奖赏，而是任用亲信，寒了功臣的心，失去了大家的拥护。李渊知道自己不能走过去的老路，而是坚持赏罚公平，果然军队士气高昂，战无不胜。

射箭时一定要瞄准靶心再射，不瞄准靶子而随意射箭，即使射中很小的东西也算不上精妙。赏罚就如同射箭，要依据法令进行，否则很难发挥效用。本来是甲的罪责，却惩罚乙，那么乙一定会暗中怨恨甲。所以，公平的赏罚，能够治理好国家，让民众之间很少有仇怨，即使受罚也会心服口服。

管理企业很多时候都是一团乱麻，管理者看着众多员工，不知该如何下手。那么，管理者就可以依据制度来判断。当然，管理者必须要保证公正，“公正”是管理者与被管理者实现互信的基础和前提，只有在公正的基础上员工才会信服你的决定，认真听从你的命令。只有这样，员工才能安心地工作，不需要担心有了成绩也得不到奖赏。

要想保证公平、公正的赏罚，就必须对全体下属一视同仁，没有偏颇。不能允许有人借助裙带关系或者私人感情搞特殊化，这种行为对于企业的负面效应最严重，容易影响团队的稳定性，导致失去人心，最终损害企业的利益。

在一个团队中，不管是奖赏，还是惩罚，都必须兼顾公平，这样才能让人信服，使个人利益和集体利益联系起来。因此，管理者在管理过程中要把握好下面两点：

（1）不以个人好恶定赏罚。管理者在进行赏罚时不能置事先制定的标准于不顾，完全按照个人的好恶进行。一些管理者只能看到身边员工的成绩，做不到“刑上极，赏下通”。管理者不能忽视下层弱小员工的成绩。

只看重职位高影响大的员工，这会让企业有很严重的等级观念。

（2）反对平均主义。管理企业，一定要克服“一刀切”的简单做法，坚决反对平均主义。平均主义是管理的一大忌讳，平均主义只会使公司效率低下，下属工作懒散。据调查，实行平均奖励，奖金与工作态度的相关性只有20%；而进行差别奖励，则奖金与工作态度的相关性达到80%。平均分配奖励，会使奖励失去激励作用。只有差别对待，才会让员工产生比较心理，达到激励员工的目的。

管理心理学启示

有奖有罚，管理者才能统御下属。公正则是奖罚的必要条件，只有保证公平，奖罚才能发挥作用。管理者不能寻找各种理由来影响奖罚的原则，让下属明白唯有做出贡献才会得到奖赏。无论是谁，只要为企业奉献、付出了，就能够得到奖赏，这样就能产生人人争先立功的风气。

010 合理评价员工的贡献

企业的发展离不开员工的贡献，对于员工来说，只有辛勤工作的成绩得到了管理者的承认，他的努力才有价值，在工作时才有干劲。好的管理者应该根据员工的这一心理，采取针对性的管理措施。比如说：颁发一些奖励，在员工大会上表扬有突出贡献的员工。

企业的发展和壮大都离不开员工的努力贡献，只有认可员工的实际贡献，对其进行合理的评价才能够激起员工工作的积极性，激励他们为企业的发展继续发光发热。

管理者要知道如何评价员工的实际贡献，以此来制定合理的评价政策。员工的实际贡献包括两个方面：一方面是评价员工工作的质与量，这前提是需要管理者合理地量化每一份工作，以此为依据，很容易就可以判断出员工的工作能力；另一方面就是看员工对企业的无形贡献，有些员工对企业有很深的责任感，其他员工和他配合时能够有很高的效率，这种员工对企业的无形价值是不可估量的。这两个方面需要管理者通过不同的方面来考察，员工的实际完成工作质量可以根据管理者制定的工作量化细则进行精确的计算，而无形的贡献就需要通过民意调查进行考核。通过严谨的调查和公平的奖励，员工会对企业更加有归属感，更愿意为企业奉献。

管理者对员工工作进行严密的考核后，一定要将考核的结果如实告知员工，这是对员工工作的最好反馈。员工得到反馈后，才能够根据考核结果改善自己的工作。将考核结果告诉员工，只是管理者考核工作的开始，并不意味着考核工作的终结。要及时同员工进行交流，了解他们的心态与困难，帮助他们解决工作中存在的障碍。这才是管理者绩效考核的最终目的。

特步公司就非常重视员工的绩效考核，并制定详细的奖励措施。这一做法取得了很好的效果，员工都十分在意公司的考核结果。

特步公司设立了“忠诚奉献奖”、“优秀单位奖”、“优秀员工奖”等奖项，这些奖项在公司的常规奖项中非常显眼，特步的员工都非常在意这些奖项，常常以获得这些奖项作为一名特步人的骄傲。

此外，特步还设立了“忠诚奉献奖”来奖励那些对公司做出无形贡献的员工。获奖者是在公司工作达 3 年或者 3 年以上的老员工，除了获奖证书、奖金外，还将获得参与公司组织的外出旅游的机会。这项奖励在员工中收获了很好的反响，老员工们在公司中工作更加用心，新员工也得到了很好的激励。“忠诚奉献奖”设立后，特步公司的人员流动性很小，员工们都以身为一名特步人为荣，特步逐步建立了稳定的人才团队。

特步公司的做法对于其他企业有很深的启示意义。管理者可以参考以上做法，在企业中设立一些奖项，激励员工的工作热情。当然了，管理者一定要制定好考核的标准，保证标准公平合理。在一段时间内，尽量客观的考核出个别的组织成员对组织的实质贡献。

管理者在考核之后，应该将考核标准公开，让被考核的人能够了解考核的结果，以便依据此结果来修正自己的行为，提高对组织的实质贡献。考核应该涉及不同级别和不同功能的人员，保证考核的可行性，让每一名员工都能够参与其中。

考核的结果公布后，管理者应该及时同员工面谈，了解员工内心的想法。进行绩效面谈必须选择恰当的时间，最好是在员工得到考核结果的一天之后。这样可以给员工一个反应的时间，也不会因为时间太长而让考核的影响力消失。与员工绩效评价的面谈是管理者与员工两人之间的事。安静、舒适、能够产生交流气氛的场所是最佳的面谈场所。

每一位员工都希望获得更多的工资，希望取得更好的成绩。只要管理者能够制定正确的策略，就可以让员工努力为企业奉献。

管理心理学启示

管理者的态度可以影响员工在谈话时的心态，所以对于考核成绩优异的员工，管理者不应有太多的赞美，以避免员工自满；而对于考核成绩不是很理想的员工，管理者也不能表现得太过失望，应给予一定的鼓励。总之，适度的批评能够对员工起到醍醐灌顶的作用，而及时的鼓励则会令他们充满干劲。

面谈是为了了解员工的想法，这要求管理者必须获得员工的信任。为此，管理者要付出自己的真心，从而赢得对方的信赖。当管理者对员工敞开心扉的时候，员工对管理者也不会有所保留。经验表明，在谈话时认真倾听员工的想法，及时附和员工，更容易让员工信任。

第七章
DI QI ZHANG

威信心理学：让你的下属心服口服

威信是一种客观存在的社会心理现象，是一种使人甘愿接受对方影响的心理因素，同时也是一项管理技能。而威信是领导者必备的一种气质。它可以使员工由衷地对领导者产生一种发自内心的归属感和信赖感。在管理企业的过程中，领导者要注意巧用威信，让员工心服口服，为了企业发展贡献自己最大的力量。

001 出于公心，任何时候都要一碗水端平

一位管理学家曾经指出：“一个组织要成功，关键是公正地对待并帮助下属，在用人上有一致性，只有这样他们才会跟你走。”作为领导，公平是管理下属的方法之一，也是管理者与下属之间建立互信互赢的前提条件，只有在公平的基础上，运行的各项规章制度才能够完美地运行，才会提高公司的业绩，为公司带来利益。

对待公司员工公平合理，一视同仁，这在领导的管理上占有重要的地位。它关系到领导者和下属之间相处的关系，也是赢得员工信任的重中之重。由于上下级之间是一种相互依赖，相互制约的关系，上下级之间的良好相处，可以为双方都带来利益。每一个领导者都希望员工能够尽职尽责，圆满地完成上级交代的任务；每一个员工也都希望领导能够为自己的付出提供丰厚的报酬。

要想达到这种完美的境界，首先就需要领导者在任何时候都要一碗水端平，公平、公正地对待每一个员工。这样一来，当员工意识到你公正领导的时候，他肯定会心情愉快，也会将对你的敬意融合到工作之中，干起活来必定斗志昂扬。反之，如果一个管理者不能做到公平公正，那么他一定不能得到大家的认可，员工必定会质疑他的工作能力和领导能力，这样公司就会逐渐失去凝聚力，甚至遭遇重大打击。

作为领导者，在处理与员工的关系的时候，应该坚持“等距原则”，也就是对待每一个员工都不分亲疏；不能受一些外界条件的影响；不能与一部分人过分亲密而冷落另一些人；要就事论事平等地对待每一个人。

事实上，每一个人都是平等的，员工干得出色就要给予相应的表扬，如果干得差劲就要加以批评。但是不论是奖赏还是惩罚，一旦事情过去了，这些员工得到了应有的奖惩，领导者仍然要做到公平地对待每个人，

保持一颗平常心。不能因为一件事情的好坏，就为这个员工画上永久的标签，这是毫无根据的做法。

一家私企接到了工业区管理会的通知，准备在工业区进行一次消防比赛，要求每一家公司都要派 5 名员工去参加，而且参加的员工无论是否得奖，都会得到 100 元的参与费。这等好事，要派谁来参加呢？经过一番讨论，人力资源部决定派 5 名本地员工参加，并将这个选人结果上报给了公司领导。后来，工业区管理会又发来通知，决定将这 100 元的管理费取消；这时人力资源部决定改派人员，选出了 5 名外地员工参加。结果，公司领导立刻看出了其中的门道，人力资源部是希望有利可图的事情让本地员工去参加，无利可图又费事的事情则要外地员工去做，这样做明显有失公允。

如果同意人力资源部的想法，企业内就会形成本地员工和外地员工两种截然不同的组织，这样必将会影响到公司的团结，也不利于形成团队的凝聚力。长此以往，本地人的优越性会慢慢地凸显出来，也会慢慢地降低外地人的归属感，从而影响到日常工作。如此一来，本地人和外地人将很难进行合作，甚至会形成双方对立的局面。

显然，公司领导不能任由这种不利于团结的事情发展下去，于是告诉人力资源部，这件事情将由他亲自来决定，并且提醒人力资源部应该平等地对待每位员工，因为他们都在为公司做出贡献，否则将严重影响团队的团结协作。

随后，领导想到了一个非常公平的做法，保证各位员工不会有任何异议，也不会影响公司的团结。他命令人力资源部：第一，指定一个车间，不管是本地员工，还是外地员工，一视同仁，采用抽签的方式来解决问题，抽中的员工去参加培训。管委会发不发钱，那是另外的事，都不会影响抽签结果。发，则属于当事人所得，不发，大家都没有。第二，下次遇到同类问题，在下一个车间抽签；再下次，就再换一个车间。总之，一直轮流下去，不会产生任何人为原因。

人力资源部将这个结果发布之后，大家都认为这个方法十分公平，没有任何异议。

领导，是一个组织的领头人，也是许多事情最终的仲裁者。领导的责任重大，因此在做任何决定的时候都要保持一个公平公正的态度，绝不能掺杂私人的情感，更不能戴有色眼镜看人，必须做到客观公正。

作为企业领导，对待下属一定要公平，决不可厚此薄彼、存私心。下属最忌领导偏心。如果一个公司因为领导不公而内讧，这是莫大的讽刺，因为领导的职责就是敦促员工团结合作。为了达到公正客观的结果，领导要与员工实行“等距外交”，一碗水端平。

子曰：“不患寡而患不均，不患贫而患不安。”作为一个成功的管理者，绝不能有私心，必须公平地对待公司的每一位员工，只有在这样的情况下，大家才能积极地为公司效力，贡献自己的才智。

管理心理学启示

一个公司的成功与许多元素都息息相关，最重要的一点是关心、爱护员工，并且做到公平公正，诚实地对待每个人，从而增加团队成员的认同感。作为公司管理者，必须时刻坚持“公平”原则，唯有公平才能让员工相信领导是一位好领导，值得员工们的信任。这样一来，大家才会更加努力地为公司效力，提升业绩。

在日常管理工作中，只有领导者做到对待员工一视同仁，才能为员工营造一种和谐宽松的工作环境，也只有在公正的基础上的管理举措才能最大限度地舞动管理魔方，让员工心情更加愉快地为公司服务，实现领导者和员工双赢的局面。

002 拴住人心，让下属任何时候都有归属感

员工对于企业发展起着至关重要的作用，是推动企业不断进步、全面

发展的重要力量。员工工作质量的好坏直接关系到整个公司的发展，企业发展的背后离不开员工的辛勤付出，所以，提高员工工作的积极性是很有必要的。企业只有真正地将员工放在心上，员工才会担负起企业的责任，要想拴住员工的人，就要让员工在公司中找到归属感。

领导者对员工进行必要的情感投资是对企业非常有益的，它不需要任何物质成本，却会得到丰厚的回报。显然，尊重是让员工获得归属感的前提条件。每一个人都希望能够得到别人的尊重。如果员工能得到领导者的充分的尊重，那么员工一定会在心里得到极大的满足。常常有人错误地认为管理就一定要约束和压制员工，让员工被掌握在自己的手中，成为一个只会工作的木偶人，但是这是不可能的，并且会适得其反，员工是不会追随这样的领导者的。显然，聪明的领导者已经学会在尊重和激励上下功夫，打情感牌来笼络人心，让员工产生归属感。

此外，要增强员工的企业价值认同度。一方面，员工应该清楚地认识到自己在企业中的定位，摆正自己的思想观念。要理解自己为什么选择这个企业？我能为这个企业带来什么？发挥怎样的作用？这都是员工需要知道的；另一方面，企业和领导者也要给员工相应的回报，无论是在精神上还是物质上的，都要对员工进行激励。最基本的待遇就体现在员工的工资和福利上，因为衣食住行每一项都离不开金钱，这些都依靠员工在企业取得的工资，所以，待遇要能满足员工最基本的生活需求才能在最基本的层面上留住人才。除了基本的待遇，企业还要注意工作环境、员工之间的关系，员工的个人兴趣等方面不断地努力，逐渐加强员工对企业的归属感。

惠普公司的相关政策就很好地拴住了人心，在这些政策中包含了对员工的信任，让员工内心感受到了温暖。惠普的创始人之一比尔·休利特说："惠普的政策和措施都是来自于一种信念，就是相信惠普员工都想把工作做好，有所创新。只要给他们提供适当的环境，他们就能够做得更好。"后来，人们把这种信念称之为"惠普之道"。在这种"惠普之道"中体现了惠普领导者对员工的信任，真正地把员工当做是企业的一部分，重视员工的心理感受，让员工感受到归属感。

其实，惠普公司让员工产生归属感的政策有很多，最突出的是灵活的上下班时间，这一点很少有公司的领导者这么豁达，这个制度的实施也有了一定的历史，最初设立的时间是1967年在惠普设在德国伯布林根的工厂中实行，继而推广到惠普在全球的所有企业。根据这个制度，员工可以很早来到公司，或者是上午9点钟来，也可以晚一点，然后员工只要完成了自己一天的任务和工作之后，就可以离开公司，下班了。这样做是为了让员工灵活地掌握自己的时间，不必因为生活中的琐事影响工作，也避免了员工在公司浪费时间。这个制度充分显示了公司对员工的信任，员工也必然会感受到来自公司领导者的关心，对公司产生依赖和归属感。

“开放实验室备用品库”也表明了公司对员工的信任。实验室备用品库就是存放电器和机械零件的地方。开放这个地方的意思就是工程师们可以随时使用任何设备，更令人意想不到的是公司领导者还鼓励他们拿回家去供个人使用。这样做的逻辑在于，不管工程师们拿这些设备所做的事是不是与他们手头从事的工作项目有关，反正他们无论是在工作岗位上还是在家里摆弄这些玩意儿时总能学到一点东西，公司因而加强了对革新的赞助。

更重要的是，惠普公司还坚持“同甘共苦”的理念。当公司处在很困难的时候，惠普公司的领导者也没有裁掉任何一位员工，而是全体员工，包括领导者在内，一律减薪20%，减少工作时数20%，保证了全员就业，让员工可以安心地工作。

在惠普公司领导者的做法中，我们看到领导者必须要把员工放在重要的位置，时刻让员工感受到来自公司领导者的关心，只有这样，无论是在公司盈利还是在亏损的情况下，员工都能够真正地为公司，为领导者考虑，在工作中，付出自己最大的努力，把自己的幸福感深深地与企业的发展联系在一起，在企业找到归属感，把这里当做自己第二个家。

从现代企业的管理要求来看，企业和员工的利益是一致的，企业的荣辱关系到每一位员工，每一位员工的表现也会影响企业的发展，只有加强员工和企业之间的关系，加强员工对企业的归属感，让企业和员工达到双赢才是最好的结果。

因此，企业领导者在制定政策的时候，一定要充分考虑员工的感受，明白员工的利益与企业的利益是一致的，只有让员工产生归属感，努力为企业工作，企业才有可能不断地蓬勃发展。

管理心理学启示

一个企业想要长期发展、不断壮大，关键在于吸引人才，留住人才，让员工充分发挥自身的价值，为企业做出自己的贡献。作为企业也要真真切切地把员工放在心上，领导者要不断地对员工进行情感投资，让员工产生“归属感”，这种“归属感”正是下属充分发挥自己能力的动力之一。每一个员工，都有自重感和自尊感，如果能得到来自领导者方面的感情投资，就会提升自我价值，得到自我满足，所以更愿意贡献自己的能力与智慧，为企业出力。掌握感情投资的技巧，也是激发员工潜能的一个好方法。

003 当断则断，必要时要有决断力

作为领导者需要处理的事情很多，稍不留神，就会被大大小小的事情淹没。因此，当领导者处理事情时，应干净利落，一定要有决断力。所谓“领导的决断力”就是指在一定的条件之下，综合各方面的利益，利用合理的手段，在解决方案中选择一个最优方案。简单说，就是领导者拥有坚决地做出最后定论的能力。想法和建议可以是多个人共同探讨想出来的，但是决断不是由多个人决定的，而是自己一个人做出的。

一个行动迟缓，没有任何主见的领导者是不会得到大家的信任的，更

无法带领一支团队，也无法带领公司向前发展。所以，领导者要做一个善于决策，快速决断，勇敢向前的人，才能够成为一支配合默契、同心协力的队伍。由此看来，决断力不仅是领导者一种能力和素质的体现，还是实现组织发展目标的一种领导技能。

那么，如何能够提高自己的决断力呢？下面，将为大家介绍一些能够提升决断力的方法。

首先，要有绝对的勇气。当需要决断力的时候，似乎都是需要做出重大决定的那一瞬间，时间上非常紧急，需要有冒险精神。这个时候就非常考验领导者是否具备勇气，只有有勇气的领导者才能在困难的环境中顺利地化解风险，克服困难，发挥领导精神。

其次，要学会选择。在领导决定一件事情的时候，往往需要做出选择，而每一个选择都会产生不同的结果。不难想象，领导者在做出选择的那一瞬间是多么的艰难。为了确保目标的实现，领导者需要迅速做出反应，选择最优方案，并且尽全力去推进计划，争取尽快地实现计划和目标。在这种情况下，最忌讳的就是优柔寡断，犹豫不决。

最后，抓住决断的时机。古语有言：“机不可失，时不再来。”领导者必须要对时间有精确的把握。一般情况下，解决问题的最佳时期只有一个，稍纵即逝。因此，领导者一定要做到当断则断，容不得任何犹豫不决，只有恰逢其时，当机立断，才能把握有利的时机。

佳能的第6代掌舵人御手洗富士夫，是一位非常有决断力的领导者。过去的10多年，大多数的日本技术公司的收益都是时而涨时而落，只有佳能公司的收益是不断地向上涨的，这里面的收益离不开御手洗富士夫的领导能力。

御手洗富士夫于20世纪60年代就被派往美国，在美国生活和工作了23年，深受美国企业管理模式的熏陶。1997年，富士夫晋升为CEO。富士夫的上台标志着佳能正式进入转型期，他是一个提倡改革的人，而且雷利风行，只要是确定了是正确的事情，他就会马上着手去做。

在御手洗富士夫上任之前，佳能公司有很多的毛病，企业的效益也不是很好，这些毛病都制约着佳能公司的发展，富士夫深深地感觉到了改革的必要性，只有改革才能让佳能公司走出困境。等到富士夫上任之后，他果断地采取了改革的措施，显示出了一位领导者的雷厉风行：

首先，从削减成本开始入手，富士夫认为没有赚钱的部门就要关闭。别的领导者很少有这样的魄力，因为削减部门会涉及很多人的利益，必然会遭到很多人的反对，如果严重甚至会威胁到自己的权力。可是富士夫根本没有受到威胁，果断地关闭了个人 PC、液晶显示器和电子打字机等一系列亏损的业务部门，拍卖了相应的资产，从而避免了近 3 亿美元的巨额亏损。可以说，此举更重要的意义在于公司可以将资源集中到收益良好的部门，增加这些部门的利润。

其次，就是提高产品开发速度和增加推出新产品。加快了产品开发的速度，才能避免通缩环境下产品价格下跌造成的损失。因为这个原因，富士夫一方面增加研发经费，一方面结束没有结果的研发项目。他非常看重研发部门，把研发部门直接归到公司总办，研发部门发生什么事情，他就能马上知道，以便能最快地做出反应。

就是这样，富士夫超强的决断力，帮助困境中的佳能公司重新焕发了生机。后来的事实表明，富士夫的一系列改革措施使佳能公司几乎创造了一个奇迹——佳能出现了惊人的三级跳，公司营收暴增到 243 亿美元，净利高达 14 亿美元，7 年内佳能在东京股票交易所的市值从第 43 位上升到了第 8 位。富士夫也成为了日本最有名的领导者之一。2002 年美国《商业周刊》将佳能公司 CEO 御手洗富士夫选入全球 25 名“顶级经理人”，并评论他是“一位有决断力的人物”。

决断力是领导者必备的素质之一，它可以帮助领导者巩固自己的领导地位，富士夫能够成功地将佳能公司改革，与他身上的决断力有着密不可分的联系，机会不是一直都存在的，当机会来临的时候，领导者一定要果断地抓住。

长期以来，决断力一直被认为是领导者综合素质中最重要的一种能力，拥有决断力的领导者更容易得到员工和客户的认可。杰克·韦尔奇把决断力推到无比重要的位置——它是“面对困难处境勇于做出果断决定的能力”，它是“始终如一执行的能力”。在现代社会中，如果能做到当机立断，迅速行动，又好又快地完成任务，就会比别人拥有更多成功的机会。

管理心理学启示

在企业中，经常会出现这样的状况：当提出一个新的方法时，必然会遭到一些人的反对，导致领导者处于一种非常孤立的地位。这种时候，领导者应保持镇定，坚持自我，对于不了解的人，要怀着热忱，耐心地向他们说明，争取得到大家的支持。

决断，不是由多数人做出来的，多数人的意见是要听的，但做出决断的，还是领导者一个人，因此，领导者应坚持自己的方法，迅速做出决断。当然，这样做的前提条件是领导者的提议和决策是正确的，只要真理在手，就一定要坚持下去。总之有根据不同的情况和条件，迅速地做出决断，才能准确地把握事物的发展进程，有效、合理地运用决断的方法和艺术。

004 抓大放小，小事难得糊涂

世界上的事物千差万别，如果每件事情都想做好，那根本就不可能实现。因此，作为领导者一定要有计划、有目的地安排自己的时间。为此，适当地忽略一些小事情，重点管理大事情，抓大放小，更容易掌握大局。

事物有粗细之分，有粗才有细，有细才显粗。“粗细结合”的道理也是管理的一种艺术，没有粗的细，就容易走向斤斤计较，谨小慎微和优柔寡断；没有细的粗，容易导致粗心大意、马虎了事。只有粗细相互结合，才能够不走极端，领导企业稳步向前。

任何一个领导，无论他怎样的博学多才，有见识，都不能通晓一切事物。但是，总有些自以为是的领导，认为自己的知识渊博，能够将企业的一切事情都管理清楚，凡事都要亲自为之，不相信自己的员工，也不听员工的合理建议。结果，事事都没有做好，弄出了笑话，在员工面前丢了自己的面子，失去了领导的威严。

而精明的领导恰恰相反，他们懂得管理的艺术，并不是凡事都要亲力亲为，他会将一些小事交给下属去办，并要求下属要有领悟性。同时，把时间和精力都运用到方向和政策的把关上，仅仅要求下属及时报告办事的进程和效果，只等着最后听到圆满的结果。

法国统盛－普连德公司是一家生产电子产品、家用电器、放射线医疗方面电子仪器的大型电器企业。它的分公司遍布全球各地，为了能够有效地对全球的公司进行管理，领导者必须要采取不一样的领导方式。可能有的领导者不放心各地分公司的情况，分公司不论有什么事都要经过总公司的批准，这样导致分公司做事束手束脚，总公司的员工又过于繁忙。

如何解决这个问题呢？统盛－普连德公司采取了“大权集中，小权分散”的做法。具体来说，总公司把投资和财务方面的两大关键权力掌握在自己手中。公司所属的分公司，只需要每年把财务报表和第二年的投资预算交给总公司，总公司的员工会对分公司一年的财务和投资进行检查，如果发现有不当之处，就让各公司拿回去进行修改。检查合格之后，分公司就要按这一年的预算来做。

当然，这些预算也不是不可变更的，只要在预算总额内，各分公司的主管还可以对预算内的金额自行调整。通常，分公司经理可对每一个预算项目增减 10%，如果数目超过 10%，则必须经过高一级主管的批准。这样既保证了分公司的自主性，也保证了总公司对分公司的管理。

该公司建立了一项十分有效的管理控制员制度，对分公司的管理，尤其是财务方面进行监督。这些管理控制员在执行任务时，都得到了总公司董事会的全力支持，他们对各公司的间接制造费用、存货和应收款等特别注意。而一旦发现任务有不正常的迹象，就立即报告总公司，由总公司派人进行处理。各分公司每个月的财务报表必须有管理控制员的签字，才能送交董事会。

公司虽然在投资和财政方面管得比较严格，但是在其他方面分公司拥有更多的自主权。统盛－普连德公司的领导者认为没有必要把所有的事情都抓着不放，聪明的领导者不会事无巨细，统统揽在自己一人身上，他会给下属分权，让下属发挥其聪明才智，为企业出谋划策，促进企业的发展。

“大权独揽，小权分散”，是统盛－普连德公司实行分权管理制度的成功经验，也是现代团队管理中实行的一项有效办法。聪明的领导者要学会使用人，减少自己的负担，领导者不必所有的事情都要亲自过问，只需要学会管理别人，让别人帮助你的企业不断地发展。

领导者应该知道公司的要害部门要直属，公司的关键大权要掌握在自己手里。其余的权力能放则放，只有这样，上下级才能劳逸平均，各得其所，也各安其职。这样，个人的积极性、创造性就调动起来了，同时又不会发生权力危机。员工的个性得到了展现，公司的利益也不断增长，达到了双赢。

总之，合理的授权是激励员工成长的最好的方法之一。授权为员工提供了学习的机会，还可以不断地激励员工的进取心，使员工获得工作的满足感。当领导者将一份工作交给某人之后，这个人会在心里感激领导者，觉得这是领导者对他的信任，这有利于员工建立自尊，激发员工的战斗力，不断地为公司服务。

管理心理学启示

领导者的时间是有限的，如何才能够在有限的时间之内发挥出更大的效果呢？这就需要领导者懂得合理安排自己的时间，抓大事，放小事。学会合理地授权。

授权最大的益处就是可以节省时间，作为领导者，有很多的事情需要你去把握和处理，在工作中，你经常会有觉得时间不够用的时候，这时候领导者可以适当地将一些小事情交给员工去办，自己学会统筹管理。这样做，既可以减少压力，也可以提高工作效率。

005 不要神化自己，偶尔暴露一下自己的缺点

俗话说："树活一张皮，人活一张脸。"每个人都是好面子的，在企业管理中也不例外。在与员工打交道的过程中，很多领导者往往竭力掩饰自己的缺点，以便在员工面前树立一个"高大全"的形象，但是他们却没有发现，刻意地美化自己的形象会使员工内心变得不舒服，甚至拉远领导者和员工的距离。

"金无足赤，人无完人"，每个人都不是完美的，领导者自然也不例外，作为领导者不能一直高高在上，神化自己。这样只会拉开自己与员工的距离，引起员工的反感。所以，在员工面前。也可以偶尔暴露一下自己的缺点。

大多数领导者都很担心暴露自己的缺点，因此尽量把它隐藏起来，不让别人知道。面对缺点，大多数的人不能够坦然面对，更谈不上主动暴露了，这更是难上加难。其实，能够主动暴露自己缺点的人更有自信，更容易取得成功，而想方设法隐藏缺点的人，也就是不敢正视自己的人，是很难取得成功的。

现实中的许多人，都认为主动暴露自己的缺点是一件非常难堪的事情，有的时候为了能给别人留下好的印象，不仅隐藏自己的缺点，还要自吹自擂，把自己形容得像花儿一样，这样的人，很容易让人产生反感的情绪。做人就应该实事求是，将事实还原给大家。将自己的缺点告诉大家，

这是一种自信的表现，这更容易赢得别人的信任。

作为领导者主动暴露缺点，可以拉近与员工的距离。让员工知道领导者也是一般人，也需要员工的帮助和支持，让员工知道，你其实很谦虚，你希望向他们学习。他们会明白领导者没有把员工当做是外人，竟然敢把缺点赤裸裸地展现在员工的面前。这样就可以得到员工的信任和认可。而且，这样一来，领导者的个人魅力也会一下子增强，领导力也会增强。

众所周知，迈克尔·乔丹是著名的篮球运动员，也是他整个球队的领袖和核心。他被誉为“世界篮球巨人”，他的发挥会影响到整个团队的输赢，当然他也创造了许多无人能及的记录，一直被人们敬佩。许多篮球爱好者都视他为偶像，篮球运动员都以达到他的成就为目标，就连乔丹的队友都认为他是一个神话般的存在，乔丹仿佛被大家神化为了无所不能的球星。虽然他的成就很大，但是他自己从来没觉得自己有多么了不起。

乔丹效力于芝加哥公牛队，他曾带领全队拿到过多次的总冠军。但是他心里清楚，如果芝加哥公牛队想要继续拿到冠军，就必须推翻“乔丹偶像”这一旗帜。来证明公牛队不是他一个人的球队，而是整个团队的球队。

乔丹的一名队友叫做斯科蒂·皮蓬，也是 NBA 著名的球星。皮蓬的球技也很棒，但是人们对乔丹的追捧更加热烈，此时皮蓬的心里肯定不好受，或多或少会有些心情低落。为了缓解皮蓬失落的心理，也为了全队的团结，能够再次获得总冠军，乔丹主动向皮蓬暴露了自己的缺点，并且指出了皮蓬的优点，这增强了皮蓬的自信心，促进了全队的默契。

在一次训练的过程中，乔丹主动地找到了皮蓬，并且和他聊了起来，他问皮蓬：“你说咱俩谁的三分球投得更准一些。”皮蓬毫不犹豫地说：“那还用说，当然是你啦。”“不，是你！”乔丹非常肯定地说。“虽然我投 3 分球的命中率比你高一些，但是你投 3 分球的动作比我规范、自然得多，在这方面，你的天赋远胜于我，我相信你以后还能做得更好一些，而我投 3 分球的这个缺点，也必须要改一下。”

乔丹接着说：“我扣篮的时候习惯性地用右手，因为我左手扣篮的能力不好，这是我的一个缺点，而你左右手都可以扣篮，甚至左手比右手还要出色。”这些细节就连皮蓬自己都没有发现，乔丹的一番话让皮蓬的团队协作意识越来越好了，他和乔丹的关系也变得非常融洽。正是这样，才成就了NBA历史上的“公牛王国”。

每个团队的领导者都希望自己的手下都是精英，这样企业才能在员工的推动下不断地向前发展，才能获得更大的提升空间。因此，领导者们，不如学习一下乔丹的做法，主动暴露自己的不足，肯定别人的闪光点，或者出一点小洋相，向员工表明自己并不是一个高高在上、十全十美的人。这样就可以拉近与员工的距离，让员工产生更多自信。

管理心理学启示

领导者也是人，身上也会有缺点。如果这个缺点很难改过来的话，与其一味地逃避，不如坦率地自我曝光。约翰·罗宾逊曾说过：“我们应该提醒自己，除了拥有显赫的头衔之外，其实我们跟其他同事和部属毫无区别。”这样员工反而会觉得你为人坦荡，平易近人。这样做还会让员工明白，领导者虽然很优秀，但是却不完美，也存在缺点和不足，也希望得到大家的帮助，和广大员工共同进步，由此领导者便在员工心中留下了真实、亲民的印象。

但是，领导者在暴露自身缺点的时候要有所选择，对于那些致命的缺点，千万不能说出来，主动暴露出来的缺点，应该是无关紧要的，或者挑选从某种意义上可被视为优点的“缺点”来公开。

006 拉不下面子，是管理者的大忌

多数领导者，都有些高高在上的样子，不去采纳那些员工的意见，不与他们交流，总是独来独往。其实，领导者应该拉下面子，去旁听员工们

的建议。如果想对事实客观全面地掌握，就必须采取正确的意见。管理者就应该放下架子，采取能者的建议，做到善于倾听。

首先，要多多交流，建立交流信息的渠道。“兼听则明”的道理表明，应该从多方面采取有价值的信息，所以必须要有不同的信息渠道，因此与他人建立良好的合作关系就显得异常重要了。

然后，思考问题应该从多个角度入手。在整个决策过程中要做到“兼听则明，偏信则暗”，而且在决策关键时刻更要进行深入思考，这样才能获取精准的信息，从而掌握事物的具体性和真实性。

优秀的领导者都有自己的情报网络和畅通无阻的沟通渠道，这样就成功地避免了误听那些虚假、错误的信息。

1984 年，当时的宏碁公司已经非常有名望，公司董事长兼总经理施振荣的管理方法很独特。他采取放权的办法，实行“快乐管理”，保证员工的利益，在乎员工的感受。员工们对施振荣的管理也十分满意，对公司的印象也很好。

这时，在美国 IT 界有一定名望的刘英武出现在了施振荣的视野中。施振荣希望能够用美国渐进的管理方法，让自己的企业能够更上一层楼，便花重金聘用刘英武来自己的公司。

当刘英武来到宏碁公司之后，施振荣对他十分放心，一直相信他能够为宏碁公司带来不一样的生机。因此，他便把所有的权力都交到了刘英武手中，期待对方能够给公司带来不一样的变化。

当刘英武一上台，便改变了原来的制度和做法。首先，他放弃了公司长期实行的“快乐管理”，采取了高度集权的模式，独断专行，不允许其他的员工发表任何不一样的意见。同时，不管是否合适，就急忙地将 IBM 的企业文化精髓灌输给宏碁，他召集所有的经理人开马拉松似的会议，但不让人们发表任何建议，只是听从他的言论。结果，这样独断的做法，遭到了大部分员工的反对，许多员工对他的管理能力产生了质疑。不仅如此，他还做出了一系列失败的收购方案，让公司蒙受了巨大的损失，也让员工议论纷纷，人心涣散。

这时，施振荣的妻子叶紫华发现了其中的问题，希望丈夫能亲自出面解雇刘英武，可以减少公司的一点损失。但是，施振荣却拉不下面子，认为刘英武是自己花高薪聘请过来的，如果自己解雇他，会遭到其他人的非议。因此，他为了面子拒绝了妻子的请求。施振荣后来回忆道："我的妻子批评最多，我们总是争吵。我知道公司陷入危机，但总得给别人机会，所以我支持刘英武。但她听到的是下面经理们的抱怨，并且感觉到公司即将被榨干血汗。"叶紫华也承认："施振荣没有看到真相，所以我随时都和他争吵。"

后来，随着时间的发展，施振荣终于发现了其中的问题。于是，他听从了妻子的建议，拉下面子辞退了刘英武。

在管理中，面子并不重要，重要的是利益。有时候，领导者不能只考虑自己的面子，而应从公司的角度出发进行取舍。作为一名优秀的领导者绝不能好面子，这只会让你陷在失败的漩涡中不能自拔，因此招来无尽的麻烦，让企业错失发展的好机会。

上面的案例中，施振荣因为好面子不辞退并不适合宏碁公司的刘英武，使得公司发展错过了许多好机会，而且还影响了队伍团结，让员工对公司产生了消极的思想。长此以往，必然导致人心涣散，人才流失。如果施振荣提早听从妻子的建议，那么宏碁公司会减少更多的损失，企业也会抓住当时的机遇，走得更好更远。

管理心理学启示

中国人爱面子，做老板的更好面子。但是应该明白放不下面子是所有领导者的大忌。如果你没明白这个道理，还要死撑着，最后吃亏的总是你。这样不仅浪费时间，要让自己心力交瘁，这又何必呢？而且，这种"放不下面子"的人，也可能会造成公司的业绩直线下降。结婚选对象，都讲究门当户对，而公司也有门当户对这一说法。如果员工不认同企业的价值观，再优秀的人才也不能录用。

007 常对下属说：你的工作很重要

在一个公司中，无论是哪一个岗位上的工作，对实现公司发展目标都是很重要的。对于这种岗位及工作的认识程度，体现了公司领导者的水平，反过来也影响到员工的心理认同，以及对领导的心理认知。

在某个大公司的会议上，一个部门经理提到："现在的年轻人大多忽视了公司与社会的关系，若要他们了解工作的重要性，那简直是对牛弹琴，不如加强福利设施更有效果。"这样的理解其实是不对的。有一些人就说："我干了这一段时间，才明白工作的重要性，也就越有决心做好。"这是员工的感受，领导者不能不有所体察。

因此，领导者必须让员工了解到工作的重要性，领导者也要体会员工工作的重要性，进一步地了解、倾听他们的意见，经常与之交流、讨论。如果你这样做了，相信许多员工都能认识到工作的重要性，并且努力工作。

除此以外，对于这些员工，领导者应该做的就是调动他们对工作的积极性，并且让他们更加确定这样的目标很适合他。如果想让这些员工在下一个项目中显现出巨大的热情，为了说服他们，可以这样提问："当你为了生活而劳作时，每个人都认可的是什么?"大多数的人都希望一份愉快、具有难度的工作。于是，领导者可以通过做思想工作唤醒人们对工作更高的期待。

史克威尔公司是日本电脑游戏软件顶尖的制造商，它制造的游戏软件用在索尼公司的电脑游戏机上。这些产品不仅具有高质量，而且还十分畅销。在日本，如果软件的销量超过 30 万张，就属于畅销软件了，史克威尔公司的 14 种软件的销量达到了 100 万张，而 SQUAREVII 软件的销量超过

300 万张。这样的销量证明了史克威尔公司软件受到了大众的欢迎，非常有市场。那么，史克威尔公司是凭什么取得这一成就的呢？

显然，史克威尔公司的成功来自多方面，其中绝对离不开优秀员工的辛苦工作。员工在史克威尔公司非常自由，公司的办公大楼宽敞明亮，功能齐全。公司鼓励设计人员彼此之间共享信息和思路，整个团队非常和谐。管理者从不干涉设计人员的活动，他们可以随意参观博物馆、逛公园，以便激发出新思想的火花，然后，带回新思想，与同事们一起辛苦努力，把这些新思想变成游戏软件。

史克威尔公司的领导者经常鼓励设计人员，强调他们的工作是多么重要。这种重视和赞扬不仅体现在口头上，还有物质上的奖励，让员工感受到企业和领导者的关爱。例如，一旦软件设计完成，准备投放市场和出售，公司会给设计人员安排两个月时间进行休假。在史克威尔公司，设计人员的报酬与他们设计的软件的销售额挂钩，公司还为他们安排由公司付费的出国旅游。这种活动在日本并不多见，但史克威尔公司的领导者认为这十分合适，因为没有什么工作比设计人员更重要了，这是他们应该得到的回报。

今天，史克威尔公司的业务越做越大，这与领导者对员工的看重有着密不可分的关系。

一些员工会接受一种劝告：“这个新的计划代表着我所渴望的那种工作，是那种能让我星期一早晨起来时面带微笑，渴望上班的工作。”这是最安全的劝说，因为某些员工渴望一模一样的东西。

对领导者来说，他们需要明白怎样赞扬那些努力工作的员工。为此，注意对员工加强物质与精神激励就显得非常重要了。每个人都希望自己能够被别人认可，都希望能从别人的口中听到赞美。因此，领导者决不能将自己的话都藏在心中，这样会使员工泄气。因为大多数人会因为得不到关注而丧失信心，从而打消工作的积极性。

因此，领导者在公司遇到员工，一定要注意和员工打招呼，让对方看到自己和蔼的一面，拉近与对方的距离。作为一个团队的掌舵人，有必要扮演好伯乐的角色，及时给予众人赞扬和赏识，让优秀的人才在更大的舞台上施展才华，不断地成长进步，公司也会因此日益发展壮大。

管理心理学启示

尽管在你的公司里，有些员工在那些不重要的职位上，看起来没有实际价值，那也不能随意否定他们的价值。就像一棵槐树那样，即使不能结出果实，也不能把它作为木材送给人们。因为它能让过路的人遮荫，这也是一种价值啊！作为领导者，你要做的事情就是对员工们说："你的工作很重要，公司不能缺少你。"这样才能激发出员工们的斗志，使他们更加积极地工作。

008 慈不掌兵，管理就要稳准狠

在商场上没有人相信眼泪，成王败寇的道理同样也适用于商场。市场风云变幻，如何才能够让自己立于不败之地呢？在组织管理中，如果老板能够做到果敢坚毅，身体力行并且不断地督促员工，建立一套严格地连管理者自己也要遵守的规章制度，并且在管理员工上做到"稳准狠"，那么就容易把各种问题处理得妥妥当当，展示出应有的威信与领导气场。

《孙子兵法》有言："厚而不能使，爱而不能令，乱而不能治，譬若骄子，不可用也。"这句话告诉我们，作为一名领导者可以有慈爱之心，但是一定要用到该用的地方，而且不能仁慈过度，以至于失掉自己的威信，不能够让员工信服，失去惩罚的魄力。

万通控股董事长冯仑曾经这样说："一个公司要成长、要发展，老板必须要狠，管理上要狠，战略上也要狠。狠，不是不讲理的成长，而是指内心的一股劲，是内心的挣扎和抗争，以及向上的一种力量。"作为管理者一定要有大局意识，一切有可能影响企业发展的情况都要尽力避免。因此，对待员工也要严格，树立起让员工时刻遵守的规章制度。

虽然管理者需要稳准狠，但是也要学会根据实际情况来办事。对于一般的错误，管理者不需要过于紧张，只需要按照规章制度给予警告和批评就可以了，帮助他改正这些小错误，并且在错误中成长，这样管理者的目的就达到了。犯小错误，管理者能够及时对他进行帮助和指导，帮助员工不断成长。但是，有些错误是不能够被原谅的，例如人品不正，做事不正派等问题，管理者必须要严格对待，绝不能心慈手软，任其发展。因此，对员工犯的不同的错误，根据企业的规章制度，领导者能够根据不同的情况采取不一样的方法，纠正现实中的错误，从而在员工中树立威严。

当然，我们在这里所谈到的“稳准狠”并不是任意为之，而是指能够有计划有目的地进行管理。在管人管事的过程中，企业要有自己的核心价值观，要有自己的规矩，企业的每一步扩张、每一个决定，都要经过深思熟虑。这样，才能慢慢实现多元化经营，才能一步步发展壮大。

在《左传》中记载了这样的一个小故事。孙武想要得到重用，便去见吴王阖闾，向他阐述了自己带兵打仗的军事理念，并且说得头头是道。吴王心想：带兵打仗可是大事，不能纸上谈兵，这需要想个难题来考考他，考验一下他的军事水平。于是，吴王让孙武操练他的嫔妃和宫女，并选了100 名宫女，还让两位嫔妃当队长。最后提出，孙武必须把她们训练得像士兵一样，周围的人都觉得这是不可能完成的任务。

任务开始后，孙武清清楚楚地将训练要领告诉了她们。可是等到正式喊口令的时候，这群女人没有一个人认真练，都是哈哈大笑个不停，没有人把训练当回事，场面十分混乱。吴王心想，孙武果然只是个纸上谈兵的家伙。

这时，孙武十分生气，而后严厉地说道：“这里是演武场，不是王宫；你们现在是军人，不是宫女；我的口令就是军令，不是当做玩笑。你们不按口令操练，两个队长带头不听指挥，这就是公然违反军法，理当斩首！”

说着，便下令将两个嫔妃处死了。这时，场面变得极其安静，没有一个发笑的宫女了。

随后，当孙武再喊口令时，宫女们都十分认真，步调十分整齐，动作统一，好像真的像是军人一样。这时，孙武请吴王来检验操练结果。看过之后，吴王深有感触地对孙武说："先生的带兵之道我已领教，由你指挥的军队一定纪律严明，能打胜仗。"

孙武之所以能够将宫女训练成军人一般，就是因为他要求严格，从立信出发，换得了军纪森严、令出必行的效果，让宫女折服在他的威严之下。

做人难，做个优秀的管理人才更难。在管理人才上，一定要坚持的原则就是"稳准狠"，切记慈不掌兵。领导者必须在下属面前树立起威严，对方才能够不打折扣地完成你交代的任务。

如果对待员工太温柔，那么对方就会逐渐对领导失去敬畏心理，乃至上司发出的命令也不会马上完成。如果发生这种情况，那就证明了领导者的无能。由此可见，千万不能让仁慈破坏了你的管理之道。

在企业里，必须要狠下心来管理，孙武就是用稳准狠的办法，将宫女操练成士兵。作为领导者如果学会这种才能，那么团队管理水平一定会更上一层楼。

管理心理学启示

管理者的责任就是促进企业不断发展，创造更多效益。因此，在日常管理事务中，一定要按照规章制度严格要求，绝不能对犯错误的员工不闻不问，任其发展。否则，让公司的制度形同虚设，给公司造成不利的影响。一旦引发管理失控，会给公司发展造成巨大损失。

事实上，公司的发展离不开制度，只有将制度真正地落实，才能够达到为公司服务的目的。"慈不掌兵"是治军理国的大智慧，同时也是管理员工、促使制度落实的好方法。管理者应该把这句话作为自己的座右铭，让这种意识深深地刻在自己的心里，只有这样才能管好员工、治理好企业。

009 自己“出众”才能“服众”

孔子说：“其身正，不令而行；其身不正，虽令不从。”作为领导者，本身要拥有过人之处，才能让手下的员工信服。只有领导者注重个人修养，不断地加强自身建设，以身作则，才能成为合格的带队人，进而在员工面前树立威信。

为此，不仅要通过作报告、演讲等形式来说服员工，更要以身作则、严于律己，为员工树立榜样。领导的一个重要原则是“言传身教”，因为领导者每天的言行都被员工等其他人看在眼里，并受此影响反映到日常工作中去。显然，领导者表现卓著，一定能最大程度上调动员工的积极性。

此外，领导者自身的才能也是吸引人才的重要手段之一。有才能的领导者会让更多的人才聚集，并且带领他们组成一支团结的队伍，不断地向前发展，虽然领导者的才华在企业发展过程中占有重要地位，但是大多数的管理者都没有注意到这一点。遇到一点事情，总是习惯性地把责任推给他人，把公司的事物都交到员工手中，自己只负责检验别人的成果。其实，关键时刻需要领导者展示自己的才华，并令众人信服。

有一句话叫做“善为人者能自为，善治人者能自治。”领导者首先要拥有一身“硬本领”，然后还需要高超的管理技术，才能带领公司在激烈的竞争中立于不败之地。显然，只有管理者“以身作则”才能建立起人人遵守的工作制度，调动员工积极性，不断地为公司的发展而努力。

前日本经联会会长土光敏夫，是一个非常令人敬佩的企业家，其经营方法依旧被人们模仿。土光敏夫出色扮演了领导者的角色，而他本人也是非常出众的，因此在团队管理中更容易令人信服，实现了“服众”。

1956年，土光敏夫出任东芝电器社长。当时，东芝电器在业内很有名，吸引了各种人才，公司内人才济济。但是，由于员工众多，组织也比较复杂，所以导致当时的管理十分松散，大家不能全身心地投入到工作中，效率十分低下。

土光敏夫上台之后，马上发现了这个弊端。随后，他提出了一个口号："一般员工要比以前多用三倍的脑，董事则要十倍，我本人则有过之而无不及。"就这样，他以身作则，以此来激励员工，重新建立企业制度。

只有自己做到了，才能要求别人，别人才能做到。每天早上，土光敏夫都提前半小时到达公司，并且空出七点到八点的时间召集大家一起动脑思考公司的事情。土光敏夫还非常提倡节约，为了杜绝浪费，还借着一次参观的机会，给东芝的董事上了一课。

有一天，东芝的一位董事想参观一艘名叫"出光丸"的巨型油轮。由于土光敏夫已经看过了，因此决定为这位董事带路。到了约定的那一天，土光准时到达约定的"樱木町"车站，这位董事随后驾车赶到。接着，董事非常抱歉地说："社长先生，抱歉让您久等了。我看我们就搭您的车前往参观吧！"原来，董事以为土光也是乘公司的专车来的。

土光面无表情地说："我并没乘公司的轿车，我们去搭电车吧！"董事当场愣住了，羞愧得无地自容。原来土光为了杜绝浪费亲自以身作则，不使用公司的车，而乘电车，这件事立刻传遍了整公司，上上下下立刻心生警惕，不敢再随意浪费公司的物品。由于土光以身作则点点滴滴的努力，东芝的情况乃逐渐好转，从而改变了制度混乱的局面。

作为领导者，不仅要领导员工，还要给员工做榜样，用自己的行为去感染员工，让大家心生敬畏，服从上层的指挥，而没有任何怨言。所以，领导者一定要在平时的管理中注意自己的一言一行，注意在员工面前保持威严。

最有效的领导方法就是以身作则，领导者用行动去影响员工的行动，经验表明，只有这样才是最有说服力的。领导者本人出众，更容易发挥示范和带头作用，更能对团队成员起到引领作用。说到底，这种管理之道在于影响员工的心理，从而让领导者本人更有威信，最终激发整个团队的战斗力和激情。

管理心理学启示

实干永远比口号更具有煽动力。领导者不应该将自己的注意力全部集中到权力上，更应该学会提升个人素养与才干，去影响身边的人。优秀的管理者一定不会一味发表长篇宏论、沉醉于表演作秀之中而无法自拔，而是高标准地遵守组织的各项规定，并做得更好。领导者是一个团队的“领头羊”，以身作则的力量会征服人心，能把各类人才聚集到一起，释放出强大的力量。

第八章
DI BA ZHANG

留人心理学：感情投资，用“仁爱”留住人心

“情感管理”在管理人才的去留上发挥着重要的作用。为了留住更优秀的人才，领导者在日常管理中要注意加入情感投资，这是最能体现领导者亲和力的一种方式，可以最大程度俘获人心，激发员工的热情和积极性。经验表明，情感投资在企业管理中非常重要，这种管理方式能够让你通过员工细微的心理变化掌控团队，让管理变得轻松和简单。

001 角色理论效应：让他感知到自己的价值

在企业发展的过程中，每一个员工都扮演着相应的角色。并且，只有每一个人都扮演好自己的角色，整个团队才会生机勃勃，各项工作才能有条不紊，企业才能高效运行。

随着工作时间的推移，原来的激情没有了，这种厌倦心理会让员工产生离职的想法。这时候，管理者就有必要用角色理论说服对方，让他感知自己的价值以及后期即将得到的回报。如此一来，就能帮助员工调整工作状态，及时唤醒工作激情，使其取得新的业绩。

每天在员工餐厅，都可以看见索尼董事长盛田昭夫和员工一起吃饭、聊天，这是一直以来他都保持的习惯。显然，这样做是为了培养与员工的良好关系，以及提升彼此的合作意识，从而让大家感知到自己的价值。

有一次，盛田昭夫看见一个员工满怀心事，郁郁寡欢。然后，他主动坐到了这位员工的对面，与他交谈。几杯酒下肚之后，这个员工开始说话了："我在东京大学毕业，在没进入索尼以前，我有一份待遇十分优秀的工作，那时我早就对索尼崇拜得发狂。我认为，进入索尼是这一生中最明智的选择；但是，没想到我现在是在为科长工作，而不是为索尼工作。

"直白地说，这位科长很无能，更遗憾的是，我所有的建议和行动都必须经过科长的同意。并且，我的小发明与改进，科长不但不支持我，不理解我，还说我癞蛤蟆想吃天鹅肉，野心大。这位科长就是索尼的代表，我十分无奈，心灰意冷，难道这就是我想要的索尼吗？我开始怀疑，进索尼是对还是错。"

这位员工说的话令盛田昭夫十分惊讶。他在想，这样的问题公司内部或许还存在，并且不少。领导者应该关心他们的烦恼，理解他们的处境，不能阻碍他们前进。然后，盛田昭夫在索尼就开始了改革人事管理制度。每周，索尼公司会出版一次内部的小报，每个员工都有机会自由地去秘密应聘。他们的上司没有权利干涉，并且每两年换一次他们的工作岗位。对那些精力旺盛的人来说，他们不会被动地接受上司的工作，而是主动地施展才能，从而让个人价值得到体现。

在索尼公司的这种制度实行后，很多有能力的人都找到了自己满意的岗位。并且，人力资源部门可以看出那些无能上司的“才能”，避免了庸才领导延误公司发展。

如果每个公司的管理者都能够有这种魄力，那么员工就更容易找到属于自己的职位，快乐地在适合自己的职位上工作。如此一来，员工内心必然会对公司产生感激之情，他们也会将这种感激之情回报在自己的工作中，更加卖力地为公司做贡献，绝不会有怨言。

具体来说，想要让员工感知到自己的价值，让他们安心工作，做到以公司为家，就要做到以下几点：

第一，树立高端的企业文化。现在的许多企业，也会像政治团体或者是宗教组织那样，提出一个让大家共同奋斗的目标，为他们树立共同的价值观，培养他们的敬业精神。这被称为“企业文化”。树立高端的企业文化可以让员工在追求目标的过程中找准自己的定位，感知自己的价值，不断地追求进步。

第二，用工作激发员工的热情。工作的意义比单纯地物质奖励更能调动人们的热情，换一个角度看这个问题，工作的意义也可以说是另一种“福利待遇”。它不同于员工的工资、福利这些待遇，精神待遇更能促进员工自身的增值，也有助于他们意识到自己的价值。

第三，让员工随时看到工作的成果。有一位心理学家曾经做过一个实验，目的是为了证实工作成果对人工作效率的影响。他雇了一名伐木工人，先让他用一把锋利的斧头砍树。结果，那个伐木工做得又快又好。后来，又让他用斧头的背来砍一根木头，并且干活的时间照旧，但报酬加倍。但是，没干一会儿，伐木工人扔掉斧头说：“我看不到木片飞出来。”“飞出的木片”即下属工作的成果，是每位下属证实自我价值的直接体现。显然，这一点无法实现，工作的积极性就会大打折扣。

管理心理学启示

很多领导者认为，员工如何看待自己的工作并不重要，重要的是工作成果和工作效率。并且，员工只需要完成好领导者布置的任务就可以了。结果，他们总是采用强制或者晋升激励等老办法管理团队。然而，越来越多的事实表明，那样做并不能取得良好的预期效果。

人只有相信自己做的事有意义、有价值，才会产生极大的工作驱动力。心理学家马斯洛在《论管理》一书中就曾提到：“不值得做的事，就不值得做好！”因此，要想把一个企业领导好，就必须懂得让员工看到自己的价值，满足其心理预期，从而提升管理效能。

002 假如成员对领导者说“我想跳槽”

自古以来，人才就是财富，是在竞争中取胜的法宝。人才的流失就是企业最大的损失，在现代社会中，跳槽已经成为中国企业必须面临的一种现象，每一个企业都无法避免。如何面对员工的跳槽问题，已经成为了领导者的“必修课”。假如有成员对领导者说“我想跳槽”，领导者该怎么应对呢？

首先，要立刻做出反应，从而向员工表明对这件事的重视，让员工获得被重视的感觉。这样做，有助于在员工下定决心之前尽最大努力挽回，并且成功的机会更大一些。

接着，封锁员工跳槽的消息。只有在其他人都不知情的情况下，这位员工反悔才会避免尴尬，领导者劝说成功的消息也就大一些。

当双方都静下心来之后，领导者要认真倾听员工的心声，找到员工离职的主要原因。然后对症下药，并制定一个成功挽留的方案。针对员工产生离职想法的问题，可以提出切实的解决意见，还要使员工认识到，他对别家公司的种种好处看法不切实际，让员工回心转意。

事情解决到这里，并没有结束，还有最重要的一步，那就是领导者从这一个事件联想到其他员工，想一想以后还会在那个地方出问题，一定要防范于未然，提早解决。

大家都知道，三国时期的刘备是一个爱才之人。为了请诸葛亮出山，他可以拉下面子三顾茅庐，最后终于打动了诸葛亮，让对方成为自己的军师，为日后的政权建立、巩固做出了巨大贡献。那么，是谁向刘备推荐了诸葛亮呢？这就涉及刘备的另一个故事。

三国时期的徐庶也是一位谋士，是刘备最爱惜的人才之一。一段时间里，他一直为刘备出谋划策，并得到了重用。徐庶帮助刘备取得了很多的胜利，刘、关、张桃园结义，经历了大小数百战，仍颠沛流离，后来幸亏遇到了徐庶，才扭转了形势，重创曹军，得到了喘息的机会。

曹操知道了徐庶是一个不可多得的人才，就想方设法地想要得到他，但是徐庶非常忠心于刘备，因为他知道刘备是一个爱才之人，因此丝毫不被曹操的各种手段所迷惑。曹操用正经的方法招不到徐庶，便采用了卑鄙的方法。他将徐庶的母亲抓起来，并以此威胁。最后，徐庶面临着忠孝不能两全的问题，左右为难。刘备听到这个消息内心也很伤悲，但是为了徐庶的孝心，必须放徐庶走。

第二天，刘备为徐庶摆酒饯行。等到徐庶上马时，刘备又要为他牵马，将徐庶送了一程又一程，不忍离开。徐庶走远之后，刘备又令人砍掉了前面的树林，因为它挡住了视线。结果，徐庶又折回来了，并为刘备推荐了诸葛亮，且终身不为曹操出谋划策，真正做到了身在曹营心在汉。

正是因为刘备的情感挽留法，使徐庶深刻体会到了刘备对自己的爱惜之情。也正是被这种情谊所打动，徐庶虽然迫不得已选择了离开，但是仍旧在内心为刘备着想。显然，刘备能得到徐庶这样的回报，离不开出色的人才经营术。

想要留住人才，防止员工跳槽，就要了解人才跳槽的原因。概括起来，员工跳槽的原因通常有以下几种情况。

第一，更高的薪水诱惑。“人往高处走，水往低处流。”这是古时候就有的道理了，更高的薪水是员工跳槽的最大原因。

第二，领导者的原因。在跳槽的人才中，有许多人反映是因为领导者不公平。受到不公平待遇的员工自然无法继续为公司效力，只能另谋高就了。还有另外一种领导者，由于不守信用，办事欠妥，也容易导致员工跳槽。

第三，任人唯亲。由于私营企业刚开始大多都是家族企业，为了“安全”起见，使用的基本上都是与企业负责人有“血缘”关系的“自己人”。因为任人唯亲，所以有才华的人才感到前途渺茫，不得不“逼下梁山”，一走了之。

根据以上跳槽的原因，领导者可以对症下药。当员工对他表明跳槽的意愿的时候，大可不必慌乱，只要能找到相应的解决办法就可以了。

管理心理学启示

现代企业的核心竞争力往往是由企业所拥有的人力资源所决定的，优秀员工的去留对企业具有举足轻重的影响，防止优秀员工跳槽是许多企业迫切需要解决的问题。留住优秀人才，不应该从一方面入手，要从多方面着手解决，还必须要有针对性。

其实，许多人才跳槽都是因为别的公司提供了更好的待遇，在这种情况下，员工总是喜欢编一个理由来应付领导者，这时就需要领导者与他进行深入交流，了解他内心的想法，制定有针对性的方案来留住人才。

003 当留则留，当弃则弃

当今的商场是残酷的，一不小心就直接被淘汰。由于激烈的竞争，慈善行为生存的空间是有限的，领导者不可能总是宽容能力差的人。在一个企业当中，每一个员工的水平都是不一样的，每一位领导者都希望员工是高水平的，唯有此才能保持强大的竞争力。因此，面对人才的去留问题，决策者务必要果断做决定，当留则留，当弃则弃。

在任何一个企业，没有员工是完美的。如果一个人因为经验不足等客观原因导致犯错误，领导者可以宽容他，并且引导他，使其逐渐变得成熟、有责任心。然而，遇到一个根本不中用的人，无论多么努力教导他都无法胜任工作，就应该立刻给予解雇。只有这样，企业才能步入良性发展的轨道。

企业中的每个员工的水平是参差不齐的，因此领导者应该通过日常的工作，了解每一位员工的水平。而在决定人才去留的关键环节，则要做到“当留则留，当弃则弃”，不能有一丝含糊。

有一家外贸公司的老板要出差到美国去，而且要在一个国际性的商务会议上发表演说。他身边的几名要员都忙得头晕眼花。在临行的前一天，他分别向张扬和李一两位主管布置了一项任务，张扬负责演讲稿的草拟，李一负责拟订一份与美国公司的谈判方案。在老板出国的那天早上，各部门主管都来送行，有人问张扬：“你负责的文件打好了没有？”张扬睁着惺忪的睡眼说：“我熬不住睡觉去了，我负责的文件是以英文撰写的，老板看不懂英文，在飞机上不可能复读一遍。待他上飞机后，我回公司去把文件打好，再电传过去就可以了。”

转眼间，老板驾到，第一件事就是问张扬：“你负责预备的文件和数据呢？”张扬按他的想法回答了老板。老板听后脸色大变：“怎么会这样？

我计划利用在飞机上的时间，与同行的外籍顾问研究一下报告和数据，以免浪费坐飞机的时间!”听到老板的训斥，张扬的脸色一片惨白。

到了美国后，老板与外籍顾问一同讨论了李一的谈判方案，整个方案既全面又有针对性，既包括了对方的背景调查，也包括了谈判中可能发生的问题和策略，还包括如何选择谈判地点等很多细致的因素。李一的方案大大超出了老板和众人的期望，谁都没有见到过这么完备而又有针对性的方案。后来的谈判虽然艰苦，但因为对各项问题都有细致的准备，公司最终赢得了谈判。

老板出差结束，回到国内后，李一得到了重用，经常为公司做一些重要的事情。慢慢地，他逐渐成为公司的骨干，而张扬却被辞退了。

在用人上，领导者必须果断决策，不能有含糊。对那些不称职的员工，一定要当机立断辞退。当然，解雇员工对于领导者来说是一件头疼的事情，如果处理不好还会惹来麻烦。在此，不妨学习一下解雇员工的技巧。

首先，解雇一个员工需要有理有据，领导者可以故意为他寻找一份很难的工作，当他做不好时，就有了充分的理由来解雇他。

其次，对于忠心耿耿，但是又没有能力的员工，要采取一些人性化的措施。领导者可以交给他一些任务，给他一个表现的机会，让他知道自己错了，自己主动离开。

最后，通过暗示让对方主动辞职。解雇不称职的员工最好的方法就是让对方主动辞职，如果你能够付给优厚的解聘费，并帮助他寻找新的工作，你将获得他永久的好感。

总之，选拔人才的秘诀就是看他能为公司服务多少。只有为公司做出贡献，不断进步的人才能够留在公司；如果只想着在公司得到利益，却不想着为公司负责，那就不应该得到职位与发展机会。

管理心理学启示

有人做错就把他换掉，这么一来，将能轻松地将不胜任工作的员工淘汰下来。在解雇员工之前，要先给他几次警告，让他明确知道自己行为不合格，给他一次改正的机会，然后再见面的时候，指明他的行为仍不合格，将面临被解雇的危险。

一旦事已成真，面临解雇的员工会有许多的牢骚、怨恨、困难和不满要向你倾诉。此时，不要给予对方什么回答或承诺，即使同情对方的处境，也只能说：我只能，而且必须这么做，请谅解。

004 让有功之臣和平退出

在企业发展的过程中，总是有许多人对企业的发展做出了重大贡献。但随着时间的推移，这些人年纪增大，或者对企业的贡献逐渐减少，却在企业中占有重要位置。对此，领导者应该学会让这些有功之臣和平退出，既帮他们找到后路，也为公司完成人才更替。

不可否认，有功之臣在创业初期确实发挥了重要作用，但是随着业务日益成熟，企业不可避免地围绕着这些人产生一些矛盾。首先，这些有功之臣的创业热情逐渐减退，并认为已经到了享受胜利成果的时候，不再愿意继续为新的市场征战厮杀；其次，企业内山头林立，每个创业元老都占有一块自己的领地，不许其他人插手，部门之间分割严重；第三，新人无法融入到企业中来，企业人才的更新换代慢，创业元老们在维护自身地位的同时，也排斥新人的加入。

如果任由这种现象发展下去，这个企业必然会消失在“商海”之中。那么，领导者为了巩固自己的权力，该怎么办呢？

显然，领导者这时为了企业的发展一定要拉下面子，果断地收回有功之臣手中的大部分权力，为他们安排一个较高的空职。然后，还要马上寻找新的人才，融入新鲜的血液，带给企业新的活力。只有这样，人才才能不断地更替，才能为企业带来不一样的思想，使企业紧跟时代的脚步，走在时代发展的最前沿。

宋太祖赵匡胤刚刚当皇帝半年，便有2个节度使起义，这令他十分头疼。最后亲自出征，费了很大劲儿，才将他们平定。为了这件事，宋太祖心里总不太踏实。有一次，他单独找赵普谈话："自从唐朝末年以来，换了五个朝代，没完没了地打仗，不知道死了多少老百姓。这到底是什么道理？"

赵普说："道理很简单。国家混乱，毛病就出在藩镇权力太大。如果把兵权集中到朝廷，天下自然太平无事了。"宋太祖觉得赵普说的有道理。后来，赵普又对宋太祖说："禁军大将石守信、王审琦两人，兵权太大，还是把他们调离禁军为好。"宋太祖很放心地说："他们都是我的好朋友，也是帮助我打天下的人，是不会背叛我的。"赵普说："我并不担心他们叛变。但是据我看，这两个人没有统帅的才能，管不住下面的将士。有朝一日，下面的人闹起事来，只怕他们也身不由己呀！"宋太祖听了，觉得非常有道理。

过了几天，宋太祖在宫里举行宴会，请石守信、王审琦等几位帮助他打天下的老将喝酒。酒过几巡，宋太祖命令在旁侍候的太监退出。他拿起一杯酒，先请大家干了杯，说："如果没有你们帮助，我也不会有现在这个地位。但是你们哪里知道，做皇帝也有很大难处，还不如做个节度使自在。不瞒各位说，这一年来，我就没有一夜睡过安稳觉。"

石守信等人听了十分惊奇，连忙问这是什么缘故。宋太祖说："这还不明白？皇帝这个位子，谁不眼红呀？"石守信等听出话音来了，顿时慌了神，跪在地上说："陛下为什么说这样的话？现在天下已经安定了，谁还敢对陛下三心二意？"宋太祖摇摇头说："对你们几位我还信不过？只怕你们的部下将士当中，有人贪图富贵，把黄袍披在你们身上。你们想不干，能行吗？"

等听到这里，石守信等人感到大祸临头，连连磕头：“我们都是粗人，没想到这一点，请陛下指引一条出路。”宋太祖说：“我替你们着想，你们不如把兵权交出来，到地方上去做个闲官，买点田产房屋，给子孙留点家业，快快活活度个晚年。我和你们结为亲家，彼此毫无猜疑，不是更好吗？”

就这样，酒席一散，大家各自回家。第二天上朝，每人都递上一份奏章，说自己年老多病，请求辞职。宋太祖马上照准，收回他们的兵权，赏给他们一大笔财物，打发他们到各地去做节度使。

这就是历史上著名的“杯酒释兵权”的故事。宋太祖为了巩固自己的政权将自己的老部下，全部都打发走了，一举改变了不断有节度使叛变的情况。在现代企业中也是这个道理，领导者必须处理好与老员工的关系，不能让他们拥有太多的权力。为此，在组织权力分配上，领导者一定要把握好一个度，解决好“有功之臣”的后顾之忧。

让有功劳的人顺利退出，并且不引起矛盾和误解，确实考验领导者的智慧。在这里，把握好劝退者的心理预期，并满足他们的诉求，是顺利解决问题的关键。一旦处理好这个核心问题，非但不会引起对方的抱怨，还可能拉近彼此的距离，增进双方的情感。

管理心理学启示

每一个时代都会创造出一些“有功之臣”，但是随着时间的发展，“有功之臣”也会变成企业发展的绊脚石。因此，领导者绝不能因为历史而耽误现在，一定要根据实际情况来选拔人才，绝不能因为有功就让他们负责重要的工作，而让更多有才华的人失去公平竞争的机会。处理好“有功之臣”的问题，重点是从心理上进行安抚，并注意用感情投资拉拢人心。

005 留意员工的跳槽前兆

有时候，企业就好像是一个流动站，会有新员工进入公司，也必然会有老员工选择离开。虽然员工跳槽的事情不可避免，但是作为一名领导者，一定要随时了解员工的动态，留意员工的跳槽前兆，及时想出应对办法，将损失降到最低。

李伟大学刚毕业，在一家公司谋到助理一职。这家公司非常有名，给李伟的薪酬也十分可观。可是在工作的时候，李伟每天都郁郁寡欢，一到下班时间就迫不及待地离开公司，不愿多待一会儿。后来，甚至产生了跳槽的想法。

原来，李伟不开心的原因是很怕见到老板，不敢与同事交流。他说，老板的一张面孔好像你永远欠他钱似得。每次来到办公室，老板总是说“怎么，又没事做了”，或者问“最近你都在干些什么”。表现出一副不信任的姿态，这令人难以接受。

自从有了跳槽的想法之后，李伟就一直在找工作，有的时候在上班的时候会经常打电话。后来，老板也发现了这件事情，顿时感觉到了事态严重。其实，他一向认为李伟每天工作认真，而且效率也很高，准备对他委以重任。看到李伟有跳槽的想法，老板决心留住他。

有一天，老板把李伟约到一个安静的地方，问他最近是不是有什么困难，对公司是否有不满意的地方。李伟难得见到领导这样的热情，便把心中的想法都说出来了。随后，老板做了自我检讨，并许诺积极改正，还希望李伟留下来继续工作，并委以重任。最终，李伟被领导说服了，继续为公司工作。从那以后，领导者再也不是经常板着脸了，这让所有的员工都松了一口气。

事实上，员工的跳槽是再正常不过的事情，我们也不必过于恐惧。需要注意的是，不要因为自己的管理失误而导致员工非正常甚至是恶性地流失，以减少企业和店铺对人员招聘、培训的成本和负担，进而建立好一支稳定的员工团队。若有朝一日下属有意离开团队，你可千万别是最后一个知道的人。

作为一名管理人员，一定要通过观察下属平日的行为，来预防和处理好员工跳槽带来的负面影响。事实上，员工在准备跳槽的时候，会有许多不自觉流露出来的行为，只要留心观察就一定能够发现可疑之处。通常，这些行为与平常的行为举止不太一致，概括起来主要有以下几种征兆。

第一种，在公司接听私人电话的次数增多，经常在接电话的时候东张西望，声音很小，谈话的重点不让别人知道，恐怕被人听到什么内容。因为他不会在还没有找到新工作的时候就丢掉现在的工作。这时候，员工的心情也是较为低落的，领导一旦如果发现这样的情况，应该及时和这名员工进行交谈，帮助他解决生活上的一些难题。

第二种，经常请病假。现在以生病为理由请假的人也有很多，这里面一定有虚假的成分，跳槽的员工一定需要时间去面试新工作，所以会经常请假。当一名员工连续请了几次病假后，那你就要注意了，他是否真生病了，还是只是装病去应聘而已。

第三种，情绪 180 度大转变。如果这名员工在平时喜欢提出自己的想法，公开表达自己的意见，尤其是在会议上经常想出一些好点子。然而，最近他却沉默寡言，保持低姿态，做事情也缺乏干劲，常常给人心不在焉的感觉。这种情绪的低落状态极有可能因为他正好心事重重。作为领导者，不论原因何在，你都有必要表示一下关心。

总之，领导者一定要具有敏锐的洞察力，随时留意身边员工的一举一动。一旦发现员工有跳槽的前兆，就要及早采取挽留措施或安排接替的人手，以保证公司的正常运作。管理者也要在公司建立健全的用人制度，防止公司频繁发生员工跳槽的事件，影响员工的工作心态。

管理心理学启示

对于这些想要跳槽或者出现跳槽前兆的员工，企业管理者要适时与员工进行沟通，并进行心理疏导，尽量对其进行挽留。如果员工执意选择离开公司，管理者就要尽早安排顶替他职位的人手，将员工跳槽的损失降到最低。

006 留住“能人的心”，要敢于付出成本

在现代企业中，常常会发生跳槽的事情，尤其是一些精英，常常会“反炒鱿鱼”。频繁跳槽情况发生会导致大量的人才流失，影响企业的竞争力。所以，在日常管理中不应该只关注企业的效益，更应该关注创造效益的广大员工。因为，他们才是企业不断进步的动力。

人才是一个企业的宝贝，如果将企业比做是一辆马车，那么人才就是车轮。没有车轮，马车便无法前行，也就失去了它的意义。有少数的领导者并没有真正地意识到人才的重要作用，不肯在留住人才上用心，这样的公司肯定要吃大亏。作为领导者，一定要懂得“三军易得，一将难求”的道理，要肯在留住人才上下功夫，多学习一些留人的艺术。

安利（中国）日用品有限公司成立于1992年，是中美合作的大型生产性企业。目前，它的业务遍及全球80多个地区。安利公司的成功固然和优异的产品质量、领先的科技水平以及对社会责任的承担有着密不可分的关系，但是还有一个非常重要的原因，那便是公司拥有能够运用多种方法来留住员工的心，让员工心甘情愿地为公司效力，由此产生的员工的忠诚度使安利公司实现了全球化的战略目标。

安利公司的用人制度，获得了更多人才的认同，帮助员工相信自我，挑战自我和成就自我，员工都对公司十分忠诚。具体来说，安利公司主要是运用了以下几种方式留住了人才，留住了能人的心。首先是在制度上的

创新。安利公司的员工只要是付出努力，就可按产品销售业绩取得顾客服务报酬及销售佣金。此外，安利公司亦会按公平合理的原则，根据产品销售业绩颁发一系列的奖金。为鼓励员工设定事业目标，安利公司经常推出各项奖励计划。其次，如果员工表现得十分突出，会马上被提拔为部门经理。

除此之外，还会进行精神嘉奖，授予一系列的荣誉奖励。例如：银章、金章、红宝石等珍贵的饰品。使员工在心理上得到满足，把员工的心留在公司。最后，最令人羡慕的是安利公司每年都会在世界各地举办旅游研讨会，只要员工达到指定的工作标准，就可以免费出席这次活动。通过这类活动，员工既可以提升自己的技能，增强团队精神，又可以放松心情，陶冶情操。总之，安利的福利计划让人向往。

根据以上安利公司采取的一些措施，可想而知，员工对安利公司的管理十分满意，安利正是用这些新颖的方法赢得了员工的心。

作为企业领导者要时刻记得员工在企业中的重要作用，必须在日常制度上入手，保证员工的利益，让他们感受到来自领导者的关爱与照顾。安利公司的领导者就注意到了这一点，因此敢于付出成本，保证员工的利益，采用了多种办法，调动了员工的积极性，留住了员工的心。

具体来说，领导者可以考虑从以下几个方面考虑来留住“能人的心”。

第一，从事业方面入手。一般有能力的人，他们的事业心都很强，渴望自己在事业上更上一层楼，实现人生价值。作为领导，一定要充分了解员工的这种上进心和事业心。将他们安排在适合自己的位置上，做到“英雄有用武之地”，从而使他们发挥最大的潜力。

第二，从待遇方面入手。每一个人都希望自己工作能够带来丰厚的收入，人才当然更希望收入多点，免不了有利益至上的思想。因此，领导者想要留住人才就一定要准备利益刺激这一招，给予员工优厚的物质激励。

第三，在情感方面入手。每一个人都是有感情的动物，在平时的工作中，领导者一定要注意人文关怀，要注重与员工的沟通，了解他们的情况，主动对他们进行关心。此外，帮助他们解决生活上的小难题，让他们有知遇之恩，也有助于留下优秀人才。

管理心理学启示

人往高处走，水往低处流。这是不变的定律，在市场经济规律中更是如此。有时候，领导者会遇到这种突发情况：优秀人才突然宣布离职，让人措手不及。这时候，想要留住人才，那就变得非常不容易了。所以，领导者一定要从平时的工作入手，敢于付出成本，让员工都能实现自我价值，这样才能避免人才流失，他们便会忠心地在你的麾下勤奋地工作，回报于你。

007 学会换位思考，从别人的观念看事情

一位专门从事人力资本研究的学者说："发现并运用一个人的优点，你只能得60分；如果你想得80分的话，就必须容忍一个人的缺点，发现并合理利用这个人的缺点和不足。"这句话很具有哲理性，提醒人们学会换位思考的重要性。从别人的角度出发，考虑问题，会有不一样的收获。

每个人都有缺点和优点，评价一个人的好坏，关键在于你看事情的角度。同样，领导者评价一个员工的好坏，关键就在于他看问题的角度。用人的最高境界就是发扬员工的长处，并且在员工的短处中寻找长处，由善用人长到善用人短。这样才算一位成功的领导者。

在任何时候，看一个人不能总是停留在一个水平上，不要僵化、静止地看待一个人的长处和短处，需要发展的、从不同的角度来看待别人。唯有如此，领导者才可以将一个人的长处和短处结合起来。善于使用别人的短处，这首先是一种态度，更是一种能力。

西洛斯·梅内是美国国际农机公司的创始人，世界上第一台收割机就

是他发明的。在经营公司的这几十年中，他遇到了许多困难，但是他总能攻克难关，最后取得成功。之所以产生这样的结果，与他平时的管理方法是分不开的。梅内非常注重员工的感受，从员工的角度出发，换位思考，制定出更多更加人性化的政策。

在公司里，梅内是最高掌权者，他有权力左右每一位员工的命运，但是他从来不乱用自己手中的职权。相反，他还会设身处地地为员工着想，只要员工没有触犯公司的制度，他都不会批评员工，以保持员工对工作高度的热情。而且，即使在批评犯错误的员工时，也是有理有据，并且十分具有人情味。

有一次，一位员工违反了公司的某一项规定。在工作期间，他居然酗酒闹事，迟到早退，严重地影响了公司的形象以及其他同事的工作热情。这简直是对公司制度的践踏，按照公司的规定，他应该被开除。管理人员根据公司规定，做出了这一决断，梅内也毫不犹豫地批准了。老员工知道自己要被开除的消息，感到非常难过，并且难以接受。他找到梅内说："当年公司面临困境的时候，三个月都发不出工资，我毫无怨言。如今我只是犯了一点小错，您就要把我开除，这也太不近人情了吧。"梅内听完这位员工的话，耐心地说："这里是公司，是个有规矩的地方，我在管理的过程中必须要按制度办事。"

事后，梅内才知道这位员工酗酒的原因是因为妻子去世了，他要照顾两个孩子。一个孩子因为意外摔断了腿，另一个孩子因为吃不到母亲的奶水一直哭个不停。这位员工非常痛苦，于是才借酒消愁，结果才耽误了上班时间。

得知这一情况之后，梅内立即找到这名员工，安慰道："你真糊涂，现在什么事都不要想，好好照顾两个孩子吧，你放心，我不会把你逼上绝路的。说着，拿出一叠钞票塞给他，嘱咐道："不用担心工作，好好照顾孩子吧。"员工听了梅内的话，化悲为喜问道："你不开除我了吗?"梅内反问道："你希望我这样做吗?"员工回答道："我不希望你因为我坏了制度。”后来，梅内将这位员工安排在一个离家很近的农场当管家，非常方便他照顾孩子。

有的领导者只顾坚持原则，不顾员工的感受，从来不从员工的角度考虑问题，显得十分无情无义。有时候，员工犯了一点小错误，领导者不问青红皂白就是一顿批评，从来不会过问背后的原因。如果员工是因为某些迫不得已的理由，领导者应该给予原谅，在管理公司中，应做到以人为本。

为了能够得到员工的心，领导者要换位思考，从员工的角度考虑问题，帮助员工解决难题，以便能够全身心地投入到工作当中。换位思考是领导者必备的素质之一，也是领导者得人心的方法之一。

第一，要正确认识下属的优缺点。同样的一件事物，有些人认为它是宝，有些人却认为它一文不值。同样这个道理也可以运用在人的身上，如果领导用消极的眼光去看待下属，那么看到的必然是下属的缺点，如果用积极的眼光去看待下属，那么他看到的必然是下属的优点。所以，有时候人的特质并没有发生改变，只是看人的角度不同而已。因此，作为领导，必须对下属进行全面、客观地了解，正确看待和分析下属的缺点和不足，既要知道他的优点，更要学会利用他的缺点。

第二，要有用人的胆量。每一位领导者都希望自己所用的人是完美的，但是这是不可能实现的。所以，当领导要选拔人才的时候，就要冒一定的风险。因为，领导者要面临所选拔的人才是庸才的风险。但是，领导者要有用人的胆量，它要求领导者要敢于冲破各种传统观念和世俗偏见的重重束缚和压力，重用那些在一般人看来有缺点和毛病的人。换一个角度，要学会发现不一样的人才。

管理心理学启示

换位思考以诚信为基础，以沟通为桥梁，是一种先进的管理理念和有效的管理手段，而且一直被人们广泛应用。换位思考可以为企业营造一种轻松愉快的氛围，对员工实现愉快管理，更有利于建立良好的企业文化。企业文化就像企业的灵魂，有特色，能深人人心，能够引起员工以及社会各方的共鸣。

008 认同属下的价值，让他觉得自己很重要

心理学研究发现，每位员工都有个性，但他们都有一个共同点就是：愿意得到老板的承认。只有得到领导者认同，员工才会有实现自我价值的感觉，才能调动员工的积极性。努力工作的员工都希望能得到领导者的认可，让领导者发现自己的才能。因此，领导者应该学会用合适的方法认同员工，让员工感受到自己的重要性。

让员工产生认同感，可以从小事做起。当员工完成工作的时候，老板应该说一句：“你做得很好，继续加油。”这句简单的赞美就有可能直击员工的内心，让他感受到来自领导的关心与认同，从而具备无穷的奋斗动力。

将权力下放，也是领导者认同员工的做法。如果在企业中每一件事情都由领导者来做决定，那么会显得领导者太独断专权，而且领导者本身的精力也无法胜任这么多的工作。因此，在管理中，领导者可以适当地将一些权力下放给员工，让员工感受到领导者的信任与认同。

很多时候，努力工作的员工知道自己正在进步，都希望能够得到领导者的认同。这时，如果领导者连一句赞赏的话都没有，员工就会觉得领导者只会挑毛病，必然令人垂头丧气。因此，领导者要记得时刻关注员工的状态，在适当的时候对进步的员工进行认同和赞赏。

接触过潘石屹的人都知道，他是一个性格非常随和，又非常客气的一个人。他经常和员工走在一起，与大家共同探讨公司的重要事情，这让员工深切地感受到了自己在公司的地位。这在无形中形成了一种激励，引导

更多的人努力奋进。

当他和员工遇到陌生人的时候，他对员工的介绍不是“这是我的员工某某某”，而是说“这是我的同事某某某”。一词之差，反映出来的却是一个人的修养和胸怀，也反映出了潘石屹对员工的尊重。由此，员工也获得了内心的满足，更加坚定了为公司尽职的决心。

潘石屹的这种领导方式，让公司员工感受到了自己的重要价值，同样也调动了他们的积极性，激发了他们的创造力。2003 年，公司的销售人员大概是 100 人，当年的销售收入大概有 33 亿元，100 个人创造了 33 亿元的销售额，这是全中国的销售冠军。这充分表明有效激励的重要作用，也让人见识到了潘石屹留人用人的管理智慧。

在日常工作中，潘石屹从不对下属发脾气。如果发现员工错了，他会找到一个适合的机会，和员工好好说，帮助他改正错误。能得到领导者的亲自指挥，员工的心情自然是激动和开心的。这样做有一个最直接的结果，就是放下了架子，缩短了与员工的距离，增加了与员工平等交流的机会，从而提高了员工的工作效率。

每个人都希望能实现自己的价值，都希望能够找到欣赏自己的人。在日常管理过程中，领导者的一句话、一点关心，都有可能让员工产生信心，激发不断努力、不断进步的决心。因此，领导者在平时的管理过程中一定要注意认同员工的价值，及时给予肯定。这不仅可以增加员工的自信心，也会让员工加深对领导者的崇敬之情。

每一个员工身上都有优点，对员工的肯定相当于对自己的肯定，也相当于是对自己公司的肯定。因为公司的每一个员工都是领导者招来的，是为公司服务的，只有员工优秀了，企业才能够发展得更好。

管理心理学启示

任何人都不会仅仅因为生存本能而满足，人们总是需要实现自己的价值，感受到自己存在的意义才能有奋斗的动力。像行尸走肉般的生活，每个人都是不堪忍受的。所以，领导者在管理中要注重员工的感受，培养员工的自信心，让他们感受到来自领导者的认同，体会到自己在企业的重要地位，这样他们才会有不断前进的动力。

作为领导者，一定要注重积极地认同不断进步的员工，让他们拥有继续努力的动力，调动员工的积极性。只有员工的积极性被调动了，企业才会有更好的发展。

009 找出团队中的害群之马

每一个企业都有许多员工，并且每个人的性格是不同的。于是，总会出现那么几个性格比较特别的人，在团队里显得不合群，很难管。更有甚者，一些人破坏团结、危害组织利益，我们可以称之为“害群之马”。

通常，这类人在团队中有一定的资历，工作能力也不错，虽然不是最好的，但肯定也不是最差的。他们自认为在这个团队中贡献很大，所以有时会和领导顶嘴，反对新制度和新政策的实施。不用说，这些行为通常会产生很消极的影响，不利于领导者管理整个团队，也不利于团队的默契。

在美国有一家这样的炸薯条公司，这家公司起初有 200 多名员工，但是由于不当的管理，竟然出现了 9 个月内有 58 名员工因违纪而遭解雇的现象。尽管该公司的总经理不断地对他们进行书面警告、无薪停职、解雇等惩罚措施，但是员工的违规行为不但没有减少，反而越演越烈。总经理对此也是束手无策。

一系列事件发生后，总经理静下心来思考，觉得这些事情不断发生非常奇怪。因此，他决心一定要查个清楚。经过一番调查，终于发现这些违纪行为都是在一个人的教唆之下发生的。

最初的时候，虽然有些工人不满公司的制度，但是却不敢采取任何行动，直到有一名员工居然用恶作剧的方式发泄心中的愤怒。有一天，他偷偷地把一盒炸薯条从生产和包装区运转的传送带上拿下来，用一支粗头笔在上面写了些下流话，又悄悄地放回原处，这一行为竟然没有被任何人发现。就这样，这包薯条被卖到了一位倒霉的顾客手中，这位顾客拿到这包薯条之后相当生气，于是就申请顾客投诉。

那名工人用独特的手段报复总经理的“丑闻”很快在广大员工中传开。形势更为严峻的是，其他工人也纷纷效仿以表示心中的不满，最终导致客户的投诉信越来越多。总经理知道这件事之后，非常生气。在一位朋友的指点之下，他采取了新的解决方法——非惩罚性处分。这种处罚方式主要是针对那名对顾客恶作剧的员工的，同时向员工表明每个人都是成熟、负责、可信任的成年人，这就意味着每个人都要为自己的行为负责。

这项制度取消了传统的警告、训斥、无薪停职，还取消了解雇，取而代之的是大胆的“带薪停职处分”，即通知员工第二天将被停职，他必须在停职日结束时回来做出决定：要么解决当前问题，并郑重承诺在今后的工作中做出令人满意的表现，要么就离开公司。为了表示公司的诚意，公司承担当天的工资。当然，如果决定留下来，那么再次犯错就会被解雇。

其实，总经理这条规定的目的就是希望那位捣蛋的员工能够留下来好好工作。很快，这条制度就发挥了作用，那位员工不仅不捣蛋了，还号召大家一起好好工作，很快公司的状况得到了扭转。

管理员工是一门艺术，如何处理“害群之马”更是一门学问。这些“害群之马”经常会对公司的管理产生负面的影响，他们不但自己不能好好工作，还散布一些消极思想和言论，影响其他员工的工作热情，这样会导致整个公司的人心涣散。

“害群之马”在团队中是不可避免的，既与每个人的性格有关，也与利益紧密相连。那么，公司出现“害群之马”有哪些原因呢？

首先，领导的一味迁就，产生了这种任性的习惯。其次，这种人认为自己身上有才华，能够为公司创造利益，因此，功劳甚大，没有人敢管他。再次，公司的越级现象严重，有上层领导者十分看重他，让他觉得有坚强的后盾，不把别人放在眼里。最后，团队气氛不佳，勾心斗角现象严重，每个人都只为自己着想，不考虑团队的利益。

作为领导者，遇到这样的员工都会很头疼，可是又不能不管，任这种事情发展下去，只会让整个团队崩溃。因此，面对“害群之马”领导者要有明确的认识。此外，作为领导者可以采取一些方法来改变这些“害群之马”，使他们变成“千里马”，这才是更高明的领导之道。

管理心理学启示

一个团队、一个集体，不会是一潭死水，总会出现一些不一样的声音，这种声音既有正面支持的，也有负面反对的。正面的响应能带给大家信心，激励大家的积极性，提高士气；反面的声音也可以引人思考，让人冷静。但是，这绝不意味着对难管理的员工听之任之，而是必须想办法让他服从管理。否则，让他骑在领导的头上，那领导的威严也就不存在了，自然也无法管理其他员工，那么整个团队都会崩溃。所以，在适当的时候必须要给他念念“紧箍咒”，让这类人始终处于领导者的管辖之内，然后再慢慢地引导、交心，促其发展。只有这样，才能让“害群之马”归附于你，为你所用。

第九章
DI JIU ZHANG

授权心理学：不会授权，只能自己累到死

合理授权，让人才各得其位，大家就能按部就班工作，提升组织运作效率。没有无用的下属，只有无能的老板。老板要做最重要的事，最紧要的事，而不是一天到晚在忙些鸡毛蒜皮而毫无效益的事情。一个好老板一定要学会抓大放小。老板做未来的事情，经理做现在的事情，员工做过去的事情；未来的事情是战略，现在的事情是管理，过去的事情是操作。老板需要面向未来，而不是纠缠过去。

001 平衡权力效应：权力需要平衡和制约

一个公司在扩大经营规模之后，势必要经历分权的过程，这也是老板必须要采取的措施，不然事必躬亲只能让自己忙于琐事，还不一定有好的效果。授权确保了各个分部门拥有了更多的自主决策的权力，在一定程度上可以促进公司更有效率地运行。

想要达到授权的目的，企业管理者要有一套方法，既要懂得自我管理，也要信任下属并且鼓励他们一定程度上独立工作，而不是紧紧地盯着下属。当然，管理者一定要保证下属可以及时而且通畅地把信息反馈上来，这是保证授权成功的关键。

如果仅仅实施授权却不加控制，最常见的就是下属会出现滥用职权的现象，甚至还会出现下属擅权越位的现象，从而让管理者陷入困境。因此，在进行权力分配的时候应该弄清楚控制机制，对分散出去的权力加以掌控，这些“手腕”是有效管理必不可少的。

沃尔玛公司的创始人山姆·沃尔顿就对这些授权的“手腕”十分了解。1962 年 7 月 2 日，第一家沃尔玛百货公司在美国阿肯色州的罗吉斯开业。

山姆早期创业的时候十分艰苦，绝大多数的事情都要亲力亲为，采购的条目、采购的地点和日常的管理，都由他一个人负责，每天都忙于工作，连休息日也不例外。随着公司渐渐有了规模，他越来越感觉到力不从心，意识到要将部分责任和权力下放给工作人员，因为这些一线人员往往对商店和顾客更加了解，知道如何让商店更加优秀。

当时，很多大零售公司的部门经理只把自己当成一个员工，但是山姆认为，商店里的部门经理应该管理好部门的业务，而且应该有着和自身职责相匹配的权力，并且部门经理的薪金、奖金收入要和所在部门的业绩挂钩。这样会激励部门经理努力工作，而且适当的权力会激发大家的工作欲望，从而激发每个人的热情和干劲。

山姆的这套制度推行之后，有相当一部分年轻经理积累了商店管理经验，而且公司内还有不少人自发地半工半读完成了本科的学业，随后这些人的职务也随之提升，渐渐在公司内担任要职。

此外，山姆还将沃尔玛所有的信息公开化，包括采购、运输、销售数据等等。这样一方面有利于经理们管理好负责的商店，另一方面会在经理之间形成一种竞争，每个人都可以看到自己的商店在公司的排名状况，这使得大家自发地努力争取更好的成绩。这种平级或者同等授权下的竞争，也是对于权力平衡的一种使用，防止了员工在得到授权之后出现无人和他抗衡或者一家独大的局面。

山姆一直在寻找权力和自主之间的平衡，他要求经理们：公司的规定是各个分店都要遵守的，尤其是商品定价，而且有一些商品是每一家分店都要销售的。这样一来，就防止了经理们利用自己的权力篡改商品价格，从中牟利。此外，山姆还要求每家店拥有一定的自主权，部门经理负责商品订购，分店经理则可以决定商品促销计划。就像沃尔玛在佛罗里达州巴拿马市有一家分店，8 公里外的海滩附近还有一家分店。这两家店距离很近，但是店内的商品却大不相同，因为两者的目标顾客不同，两个分店的经理就会根据顾客的实际需要来调整商品内容。

有些企业管理者担心授权之后，如果下属出现失误会影响到自身的地位，从而紧盯着授权的下级。还有一些企业管理者总会想象如果把权力下放，就会出现各种各样的问题，比如，团队管理失去控制，那么领导者的地位将被动摇。

事实上，把具体、细节性的工作交给下属去做，可以建立下属的自信心，最大程度上提升组织的效率。从调动员工积极性的角度来看，出色完成任务的员工会得到奖赏，他们的主动性也会空前提高，潜能也更容易得到发挥。

当然，授权之后一定要加以控制，并且不能让被授权的员工一家独大。失去制约和失去平衡的授权都是不可取的，把握好控制的力度能有效避免意外发生。总之，“手腕”高明的管理者能在“过”与“不及”之间寻找最恰当的平衡点。

管理心理学启示

聪明的管理者在授权的时候，已经建立好了自己的控制体系，当事情稍有偏差或者刚刚要脱离轨道的时候，就可以及时发现并且进行直接矫正。在这个前提下，授予下属权力才会成为可能。如果没有有效的补救措施或应对方案，就将权力下放，那么一旦发生权力失控的情况就会措手不及。

谁是最佳的授权对象？显然，那些有资格、有能力的员工更容易胜任，而一个平时就无法出色完成工作的员工自然不在考虑范围内。并且，授予权力和责任的时候，不要一下子全部给予员工，要一点点地按计划完成。当员工得到授权以后，领导者要及时矫正对方的缺点，并且在适当的时候进行表扬。一旦出现问题，要立刻回收授权并且进行补救。

002 防止属下吞噬你的权力，产生越权

作为管理者，即使精力再充沛，能力再强，等到公司发展起来之后，也不可能把所有的权力紧紧抓在手中不放。经验表明，事必躬亲只能让管理者自身疲劳不堪，于是授权成为必然的选择。但是，授权的同时还要小心权力被吞噬，最终下属擅权越位，而自己却陷入万劫不复之境。

当你发现有属下吞噬你的权力的时候，一定要立刻采取措施，坚决杜绝越权的情况发生。对于已经越权的部下，要直截了当地指出来，并且给予严厉批评。管理者身为高层，有绝对的权力，越权的部下是任何一个领导者都不能容忍的。此外，还要在公司内部会议上对越位的下属进行当众处罚，让其他人引以为戒，杜绝再次越权的事情发生。

秦始皇千辛万苦统一了全国，他的宏图伟业本来是能够代代相传的，但是秦朝却只存在了不到20年，到秦二世就被推翻了。其中，秦始皇晚年

宦官专权是一个很重要的失败原因，尤其是秦二世胡亥在位的时候，赵高的擅权越位更是把秦朝推向了万劫不复的深渊。

郎中令赵高依仗二世恩宠专横跋扈，因为一些私仇而诛杀了很多人，他害怕一些大臣入朝奏事而将自己陷入危险的境地，特地向二世进言：“天子之所以尊贵，不过是因为群臣只能听到他的声音，而不能见到他的容颜罢了。况且陛下还很年轻，未必能对每件事情都熟悉，现在陛下在朝廷上听群臣禀报事物，赏罚举止如有不当的地方，就会在大臣们面前暴露自己的短处，从此便不能向天下人显示您的圣明了。

“所以，陛下不如深居宫中，由我和熟习法律的侍中们一起等待陈奏，然后再与您一起研究处理。这样，大臣们就不敢胡乱上奏是非不明的事，天下人都会称您为圣明的君主了。”

于是，二世听信了赵高的谗言，不再朝上接见大臣，常年在禁宫中足不出户。而赵高则趁机侍奉左右，掌管了宫中的事务，一切的事情都由他来决定。后来，赵高独揽大权，把丞相三族李斯灭了，还发动政变杀了秦二世。

在任何一个组织或者集体中，最核心的权力必须由领导亲自掌管，一旦下属掌握了核心的权力，就会为了追求更多的利益而与上级勾心斗角，从而影响管理者的声威及其对整个集体的掌控能力。这不仅对领导本人，而且对集体都是有害的。因此，领导者要站在大局的高度考虑问题，始终保持自己的绝对领导权，权威和法令不能由上下级共享，避免集体产生混乱的局面。

领导者最放心的是职位高却不越权，以及职位低却谨守职责的人。最称职的下属，不管职位多低，都会把本职工作尽职尽责地完成，不会出现失误；而不论职位多高，都会按照自己的职权做事，做好分内的工作，只管理职责范围内的事情，对职责外的事务绝不越权。

汉高祖刘邦任命阳夏侯陈稀为相国，负责监管赵、代二地的边境部队。陈稀拜访淮阴侯韩信，向他辞行。那时候，韩信对刘邦产生了不满，于是拉拢陈稀，意图谋反。

后来，陈稀果然受韩信拉拢而反叛，刘邦大怒之下亲自领军讨伐。就在刘邦大军开拔的时候，韩信谎称卧病在床，不随军出战。与此同时，韩信暗地里秘密派人到陈稀那里去，串通谋划杀死吕后和太子。不料，一个部下出于私愤告密，韩信被萧何、吕后联手用计绞杀，并受到了诛三族的惩罚。

刘邦的天下多半是韩信打下来的，这位猛将南征北战立下了汗马功劳。而他造反的原因是因为汉朝安定之后，自己的爵位被削掉，于是心中不平，最终一步步走向了不归之路。有人说，刘邦杀开国功臣过于卑鄙，一些人说韩信死得冤枉，但是站在刘邦的立场来看，他的做法并不过分。

起因是刘邦和项羽在荥阳两军对峙的时候，韩信消灭了齐国，却自己在齐地称王，不回来禀报刘邦。后来，刘邦追击项羽的时候，和韩信约好一起发动攻击，但是时间到了韩信却没出现。早在那个时候，刘邦已经有了诛杀韩信的想法，只是因为力量不够，为了军心的稳定而没有动手。等到了汉朝安定，刘邦为了维护自己的统治地位，防止韩信的权势过盛，才动手削爵，最后诛杀韩信，这也是一种不得已的手段。

对领导者来说，把握好手中的权力，比什么都重要。而如何牢牢把握权力，防止下属擅权越位呢？下面几点需要格外注意。

第一，让下属明白自己的职责范围。权力和责任是相对应的，有多大的职务，负责多少工作，就有多大的权力，而相应的就要承担相应的责任。

第二，防止权力过度分散和被架空。对企业领导者来说，如果自己不能掌握人事权、决策权等核心权力，往往会使组织内部陷入严重的争斗，给企业发展带来消极影响。

第三，识别那些觊觎你手中权力的人。对身居高位的人来说，你的位子时刻会受到对手的垂涎。如果怀疑某人正是威胁你的人，那么就去试探，并采取有效方法确保权位安全。

管理心理学启示

事必躬亲，不放手一丝一毫的权力不是有效的管理方法，授权是必须的，但是要适度。管理者防止下属擅权越位的核心，就要把核心权力牢牢抓在手中。

003 只授责任不授权，谁也不肯努力干

如果权力没有约束，会走到哪儿才停止？对于这个问题，孟德斯鸠的回答是："直到它受到了限制为止。"权力需要限制，但是如果被过于限制，那么就成了只有责任没有实际权力了。授权讲究平衡，责任和权力是相应的，一旦失衡大部分情况都会导致事情的恶化，所以授权之前一定要做好充足的准备，在事实需要的基础上做决定。

你想要让一个人做多少事，就给他多少权力；需要让他管理多少员工，就给他多大的权力；需要调动多少资源，就给予他相应的权力。千万不能只给他工作的内容，却不给他调动的权力，这种有责无权可比活地狱。

授权的内容越是与公司整体的发展关系紧密，对公司影响越是深远的，就越需要更多的人力物力的投入，需要公司各部门之间的协调和配合。这种情况下的授权，需要你给予被授权人更大内容和范围的权力。但是，如果只是一些简单的日常工作，或者是公司后勤方面的工作内容，就不需要你额外给予被授权人过多的权力内容。如果是长周期或者新任务的授权，在这种充满了不确定性的工作内容的情况下，你需要给予的不是多大的权力或者多大的范围，而是给予被授权者更多的自主决策权。

张哲是一个食品公司的销售主管，在这样一个公司中层岗位上，他连续干了五年之久。这五年来，他工作十分认真，学习新知识的能力很强，还会根据实际情况来创新销售方式，在他的努力下，销售业绩年年都在公司排第一名。老总很赏识他，认为他是一个人才，决定给他更多的压力和机会，于是以公司名义给他报了一个在职 MBA 的培训课程，让他去深造一下。

在 MBA 的培训课程中，张哲接触到了很多大企业的高层管理人才，开拓了眼界，获得了更多的学习机会，他的销售理念甚至企业管理的理念

都随之提高。

回到公司之后，老总交给他一个任务，由他牵头在营销团队中组建一个学习小组，并进一步做好培训和教学，使之成为一个优秀的营销小组。老总本来有一份下属提交的营销小组的组建方案，但是张哲希望老总可以给予充分的自由，按照自己的理念和思想去组建营销小组，并且保证效果不会比那份组建方案差。

为此，张哲还提交了一份亲自写好的组建方案，并强调自己在MBA学到了很多新的理念，如果按照别人给的方案去做，会限制自己的能力和发挥。老总在思考之后同意了张哲的请求，随后张哲得到了充分授权和鼓励，在组建学习小组的过程中完全使用在MBA学到的知识，并用自己的方法进行了培训，整个过程老总没有任何干涉。

接下来的一年，张哲带头的这个小组创造了奇迹，公司的销售规模扩大了一倍有余。公司一跃成为沃尔玛、华联这样的大型超市集团的优质供应商，销售范围扩大到了全国大部分省市。

在日常工作中，有的老板为了管理好员工，在授权之后却依然让他们按照上级的意思去做事，这样一来就等于限制了员工的一举一动。虽然员工名义上获得了权力，但是实际上却还是一个简单的执行者。这样会严重影响员工的主观能动性和创造性的发挥，虽然一样可以完成任务，但是这种被绑住手脚完成的工作，会给员工很大的工作压力，最后甚至会导致人才的流失。

权力的大小和责任的大小是相应的，承担的责任有多大的范围，就需要拥有相应范围的权力。比如，如果工作的内容包含人员工作效率和工作完成质量，那么就需要拥有调动人员的权力；如果工作的内容是保证资金的保值和增值，那么就需要拥有相应的调动资金的权力。

如果工作出现了问题，那么责任并不能全部由被授权人承担，身为授权人的管理者也有相应的责任，因为管理者只是将手中的一部分权力下放给了被授权者，管理者依然拥有大部分的权力，所以责任需要授权双方一起承担，这就是责权平衡的另一个重要条件。

管理心理学启示

对员工来说，管理者身居高位，拥有更多的权力，管理者更容易推卸责任。所以员工属于弱势地位，被授权的员工不能拥有全部的权力却要承担全部的责任，这样的工作没人愿意去做，所以管理者既然保留了更多的权力，就要承担这一部分的责任。

对下属授权不等于放弃自己的责任，不要怕下属犯错误，既要准备自己承担责任，又要防止他们犯真正危险的错误。很多时候，工作遇到了障碍或者遭受了挫折，不能归因于受权者。这时候，让下属完全承担责任是不公平的，管理者应该勇于承担责任，扮演好大家长的角色。

004 领头羊效应：牵一发动全身，用人善用领头人

榜样的力量是无穷的，善用领头人会使管理者的工作更容易顺利进行。一般来说，员工之间的关系要远比上下级之间的关系更加密切，所以当你想要实施某项决定，而它又不被员工们接受的时候，可以选择一个下属来出面，让他起到带头作用。这样一来，大家就会跟着一起干，工作也就很容易完成了。并且，被提升的下属很容易成为得力助手，而员工有了这样一个榜样，自然就确立了前进的目标。

领头羊要从普通的员工中选择，这对员工来说更有学习性，其他的员工也更愿意追随。只有长期在员工中得到历练的人得到提拔，才是有深厚群众基础的先进典型，对其他员工来说是有血有肉的榜样。更重要的是，这样的领头羊更具感染力和号召力，也更容易影响其他普通的员工。

因此，管理者要在恰当的时候，从普通员工中提拔那些有能力的人，这样不仅有利于公司的发展，还可以通过被提拔的员工来了解其他员工的情况。当然，管理者在选用人才的时候，要注意他的基本能力和素养，起码要做到被其他人认同，可以服众，才能委以重任。

中国古代，黄帝之后，黄河流域的部落联盟还有三位著名的领袖：尧、舜、禹。他们的领袖位置的更替是通过“禅让”完成的，这个故事流传了很久。

尧是帝喾的儿子、黄帝的五世孙。他当上领袖之后，并没有因为自己出身高贵而自傲，他和大家一起住茅草屋，煮野菜汤，深受民众的拥戴。在他的治理下，部落安定，人民生活稳定，部落发展十分迅速，

当尧老了之后，需要考虑下一任领袖的问题。由于他的儿子喜欢闹事，很粗鲁，不是担当领袖重任的人选，所以尧并不打算让儿子来接任领袖。尧认为，领袖的位置一定要由大家都认同的人来做，于是他就召开了部落联盟的会议，大家一起讨论继承人的问题。

在会议上，大家都推举舜，认为他德才兼备，又有能力，也很受欢迎。尧很高兴有一位合适的人选，于是把自己的两个女儿嫁给了舜，并且考验了他三年之久。这三年，尧发现舜具备大局观，待人热情，处事公平，部落的人民在这三年生活得十分幸福，而且部落的发展速度丝毫没有下降。舜展现出了一个合格领袖应有的素质，人民也十分拥戴他，于是尧放心地把帝位禅让给了舜。

等到舜年老了之后，他效仿尧的方法来寻找接班人，召开了部落联盟的会议，经过大家的推举，然后经过一番考验，最后决定让禹来做部落的领袖。这就是历史上著名的“禅让制”。

不管是高层的领导，还是中层的干部，都会发挥统帅的作用。既然领导层级的人要领导大家做事，那么在这个位置上的人一定要被大家认同，才会有威信，他的命令才会得到大家的服从。所以担任领导的工作，就必须既有才华，也要得到认同，可以很好地处理各方面的关系。

如果把公司比作一辆火车，那么选好“火车头”就很重要了。俗话说“火车跑得快，全靠车头带”，因此管理者必须善于选拔合适的骨干人才，让他们带动公司向前发展和进步。

在选拔骨干人才的时候，既要注意下属的人品，也要注意下属的能力，做到德才兼备，让其他的人信服。有一些下属在业务能力或者是技术

水平上超人一等，在全公司都排名前茅，但是经常违反公司的条例，不遵守规则，这就是缺乏起码的职业道德的表现。显然，这样的人无法给其他人留下好印象，可谓“有才无德”。这种人不可以提拔，因为由他来做领头羊，会使羊群分散。而且，员工面对这样的领导时会有抵触情绪。

与之相对的是一些八面玲珑的员工，善于拉拢人心，在待人接物的工作上表现得可圈可点，而且十分遵守公司的规定。但是，他们的专业能力却很差，对上级交代的任务只能勉强完成，而且质量极低。这种人无才，虽然受欢迎，但是如果他来做领头羊，会让羊群饿死。这样的人做领导只会把局面弄得一塌糊涂。

管理心理学启示

领头羊可以带领羊群找到肥美的草地，也可以带领羊群躲开饿狼的巡视，优秀的领头羊对于羊群来说是至关重要的。管理者在员工中设立一个领头羊，既可以让员工们形成一个整体，更好地完成工作，还可以让员工们形成一种良性的竞争态势。

谁都想做领头羊，这时管理者就需要激励和引导员工们的欲望和竞争，让他们通过工作来证明自己的能力，适当的时候再进行提拔，让员工们拥有比较和竞争的意识。

一个有内部良性竞争的团队才是一个有活力的团队，员工之间互相比较，争做下一只领头羊，会让公司的整个工作氛围都变好。更重要的是，管理者会因此更加省心省力。

005 懂得对员工说：我相信你

身为员工，大多数情况下对领导的要求并不高，能够在工作完成之后得到领导的肯定，获得领导的信任就很满足了。从这个角度来看，领导适时地鼓励和夸奖员工，满足对方的心理需求，就是高明的管理策略。这样做，不但可以迅速拉近和员工之间的距离，还能激发员工的干劲和热情。

研究表明，自信可以促使人们在工作中有效地完成工作。如果领导信任一个员工，那么后者就会有一种被领导赏识的感觉，从而得到了展示个人才华的舞台和机会。这个时候，员工就会以一个饱满的精神状态工作，并在信心的鼓舞下与同事团结协作，令公司充满生机与活力。

身为领导者，激发下属的热情，帮助大家找回缺失的自信是必须的，而要达到这个目的，就必须要先信任下属。在中国古代商人的眼里，东家与掌柜的最高合作境界就是：东家要“疑人不用，用人不疑”，而掌柜要“受人之托，忠人之事”。

古代晋商十分懂得用人不疑的道理，只要不是人为失职或者是当事人能力不足导致的，哪怕是生意做亏了，东家不但不会责怪掌柜，还会反过来鼓励掌柜，鼓励他们继续加油，扭亏为盈。

有一位晋商，曾经投资了七万两白银开设新的钱庄。但是，掌柜经营了几年之后，不仅没有赚到钱，还把东家投资的七万两白银赔了个一干二净。东家听了掌柜的汇报之后，得知并不是因为掌柜玩忽职守，也不是掌柜的能力不足，而是一些意外情况导致的亏损。因此，东家并没有责怪掌柜，反而立刻给了他第二笔资金让他继续经营。

过了几年，钱庄还是没有盈利，又把第二笔资金赔了进去。掌柜十分愧疚，向东家提出了辞职，但是东家并没有同意，又拿出了第三笔投资，还鼓励这位掌柜不要灰心，放手去做。

掌柜回去之后，总结了前两次失败的教训，重整旗鼓调整了经营策略，没过几年，钱庄不仅赚回了前两次的投资，还获得了相当数量的盈利。掌柜利用这些钱，利用东家的名声，又开设了其他的分号，还投资了其他产业，成为了当地的金融大户。

信任的作用是强大的。正是因为东家的信任，给了掌柜信心和动力，才让掌柜有第三次的重整旗鼓，才有了之后的盈利。如果东家在第一次或者第二次亏损的时候就不再信任掌柜，换一个新掌柜去运营，未必有之后的金融大户的局面，或许还会有第三次、第四次的亏损。

试想一下，如果你任用了一个人，却不信任他，会是一种什么样的局面？如果在你的公司里，员工得不到你的信任，不仅你不放心，需要时时刻刻地监督众人，员工的精神状态和工作动力也会受到影响。这样一来，双方自然不会关系融洽，往往导致组织关系一团糟，企业运行也会漏洞百出。

在工作中，经常会遇到上司把一个负责人叫过来之后，说："剩下的就由你和这位负责人一起决定。"然后，就转身离开。一般来说，上司只是决定一个大方向，下达命令之后其他的细节就交给负责人来处理，这样可以让负责人充分发挥能力，并在工作上取得突破。

但是，有的下属在展开工作而且取得初步进展的时候，上司又突然出面干涉。并且，还要等待上司裁定之后才能重新运作，这样既浪费时间又浪费精力，而且会让下属无所适从，业务上也会贻误时机。

说到底，一个获得领导真正信任的员工，除了极少数漠视他人对自己托付的信任和责任，除了一味地想利用领导的人，大多数员工都会诚心诚意地信任领导，产生投桃报李的想法。身为管理者，你只要对自己的下属保持充分的信任，让他放开手去完成工作，自然就能激发下属的责任感和自信心，进而带动起团队的战斗力。所以说，一旦决定放权给一个人，信任就是最好的激励手段。

管理心理学启示

下属对领导的要求，在大多数的情况下并不高。只要能够获得领导的鼓励和认可，哪怕是领导的言语鼓励，普通员工也会很满足，而且还会认为领导对自己是有感情的。

身为管理者，你可以适时地给予下属一些言语鼓励，这样既可以拉近和下属之间的距离，还可以激发下属的热情和干劲儿，何乐而不为呢？如果你对下属的家庭表示关心，或者是对其遇到的个人困难表示关切的话，可能会收到你意想不到的效果，这也是感情投资的一项重要内容。

006 善用中层干部，保证责任清晰

管理者想要治理好一个公司，需要做的事情很多，可谓是千头万绪，但是只要抓住中层管理人员这个枢纽，就能收到事半功倍的效果。就像渔夫捕鱼一样，好的渔夫都是会拉住渔网的钢绳，而不是去拉成千上万个网眼，否则再大的努力也注定不会有收获。

汉武帝时期，为了广纳天下贤能人士，朝廷发布命令，让各地主动推荐人才。当时，孙弘、庄助这样的人才出现在了汉武帝的视野中，总数达到了一百多人。汉武帝一篇篇地阅读了他们的文章，发现董仲舒写的文章非常好，有一卷是详论天人感应道理的，武帝击节称赏，叹为奇文。

其实，董仲舒少时读《春秋》颇有心得，景帝时已列为博士，而且为学子们讲书，滔滔不绝，出口成章。于是，当武帝寻找治国良策时，董仲舒就把平生的学识都施展出来，果然压倒群芳。

而后，汉武帝不断地发现人才，破格录用人才，之后还起用了韩长孺、公孙弘等人。这些人之后都成为了历史上的一代名臣，比如司马相如被请到京城做郎官；韩安国被委任为北地都尉，后任大司农，窦太后死后升为副丞相；唐蒙、庄助因外交才能突出被派遣出使夜郎和东瓯，后不负王命，降服了两地。

有了汉武帝的赏识，这些人才有机会为官，而正是这些中坚力量使得汉武帝的统治更加牢固，国家更加繁荣昌盛。这就是汉武帝重视使用中层干部的好处。

管理者的每一项决策，都需要通过中层干部去推动、落实、实践。尤其是管理者做的一些正确的决策，能不能达到预期的效果，和中层干部如何落实，如何执行有很大的关系。而且大部分的中层干部的整体能力都比较强，是公司的业务骨干，中坚力量，也代表了公司的整体素质和对外的形象。

而且，最重要的是中层干部还能起到助手的作用，他们更了解基层员

工的情况，可以为管理者出谋划策，提供第一手资料，帮助管理者做出更加适合实际情况的决定。

斯隆被称为美国通用汽车公司历史上最伟大的领导者，在其管理实践中，人事决策占据了重要组成部分。在公司的高级主管会议中，斯隆大多把时间花在人事的讨论中。尽管他让大家积极参与策略的讨论，甚至把话语主导权交给主管会议的专家，但是一谈到人事的议题，斯隆本人则必须掌握最终决定权。

有一次，大家针对一个中层管理职位及其人选进行了几个小时的讨论。客观地说，这个职位并不太重要，但却发挥着微妙的作用。当会议结束后，一位专家问斯隆："您怎么愿意花 4 个小时来讨论这么一个微不足道的职务呢?"斯隆回答："公司交到我手上，在决策问题上就要避免失误。中层管理人员肩负着落实决策的任务，不能有丝毫的疏忽。"

在斯隆看来，中层管理人员是实践组织决策的推手，自己的治理理念必须通过他们才能得到贯彻实施，因此治理好中层管理人员，才能使企业安定有序地发展。在人事安排上，领导者扮演着裁判的角色。

中层的管理人员，可以称为老板的左右手，用好了这些中层干部可以起到以点带面的效果，管理者可以轻松地完成公司事务的处理，从而拥有更多的时间来进行公司宏观前景的布局。但是由于中层干部和管理者接触密切，管理者的管理风格、行事方式、个人品格等方面都会对中层干部的成长带来一些影响。

如果是对中层干部有利的影响，那自然是好的，会让中层干部成长得更加迅速。但是如果是不良的影响，就会影响到管理者政策的推行，而如何尽量减弱这些不良的影响，减少管理者给中层干部成长拖后腿的情况呢?

第一，适当地降低权力集中度。

如果身为管理者，自己难以改变独掌大权、甚至有些刚愎自用的作风，那么不妨尝试适当地降低公司权力的集中程度，把那些和中层干部接触过多的工作交给自己的副手。通过分散一些手中的权力，可以减少自己和中层干部过于频繁接触来弱化对中层干部的影响。

第二，授权不是放任。

管理者既要制定公司权力平衡的制约条件，完善治理结构，同时自身也要接受制度的约束，不能超然制度之外。这样，管理者以身作则，那些中层干部作为管理者的下属自然也会服从制度的规定。而且你可以暂时地离开公司一段时间，有意识地强化中层干部们独立行使权力，独自经营好业务，管理好权力的能力。

管理心理学启示

中层干部处于承上启下的位置，上面有管理者和一些大领导，下面有基层员工和小干部，在公司中处于上级和下级的结合点，也是宏观运作和微观调控的中间点。中层干部既要按上级领导的指示进行工作的开展，又要指挥自己的下属开展工作，既是指挥人员也是执行人员。

007 授权之后不要放弃监督和控制

实践中，管理者完成授权之后要对权力进行掌握，避免权力失去控制，保证事态在自己的可控范围内。如果出现失态的征兆，要有能力及时制止。放权的同时，管理者要掌握好权力的大小，也要做好权力的制衡，这样才能在权力下放之后高枕无忧。否则，一旦权力下放太多，管理者就有被架空的危险。

历史上，君主之所以能够控御其治下的臣民，所凭借的主要是权势，而并非才干。在一个组织中，处于核心地位的成员必成为别人追捧的对象，他的势力才会得到保持。管理者要想稳定大局，必须为自己赢得威势，使人有求于己，从而长久控制整体局势。

明熹宗是出了名的“木匠皇帝”，喜欢亲自动手做些木工活。宦官魏忠贤发现这个癖好之后，就故意引诱熹宗玩乐，以至于明熹宗终日沉迷于木工之中，终年不倦，荒废朝政。而且魏忠贤还特意在明熹宗做木工的时候奏事，长此以往明熹宗开始厌烦听奏折，推说自己已经清楚了，让魏忠贤酌情处理。

于是，魏忠贤借机多次矫诏擅权，与朝中大臣勾结排挤东林党，逐渐掌握了朝中大权。魏忠贤因此专权独断，明朝出现了空前的宦官专权的局面。曾有忠臣状告魏忠贤，但是明熹宗并没有听从，反而削去忠臣的官职，使得魏忠贤作威作福。结果，外廷成了这位大太监的一言堂，并被称之为“九千岁”。

管理者的能力高低，主要体现为对权力的运用。一朝权在手，便把令来行，虽然掌权令人兴奋，但也要懂得合理妙用才好。聪明的管理者善于培养自己的忠诚下属，一旦下达命令，众人都会全力以赴，忠实执行。有忠诚的支持者，管理者在事情的处理上就会游刃有余，尽情地施展自己的才干，反之则会处处掣肘，甚至连命令都无法传递出去。

鼓励下属最好的办法就是升职，从而调动每个人的积极性。但是，升职的时候要选对人，如果提拔了一个扶不起的“阿斗”，只会让管理者的威信下降。另一个鼓励的好方法就是调整下属的职务，平级调动也有不同，可以让下属的才能更加充分地发挥，也可以让下属更加努力的工作。

管理者最需要注意的就是防止被架空。有些人一旦得到重用，或者被委以重任，自信心就会过度膨胀，觉得公司少了他就无法运转了。一旦发现有这种人出现，管理者必须及时处理，如果不能立刻安排其他人接替其工作，也要安排几个人来分散他的权力。这样做有助于在顾全大局的同时，还能把不利影响降到最低。

有一些老板在授权之后就不再关注下放权力的使用，这使得员工对权力的使用产生茫然无措的感觉，致使发生混乱。身为管理者，在授权之后应该对权力进行引导，而想要引导权力，帮助员工完成心理疏解，须把握好以下几点。

第一，预估风险。

这是管理者在授权之前就要完成的思考活动。授权本来是一种投入和产出成正比的方式，管理者在授权之后应该得到相应的回报，否则这样的授权就没有价值。管理者在授权之前要对授权做一个预估，小风险高回报的授权是必须果断实行的，但是高风险小回报的授权则需要管理者仔细考虑。

第二，只授权内容。

授权的重点应该是授权的内容，将重点放在具体的任务内容上。在授权之后，要尽量减少对下属的指手画脚，不干预员工完成任务的方法，给予对方自由发挥的空间，充分施展其才干。

第三，检查和鼓励。

在授权之后，要对被授权的下属进行检查。这种检查并不是对下属能力的怀疑，而是对下属做事的方法进行适当地鼓励和引导，让下属感到管理者的信任。

第四，合理分配。

授权也存在很大差异，有些工作的内容索然无味而且十分繁琐，有些工作内容却很轻松。对于工作内容的不同，管理者也要有考量，在授权之前说明工作内容和性质，让下属在接受授权的时候有所准备。

第五，避免反向授权。

有些时候下属能力不够，害怕担风险，挨处罚，或者单纯地缺少自信，将一些应该自己完成的工作交回给管理者去做。这时候，管理者应该对部下进行鼓励和引导，坚定那些不自信的下属，而不是完成下属交回的工作。

管理心理学启示

管理者对权力最好的掌控，就是要在人才任用方面应该具有绝对的权力，不能受到下属一丝一毫的牵制。如果管理者在任用人才的时候受到了下属的影响，那么对方就会认为管理者缺乏独立判断的能力，进而产生“不过如此”的想法，乃至影响管理者的分析判断。

如果这种情况没有得到有效的制止，管理者的权威必然受到影响，地位也会受到损害，公司的秩序也会产生混乱。更重要的是，团队之中结党营私的风气也会扩大影响到更多的员工，令人只专注于结交关系而不专心工作，不遵守公司的规章制度。这种不良风气一旦蔓延开，后果将不堪设想——轻则扰乱公司秩序，使公司的经济效益受到损害，重则使公司陷入瘫痪，管理者有被颠覆的危险。

008 无为而治：最有效的授权就是让员工各尽其责

管理者的最高境界是自己轻松自在，下属们忙碌得井井有条。这样的管理，可以最大程度地发挥下属的能力，最大程度让下属贡献他们的才智，同时也解放了管理者自身，从而专心思索公司未来的发展。

任何时候，一个人的经历都是有限的，不可能做到事必躬亲。身为管理者，想要实现有序的管理，必须要适度地放权，把权力下放给各级负责人，让各级负责人做好具体的事物，管理者只需要掌控全局。如果管理者把所有权力都掌握在自己手里，那么势必会带来独断专行的一面，在关键时刻蒙受重大失误。合理放权，运筹帷幄，让团队有序运行，反而能收到良好的治理效果，这就是用权的辩证法。

李嘉诚旗下有多家上市公司——嘉宏国际、和记黄埔、香港电灯、长江实业等等，公司的业务包括能源、地产、通讯货柜码头、零售、财务投资等等。如此庞大的产业，想要治理得井井有条，单凭李嘉诚一个人是无法做到的。

我们看到，大量的各行各业、不同专业、不同层次的人才，聚集在李嘉诚周围，令他能够一直稳定运营这么多家公司。这些人包括长江实业及和记黄埔董事局副主席麦理思、长江实业副董事总经理周千和、周年茂、霍建宁，他们帮助李嘉诚将长江实业治理得井井有条，发展十分迅速。

在用人方面，李嘉诚十分大胆，他大量启用外国人，实现中西合璧，暗含了“古为今用、洋为中用”的道理。正如一家评论杂志所说：“李嘉诚这个内阁，既结合了老、中、青的优点，又兼备中西方色彩，是一个行之有效的合作模式。”

作为一个庞大的跨国企业首脑，李嘉诚明白：一个企业的发展，需要不同的管理人才，这不仅是企业自身发展的要求，也是顺应时代发展而必须具备的明智决策。正是大胆启用各种有为的专业人才，为集团注入新鲜血液，李嘉诚的商业帝国才以更大的速度超前发展，其势头令人瞠目结舌。

优秀的领导者都善于用人，而用人的一个关键环节是指挥好人才、分派好任务，发挥人才的价值。做好了这一点，领导者就会像李嘉诚那样，有更多时间和精力思考战略、把握全局了。

领导者不能和员工“抢”工作，不能和员工“抢”责任，要让员工们放手去做，让他们去做他们应该做的工作，承担应该担任的责任，履行应该履行的职责，这才是真正的优秀领导者。总之，领导者在位的时候，用权要注意几个方面。

第一，要有权威。在公司里，只能有一种权威的声音，要让员工形成听从统一指挥的习惯，让员工了解统一指挥的重要性。当有事情的时候，一定要听从指挥，不能一盘散沙。这样才能牢牢地掌控各级负责人，真正地实现大权在握。

第二，要有魄力。身为领导者，是公司的绝对中心，做事不要缩手缩脚。要有战略眼光，能够把握战略方向的重点，可以处理事关全局的重大问题。要对下属有严格的要求标准，才能让下放的权力产生满意的效果。

第三，要正确指挥。在指挥下属工作的时候，正确的指挥是工作完成的重点，也是让员工信任的要点，还能凸显领导者的才能。如果一个领导者经常出现决策失误，不仅会失去员工的信任，还有失去权力的危险。

管理心理学启示

让人才发挥自己的价值，就是要保证每一个员工都做好分内的事情。在管理中，一定要把权力和职务相匹配，不能有权无职；要把权力和责任相结合，不能有权无责，更不能有责无权。因此，领导者放权的时候，就要给下属提出明确的要求，做到责任、权力、职务相结合，才能从根本上调动人才的积极性。

总的来说，领导者掌握大权，各级负责人恪尽职守，不敢有不轨之心。因此，领导者把具体的事物交给各级的负责人去做，保证每个基层员工都有明确的任务。做到这一点，所有人都知道自己该做什么，不该做什么，那么公司的秩序就形成了。这样领导者掌权，下属努力工作，就形成了良好的发展态势。

009 只需下达命令，不必过问细节

大部分有能力的人的自尊心和荣誉感都很强，他们想要通过努力去完成工作或者是事业，达成自己的愿望和要求。这种情况下，身为领导者要充分相信下属，授权之后就让他们放手在职权所在范围内处理问题，让他们做到有真正的权力，发挥他们的创造性来更好地完成工作。领导者在下达命令之后，除了一些必要的工作上的指导和检查之外，就不要再指手划脚地干涉被授权人的工作。

信任，是一门用人和领导的艺术。信任和尊重可以让人的精神受到莫大鼓舞，激发其事业心和责任感。只有领导信任下属，下属才会更加信任领导，而且还会产生一种忠心，使领导的意图可以更加正确而通畅地实现。而如果下属的自尊心被领导伤害，那么本能地就会出现排斥的心理以及消极的情绪，影响到工作和周围的同事。

授权和信任密不可分，如果身为管理者不相信自己授权的下属，那么被授权的下属自然更难相信管理者。在这种情况下，即使完成了授权，也会形同虚设。一些管理者一边授权给下属，一边又不放心下属，担心其能力不够，无法胜任，还担心下属无能，其他有能力的人会对自己产生质疑。这样就产生了越级指挥的情况，干涉被授权者的具体业务甚至听信谗言，公开怀疑被授权者等等。凡此种种，都会挫伤被授权者的积极性，不

利于被授权者进行创造性的工作。

约翰是一家公司的生产部门的经理，老板把公司当月的生产计划交给了他，让他全权负责生产计划的实施。从人员的调配到原料的供给和机器的使用，全由他来指挥。约翰十分兴奋，觉得老板重视自己，认可了自己的能力。接受任务之后，他很快就根据生产计划来安排人员、原料和机器，各项工作开展得非常顺利。

一周之后，老板来检查工作，发现一周的生产量已经达到了生产计划的三分之一，于是就责怪约翰说："你是怎么搞的，一周生产这么多，如果生产人员过度劳累怎么办，机器过度磨损又怎么办?"约翰十分郁闷，只能接受批评。

到了第二周，老板发现约翰的工作汇报中，本周的生产量比上一周下降了五分之一，又批评约翰说："你是怎么搞的，生产量下降了这么多，你再不加强管理，计划就没法按时完成了!"

约翰十分无奈，本来他信心满满地接受了工作，全权负责生产计划，但是竟然连续挨批。由此，他开始怀疑老板是不是出自真心让他负责这份工作。显然，这个全权负责只是徒有其名，根本没有决定的权力。于是，第三周的工作他不再自己做决定，先请示老板如何安排生产。

其实，约翰的老板并不是想插手约翰的工作，只是想监督一下，让下属更好地完成生产计划。但是由于方法不妥，结果让约翰产生了不被信任的感觉。结果，约翰失去了工作的积极性，工作受到了消极影响，预先的授权安排也名存实亡。

高明的管理者在把权力下放到下属之后，既能检查督促下属的工作，又不会给他们不受重视的感觉，从而不会让下属感到有名无权。因此，领导者授权给被授权者，一定要注意：既然对方有能力，就让他大胆发挥手中的权力，施展个人才华；一旦工作中遇到难题，还要在恰当的时候给予指点。

管理者在授权之前，一定要预先想到任何可能出现的情况。做出正确而及时的决策。那些缺乏预见能力和对失败的因素估计不充分的管理人员，常常遭到失败。在你做出最后决定之前，最好要向你的下属征求一下意见，听听他们对领导决策、决定的看法，吸取一下大家的经验和思想。在听取了众人的意见之后，领导者才容易赢得下属的全力支持，并带动大家坚定地执行高层的命令。

千万不要直接向下属的下属宣布你的命令，这样会使下属夹在中间左右为难。通常，你只需要向下属下达命令即可，万万不可越俎代庖。而且，形势不是一成不变的，意外随时可能发生，你要鼓励下属独立对当前的形势做出自己的判断，当出现错误或者有什么意外事件发生时，要及时重新制定适应新情况的计划。

领导者务必牢记一点，你的决定会产生长远的影响。坐在管理者的位子上，仅仅考虑当前的利益和作用是不够的，必须做好全局安排、具备前瞻性的眼光才行。一旦下达了命令，就要坚持放权，让大家去执行，你只需扮演好监督者的角色即可。

管理心理学启示

授权是每一个管理者的必修课，也是很多管理者一直对下属做的事情。但是，有一点需要注意，那就是授权之后还对授权者指手划脚。因为，这样做会让下属觉得管理者不信任自己，不仅起不到授权的作用，还会使被授权人失去工作的积极性，变得消极怠工。如果出现这种状况，显然得不偿失。

高明的管理者授权之后，会充分相信下属的能力，下达命令之后不会再过问细节，给下属充分的自由空间，真正做到“用人不疑”。

010 只有合理分工才能使下属心情舒畅

一个合格的管理者，需要做到对下属员工的特点、性格、能力了如指掌，然后按照每个人的特色去安排工作，给他们能够真正发挥自己特长的平台，使他的内在潜能得到充分的发挥。也就是说，管理者要做到合理分工，智能匹配。举个例子，让猫捉老鼠，让狗来看家，这样的结果自然会是皆大欢喜。

古人曰："君子所审者三，一曰德不当其位，二曰功不当其禄，三曰能不当其官，此三者乃治乱之原也。"这提醒我们，用人的重点就是能够担当工作的重任，这也是根据工作来安排人选的前提。合理分配工作的重点，就是讲究人、能、职匹配，三者匹配才能实现人尽其能，才能让公司稳定，才能从根本上避免管理者在用人的时候错用庸人或者浪费人才。

事实上，只要管理者能够掌握员工的特点，利用他们自己的长处，把他们放在最合适的岗位上，分配给他们最合适的工作内容，不仅可以让管理者省心，还能让员工心情舒畅。

在制作胶卷的工序中，最重要的部分就是感光材料的制作，感光材料的制作必须要在暗室中才能完成，但是凭借正常人的视力，进入到暗室中就会什么都看不见，两眼一抹黑。如果在这种情况下还要求员工去制作感光材料，那么就等于让司机在黑夜开车还不允许开灯一样。柯达公司作为胶卷的生产大户曾经一度为此头疼不已。

如果想让正常人去制作感光材料，又想提高制作的效率，为他们购置夜视装置又是十分不划算的，而且也十分不方便。而且在暗室中工作的员工一直苦不堪言，对于暗室的工作早已受够了煎熬，很多人抱怨在工作的时候和盲人一样，看不到东西让他们心情十分糟糕。这时，一个经理突发奇想，既然正常人在黑暗的环境中无法工作，不如让一直生活在黑暗之中的盲人来完成，说不定盲人会比正常人的工作效率要高。

后来柯达公司进行了尝试，聘用了一批盲人来进行感光材料的制作。果然，盲人在暗室之中的表现要远胜于正常人，工作效率也提高了很多。于是，公司高层决定将所有暗室内工作的人员都换成盲人。

这样一来，不仅提高了工作效率，还让很多盲人获得了工作的机会，而且还让之前在暗室内工作的员工得到解放，摆脱暗室回到正常环境下，让员工的心情十分愉悦。

由此看来，世界上没有绝对的十全十美之人，管理者要讲究规避员工短处，发挥员工的长处。正是因为每个员工擅长的内容不同，性格不同，才使得公司内的各种各样的工作都可以找到最合适的人员，才能让各项工作正常运行。如果管理者单纯地依靠个人标准去约束员工，只能让公司成为管理者一个人思维模式下的产物，员工的特长和创造性会被约束和抑制。

公司发展中需要各个方面的人才，管理者要按照职务的需求来寻找合适的人选，可以先分析工作岗位的要求和工作的内容，从中找出担该任职位的人选所需要擅长的内容，再寻找现有员工中与之相符的人选，把合适的人分配到最能发挥特长的地方，使相应的人才处于相应的岗位，把人才的才能和岗位、职务、责任协调统一起来。

作为领导者，要成就一番事业，在对待人才的问题上，任人唯贤，并放在合适的位置上，就能取得胜利，反之，就会遭到挫折和失败。因此，作为领导者，千万不要让自己陷入“矮子堆里选将军”的境地。应该因事设人，能职匹配，找到合适的人来胜任相关的职位。

因事设人，合理分工，这是每个公司在招聘员工和安排职位时最基本的原则。虽然每个员工都有自己的特长，但是企业里毕竟职务有限，不能增加冗员浪费成本。俗话说，“一个萝卜一个坑”，因此企业必须实施因事设人，职能匹配的办法安排职位，任用人才。

管理心理学启示

用人是一门奇妙的艺术，正所谓人无完人，关键在怎么利用。“尺有所短，寸有所长”，这就需要管理者要凭借自己的眼光来判断人才的能力和品行，这是一个考验管理者笼络各种人才为己所用的手段，也是管理者根据员工才智来分配合适岗位，发挥他最大能力的工作。

作为老板，你要认真观察，在公司里有哪些类型的人物，应该怎么去“因势利导”，让每个人都能扮演好自己的角色，从而为公司做出重大贡献。

第十章
DI SHI ZHANG

决策心理学：克服定式思维，方能有所突破

通常，我们也把定式思维叫做“惯性思维”，是由先前的活动而造成的一种对活动的特殊心理准备状态，或活动的倾向性。在环境不变的条件下，定式思维能够使人运用已有的方法快速地解决问题。但是，当情况发生了变化的时候，定式思维却会束缚你的思维，让你在原地打转，无法突破。想要在波涛汹涌的商场中有所突破，就必须克服定式思维。

001 布里丹效应：果断，真的很重要

14 世纪的时候，有一位法国的哲学家，叫做布里丹，在一次和朋友讨论自由问题的时候，讲了一个这样的寓言故事。一头饥饿难耐的毛驴，站在两捆完全相同的草料中间，可是它却犹豫不决，不知道应该先吃那一捆草料才好，犹豫到最后竟然被饿死了。“布利丹驴”就是来源于这个寓言故事，它用来形容那些做事情优柔寡断的人。再后来，人们就把在做决定时犹豫不决的现象称作“布里丹效应”。

“布里丹效应”在商场中其实非常常见，尤其是在领导层。因为领导在做决定的时候，往往都想要达到最优的效果，所以做决定时就会思前想后，犹豫不决。这样，在心理上就会感到慌乱，人的思绪一乱，标准就乱了，就更加不知道该做何决定了。最后导致时间悄然流逝，你在慢慢悠悠中错过了最佳的时机。

想要克服“布里丹效应”，首先就要克服自己太过情绪化的不足。通常情况下，影响人工作的不仅仅是知识水平、工作能力，更加直接的影响因素是情绪。调控自己的情绪是领导的基本功，尤其是当企业在做重要决定的时候，领导更要保持情绪的平稳。在平稳的情绪之下，人的理性会占领制高点，然后你便要果断地做出选择，果断地抓住时机，确定新的行进方向，集中所有资源和力量，朝着选择的方向稳健地进发。市场经济讲究“时间就是金钱”、“时间就是一切”，你可能因为迟一秒钟做出决定，生意就被竞争对手抢走了，一笔订单就不翼而飞了，损失是巨大的。

中国人讲究“三思而后行”，什么事情都想要想清楚了再做决定，但是这越来越成为一种理想状态。因为，现实不允许你这样做，特别是在商场上，等你看清楚了，竞争对手也看得一清二楚了，你还如何占领制高点，获得优先权呢？况且，没有什么路是可以一眼望到头的，没有人可以

准确地判断选择了这条路就会带来什么样的结果。为了抓住机会，企业领导者必须代表企业在最快的时间里果断做出决定。这看起来像是一场赌博，但是没有错，市场就是一场赌博，靠的不单单是运气、实力，还有魄力和时机。企业有成有败很正常，但是在关键时刻犹疑不决，付出的代价肯定是惨重的。

安迪·格鲁夫，是英特尔公司的前董事长和首席执行官，他曾经当选过美国《时代》周刊评选的“风云人物”，他是美国的平民成功的偶像代表，他甚至是美国梦的形象代言人，他被认为是21世纪商界人士的楷模。

从1987年格鲁夫当选为英特尔的首席执行官，他共连任11年，并带领英特尔以每年34%的增长速度成为全球雄踞榜首的企业。但是在1994年的时候，英特尔的发展遇到了瓶颈，奔腾芯片的销售出现了危机，公司踟蹰不前。就在这种危难的时刻，格鲁夫使得公司转危为安，并让企业变得更加强大。

当时格鲁夫做的就是瞄准时机，快刀斩乱麻，果断做出决定，进行企业转型。摆脱一直以来的半导体存储器的旧有包袱，转型成为微型计算机公司。这一决定在当时的业界来说绝对是一次冒险，但是格鲁夫看准了这个时机，认为公司如果现在不转型，等到想要转型的时候就已经晚了。事实证明，格鲁夫是对的，转型之后的英特尔公司，发展势头强劲，成为了全球最大的半导体企业。

英特尔在格鲁夫的带领下成功转型，但是市场真的是瞬息万变，20多年过去之后，英特尔如今又面临新的困境，这一次，虽然已经不是格鲁夫在掌管公司，但是关键时刻果断做决定的传统却留了下来，新的CEO詹睿妮又一次果断做出选择，再一次进行转型。

21世纪，消费者对于电子产品的要求越来越多，如何增加英特尔满足不同消费市场的能力，成为公司发展的新瓶颈。詹睿妮果断出击，仅用一年的时间，就推出了个人电脑上配备3D摄像头的电脑，还有其他一些智能设备，除了Edison芯片之外，还有纽扣大小的Curie模块，它包含了计算、运动传感、低能耗蓝牙和电池充电功能。

在看到现在的年轻人越来越重视时尚感之后，詹睿妮果断做出决定，与时尚品牌合作，比如和时尚品牌 Openning Ceremony（美国的知名连锁潮店）一同推出了 MICA 智能手环，在年轻的消费群中取得了良好的口碑和销量。詹睿妮说，英特尔并不是想要成为一个时尚公司，而是对于英特尔来说，这是一个机会，一个选择，我们必须抓住，否则让竞争对手占了先机，一切就太晚了。

做生意非常讲究占得先机，时间上的一个前后差距，就会影响到你的销售，你的市场占有率。两次转型，英特尔都没有犹豫，果断出击，留给竞争对手的就是一个强大的背影。

管理心理学启示

世界上总有人光说不做，总把所有美好的愿景都放在脑海中，也总有人在担忧迈出这一步之后将会遇到的种种困难，总之，他们就是不赶快做决定，不行动起来。但是，过分的谨慎和粗心大意一样，都会带来糟糕的结果。在企业管理中，思前想后，犹豫不决固然可以免去一些做错事的可能，但是在今天这个快速发展的时代，更大可能是你失去更多成功的机遇。

不要做那头愚蠢的驴子，该做出决定时，就要果断地行动，把握机遇，赢在当下。

002 破窗效应：及时修好被打烂的第一扇窗

美国有一个著名的心理学家，曾经做过这样一个有趣的实验：他让一个人打破了一栋建筑物的一扇窗户，然后不对其进行修缮，只是静静地进行观察。结果发现，陆续有人拿起石头去砸碎更多的窗户，最后这栋建筑物上竟然没有一扇完整的窗户了。这就是著名的“破窗效应”。

为什么一扇窗户没有得到及时地修整，就会带来后续的破坏呢？这是心理学上的问题。因为，环境可以对一个人产生强烈的暗示性和诱导性。因此，防止整栋大厦窗户被砸碎的好办法，就是在第一块玻璃碎的时候就马上将其修补好，不要拖拉，更不能不管不问。这个理论同样适用于商业管理。

在制度化管理的公司中，制度往往制定了很多，但是有效执行的却非常少。执行力不够，员工对于制度的认可度就会下降，最后会导致越来越多的人将公司制度当成耳旁风，对之视而不见。

有一家公司，员工有一百来号，该公司的规章制度上写得非常明确，上班时间必须佩戴工牌。并且规章制度上还明确写了如果有人上班不佩戴工牌，将受到每次 20 元的罚款。这一制度刚开始执行的时候，员工们的警惕性还不是太高，有几个平时大大咧咧的员工没有照做，其实他们也并不是故意不佩戴工牌，只不过是一时忘记了。但是公司的管理层对于这几个人的违规行为却没有进行处罚，甚至连提醒都没有，就好像没有相关的规章制度一样。这几个人见原来不佩戴工牌并没有什么事，也不会受到什么处罚，公司不过是在吓唬他们罢了，于是就压根儿不想佩戴工牌了。

一个月过去之后，公司从最开始的这几个人不戴工牌发展到近乎一半的员工上班不佩戴工牌，而且明显都不是忘记了，有些根本就是明知要戴，也不佩戴，因为大家觉得反正戴不戴公司都不会管。时间长了，该公司的员工就表现出精神涣散的状态。有客户来公司参观时，都能够明显感觉出来，因此对该公司的印象大打折扣。

如果该公司能够在第一个员工没有佩戴工牌的时候，就果断地按照规章制度办事，对其进行罚款。那么想必也就不会有第二个人、第三个人犯类似的错误了。未能快速地做出决策，结果使得错误越来越大，违规的人越来越多，最终影响了公司的形象。

美国有一家公司，虽然规模不是很大，但是却很少开除员工，外界对于该公司如此低的员工炒鱿鱼率感到不解。其实，这当然是有原因的，从下面的一个事例中就可以看出来。

这一天，该公司的一名老车工汤姆在切割台上工作了一会儿，就把切割刀前的防护挡板卸下来放在了一旁。没有防护挡板，汤姆在收取加工零件时就会方便快速许多，这样汤姆就可以赶在中午休息之前完成三分之二的工作了，但是这不符合工作规则，埋下了安全隐患。汤姆这样切割的时候，被无意间走进车间巡视的主管看到了。主管雷霆大怒，命令汤姆马上立即将挡板安上，汤姆听后赶紧把挡板安装上去。接着，主管又在那里训斥了大半天，并且惩罚汤姆白做一天工。汤姆被吓得再也不敢将防护挡板卸下来了。

事情发生的第二天，该主管又找到了汤姆，语重心长地对他说："身为老员工，你应该比谁都清楚安全对于咱们公司的重要性。你今天少完成了零件，少实现了利润，公司可以换个人换个时间把它们补回来。但是，如果昨天，你因此而失去一只手，甚至一条生命，那公司拿什么去补偿你的家人呢?"汤姆听后很受触动，决定今后一定严格遵守车间安全守则。

试想，如果该主管当时并没有立即指出汤姆的错误，那么汤姆就更加不会将此事放在心上了，而安全这种事情，是不怕一万，就怕万一的。小小的失误都有可能带来一场灾难，一个疏忽就能丢了一条性命。幸好那位主管果断地决定，不含糊，不给汤姆找借口的机会，这才让汤姆有了深刻的认识。

中国有句古话叫做"久病不医终成疾"，意思就是说刚开始有病的时候，不重视，不赶快找医生诊治，结果拖着拖着，病毒就会扩散，导致病情的加重。公司管理也是同样的道理，小毛病不当机立断做出决策解决掉，那么时间一长就会累积成大毛病，到时候你想要修正它就会非常困难，那样就真的无法挽回了。

管理心理学启示

破窗效应，这是犯罪学的一个理论，环境中的不良现象如果被放任存在，就会诱使人们效仿，甚至变本加厉。事情的恶化或者说是质变，我们通常都只是看到了后面的那一双推手。比如，我们可能只看到那个砸碎窗户的最后一个人，但是我们却忽略了第一扇窗户被砸碎时没有被惩罚的那个人。正是因为他没有得到应有的惩罚，才造成第二双手、第三双手的存在。所以，问题的关键不在于谁是最后一个打碎玻璃的人，而是要努力做修复第一扇窗户的人。不要拖拖拉拉，不要装作视而不见，姑息养奸，说的就是这个道理。

发现问题，解决问题，才是一个优秀的领导者应该做的事情。发现问题，逃避问题，只会把公司拖向无尽的深渊。做个决策迅速的人，修好第一扇窗户，保住整栋大楼。

003 如果没有胜算，就千万不要轻举妄动

毛泽东主席在 1947 年年底写的《目前形势和我们的任务》一文中，指出我们的军事原则之一是不打无准备之仗，每战都应力求有准备，力求在敌我条件对比下有胜利的把握。这是兵法，但也是商战上的战术。市场上存有许多陷阱，如果在没有对市场和自身做出明确的认识时，对于没有胜算的事情，千万不要轻举妄动，否则，一步错，步步错。

没有做好准备，然后就莽撞地行动，最终会带来什么呢？下面这个例子能够带给你一些启示。

江华是一个颇有数学天分的人，大学毕业后，凭着自己的聪明头脑，成功进入了一家有名的金融公司。初入职场的新手，难免会遭到老员工的排斥，大家都不是很喜欢帮助他，和他聊天，这也是因为江华自恃自己才

高八斗，是金融界奇才，所以平时讲话也很骄傲，其他的老员工们很是看不过去。

做金融这一行，不管你有多么高的学历，多么高的智商，没有业绩也是枉然。刚进公司的江华急需要谈成一个客户来证明自己的实力。没有想到，一上来，经理就分给他一个极其难啃的骨头——一个非常有个性，做事情独来独往的人，身为公司的 CEO，年轻有为，但是很难接触，平时概不见客。之前有很多员工都试图拿下他，因为毕竟那是一个大单子，但是都失败了。江华刚进公司，什么都不懂。经理交给他这项任务时，他还自以为是地说："两个星期，绝对给你搞定他！"其他的员工听到他这样说，心中怒火中烧，想要故意整一下江华。有个员工主动靠近江华，给了他很多关于那个 CEO 的资料，但事实上，他们给江华的都是往年的资料，根本帮不上什么忙。

江华根本没有把这件事情放在心上，而是自信地认为这些人做的事情都是多余的，自己那么优秀，还需要做什么准备呢？于是江华在什么都没有准备的情况下，直接到那家公司找那位 CEO，可是却吃了闭门羹。江华没有放弃，就坐在沙发上等，一直等到人家下班，但结果也只是看到了那位 CEO 的背影而已。人家一点在金融公司开户的意愿都没有，根本不会跟江华见面。之后江华又去了几次，但结果都是被扫地出门。因为江华无论哪一次去，都是带着对那位 CEO 的不了解去的。江华从一开始就没有十足的把握能够拿下那位 CEO，然后还贸然出现在人家的公司里，只能招来人家的反感。

两个星期很快就过去了，江华当初的话无疑是给了自己一记耳光。公司里的同事们都在嘲笑他，经理对他也是没有好脸色。提醒他如果这个月一个客户都没有谈成的话，是根本过不了试用期的。这下子江华真的慌了，他没有想到自己的聪明机智现在却派不上用场了。他很苦恼，他很讨厌那个 CEO，到底怎么样才能说服人家呢？

江华反思了自己的错误之后，明确了自己是因为没有对对方做充足的调查，对对方一点都不了解，所以，他放弃了去人家公司蹲点的做法，而是通过各种人际关系，社交网络，去了解那个CEO的日常爱好。功夫不负有心人，江华发现对方对于赛车有着特别的兴趣，而恰好江华的一位同学就在赛车行工作。得知了这个信息之后，江华恶补了许多关于赛车的知识。在充分准备之后，江华来到赛车行等待那位CEO的出现。

这一天，该CEO来到车行，进行改车，他想把车的发动机换成马力大一点的。这个时候，江华出现了，他说了一堆关于改车的建议。江华略显专业地说："车子不经过周密的安排，只改动一个发动机，是无法实现速度提高的，而金融这行也一样，凡事都要经过准确的谋划，方方面面都要照顾到，既然您有这么多的资产，您不可能自己全都处理好，放在我们公司，我们可以给您进行周密的、合理的安排，保证您这台'跑车'性能越来越好，跑得越来越快。"对方被江华的话所打动，最终选择同意由江华为他们公司开一个账户。

刚开始的时候，江华未能做到准备充足再行动，而是在完全没有准备的前提下盲目工作，结果是一事无成。而当江华真正意识到自己的错误，开始做足功课之后再行动，工作就出现了转机。这是为什么？因为准备充足，你就有了信心，有了把握，在谈判的时候客户会感受到你的真诚和努力，会更加容易认可你。

管理心理学启示

当你在对一件事，一个人还没有十足的把握的时候，不要轻举妄动，先要仔细观察一番，认真调查一番，在做好了充足准备后再去行动，那样的行动才是有力的，有效果的。孙子兵法讲究"知己知彼，百战不殆"。其实说的就是这个道理，没有对对方充分了解，就贸然地上战场，那只能是去送死。只有对敌人深入了解，你才能打胜仗。

004 坚持自己的判断，做事要有主见

作为企业的领导者，在带领一个企业向前发展的过程中，选择很重要，判断很重要。市场十分残酷，有时候根本没有第二次重来的机会。所以，你做的每一个选择，都要负责任，不能够人云亦云，必须要有自己独立的想法。

现在的社会很复杂，影响你的因素有很多，如果，你自己心中没有独立的判断，总是这个听一句，那个听一句，那么最后其实你并没有听进去什么有价值的建议，反而还会丢失了自己真正有意义的选择。所以，做事要有主见，对于企业的领导来说非常重要。

我们可能大多数人都听过这样一个笑话，一位老人带着自己的孙子和自己家的驴子一起去赶集，买了两袋面。在回家的路上，这个老头自己扛着面，让自己的孙子坐在驴子身上。路过一个村庄的时候，有村民看见了，就对着他们说："哟哟哟，这家的孩子也太不懂事了，自己坐在驴子身上。让他爷爷扛着那么沉的面，真不孝顺。"孙子听了这话，就赶紧下来和爷爷一起走，把面粉放在了驴子的身上。他们爷孙走啊走，又走到了一个村庄，村里的人见此情景，又说："哟哟哟，你看这家人，对待动物也太残忍了，那头驴已经那么瘦了，他们还把那么多重物放在它身上。"爷孙俩听了，又赶紧将面粉从驴子身上卸了下来，两个人一人扛一袋。他们继续走啊走，又来到了一个村庄，村民们看见他们，大笑说："这两个人是不是傻瓜啊？自己背着那么重的粮食，不用驴子驮！"爷孙俩听后觉得也对，于是他们两个人背着两袋面坐在了驴子身上回了家。后面的村民全部笑得合不拢嘴。

这虽然是个笑话，但是它反映了一种人，就是没有主见的人。别人说什么，他就做什么，他觉得别人说的都对，但是就是没有自己的想法，结

果弄得贻笑大方。别人给你的建议不过都是站在他们的个人角度，不一定符合你的实际情况，而你，没有必要因为某个人的某句话就去改变你的行为模式，因为，这并不一定是正确的。正确的做法应该是你明白自己的处境，知道自己要什么，然后又有自己的判断，有主见地做每一件事。

没有主见的人，仿佛是墙头的芦苇，风吹两边倒，随波逐浪，极易迷失方向。有主见的人，恰似山中松柏，咬定青山不放松，任你东西南北风，我自岿然不动。

成功的企业家，必须要具备独立的思想，企业的成功不能是靠一味地模仿重复其他企业的已有经验。做任何事情，都不能被别人牵着鼻子走。

没有主见的人通常是没有信心的人，自信是每一个成功人士必备的潜质。如果你在做事情的时候，害怕别人给你提出不同的意见，甚至别人提出反对时，你就会慌了手脚，放弃自己的想法，那么你也就失去了自己。做企业，要有明确的立场，每个人的想法、立场都不一样，因此也不会有人的想法是完全一致的。你要想达到你想要的结果，就要有足够的定力，排斥他人的议论，坚持自己的选择。

小张是一名短跑运动员，从 8 岁起就被送到了体校，成绩一直十分优异。得过许多大奖，在 19 岁的时候，他进入了省队。曾经，他代表省队参加大学生运动会，还得过男子 100 米的亚军。队里面的领导和家人都非常支持他的这项事业，小张也非常热爱体育运动，他将跑步看得像生命一样珍贵。但是 23 岁这年，小张不幸遭遇了一场车祸，伤到了左脚踝，在医院一住就是大半年。出院以后，还要在家静养，医生建议他不要再从事剧烈运动，小张听到这个消息后心如刀绞。教练也感到十分可惜，家人们劝他不如索性趁此退役，找个稳定工作好了。但是小张心里不这么想，他想自己还年轻，这次车祸所带来的伤，是可以克服的困难，自己的辉煌还没有开始，不能就这么放弃了。于是，小张顶着巨大的压力，在父母朋友都不赞成的情况下依然坚持自己的选择，毅然决然地回到队里继续训练。小张付出了比别人更多的汗水和辛苦，但是他始终坚信自己的选择，终于，小张在第二年的省运会上以男子100米第一名的成绩证明了自己。教练和家人为他感到无比自豪，大家都相信了他的选择。

每一个正常的人，都不会漠视他人对自己的评价，他人的态度也会影响到自己的心情和行为，小张在听到周围都是劝他退役的声音的时候，内心也是孤独迷茫的。但是自己的事情的决定权始终在自己手里，没有人会为你的决定买单，只有你自己。所以当你认准了目标的时候，就要坚持自己的选择，做个有主见的人。

作为企业的领导者，你一定要对这家企业负责，所以你更要有自己的主见，不要被外界所干扰。要对得起自己，对得起员工，对得起企业。

管理心理学启示

做企业的确不是一件容易的事，但是天底下的事情就怕认真，如果你不认真，做什么事情都拿不定主意，总是在乎他人的看法，那么你定将一事无成。可是，如果你能够认真起来，忽略外界的眼光，有自己的主见，按照自己的想法做事，你的心就能够沉淀下来，你就能够专心致志地工作，你的事业也就会成功。当你成功的时候，那些纷纷扬扬的议论声也就会戛然而止。而你，也会收获属于你的事业。

005 冒险决策前，请自我检验一下

我们常说，这个世界是属于有胆量、有魄力的人的，但是如果你的胆量、魄力换回来的是失败的事业，那么你的胆量和魄力就会变成不自量力。所以，在你要冒险做出决策的时候，请自我检验一下，究竟这个险值不值得冒？你又有什么资格去冒这个险？你有多大的胜算？这些检验，是对你冒险的一种保障，对于企业来说，就更是一道保障。

日本山叶公司是世界有名的乐器生产公司，鼎盛时期，山叶几乎就是

乐器的代名词。尤其是在钢琴销售方面，山叶更是站在了世界领先的地位。但是，就是这样一家著名的企业，也曾经因为自己的冒失而使自己陷入了困境。

日本山叶公司在业务扩展的初期，扩展的依然都是围绕着乐器，没有离开他的专长，比如说吉他、小提琴和电子琴，由于公司在乐器制作方面有着高超的技术和娴熟的老技师，因此这些新扩展的乐器的销量也都非常可观。随后的日子，随着市场上越来越多的乐器生产公司的出现，再加上国外乐器的侵入，使得山叶公司有了不少压力，他们急于寻找新的突破口。恰好，当时正在流行企业的跨界发展。于是，山叶公司为了扩展自己的市场，争取自己新的消费者，没有经过深入调查，也没有深入考虑自身技术问题，便大量从银行借贷，然后投入到自己根本不熟悉的领域。比如网球拍、电视机、录像机、音响设备、摩托车、游艇和滑雪车等制造领域。虽然这些都是非常有市场的产品，但是这些都偏离了山叶公司的业务核心。山叶公司没有弄明白自己的优势何在，盲目扩张，在技术、人才、管理上都出现了严重的脱钩现象。最后使得整个公司陷入泥淖，无法自拔。1999 年，一向销售业绩骄人的山叶公司出现了大幅度的销售下滑现象，并且公司陷入了债务危机。幸运的是，山叶公司的领导及时地发现了问题，悬崖勒马，迅速调整了整个公司的经营战略，重新回到了自己的业务核心乐器制造上，这才使公司慢慢地走出了困境，重新夺回了市场。

想要发展壮大的心情，每一个企业的领导者都会有，但是却不能够盲目冒进，不讲实际。市场上的诱惑非常多，不是你走任何一步都会有好结果。就像山叶公司一样，本来专注地做乐器就已经能够成为业界翘楚了，但非要去涉足那些并不熟悉的领域，最后只能是赔了夫人又折兵。

和山叶公司有着相似经历的还有美国的克莱博恩公司。1993 年，根据美国《财星》杂志的报道，克莱博恩公司在 1993 年的业务增长率几乎为零，当时利润下降，股价下跌。而曾经的克莱博恩可是创造过 27 亿美元营业额的美国最大女用成衣制造厂商。而导致这一切的究竟是什么原因呢？

原因就是当克莱博恩公司正处在事业的上升期的时候，公司领导层为了赚更多的钱，决定从原先针对职业妇女的合乎时尚的衣着，扩充到大尺码服饰、小尺码服饰、配饰、化妆品、男士服饰等等。但是这一决定，却是在没有经过认真讨论分析的前提下就决定的。而当时克莱博恩公司内并没有太多专业的设计师，因此对新开展的生产线把握不大，毕竟他们并不擅长。但是公司领导没有想到这一点，只是幻想着自己的这一冒险决定，肯定会带来更大的利益。

结果，没过多久，克莱博恩公司就出现了各种各样的问题，过度多元化的经营，导致该公司的经理人始终没有办法掌握核心产品，而设计师也不知所措，设计了许多不符合市场需求的产品，从而使得公司失去了一大批消费者。

问题出现之后，董事局立马开会，撤掉了相关负责人，新上任的董事长杰罗·夏仁，认真分析了失败的原因，谨慎做出决定，重新把经营重点放在职业妇女成衣上，在此基础上，更加强调产品的严谨设计、合身性和品质感。经过新的调整之后，公司的销售业绩果然上去了，又占领了百货公司销售的鳌头。

从上面的两个例子中，我们可以看出，一家企业最容易在什么时候做出冲动的决定？答案是在公司处于上升期，发展势头不错的时候。在这个时候，人们通常容易被胜利冲昏了头脑，以为自己什么都行，什么都应该尝试，什么都能够赚钱，所以就忘记了凡事要经过调研。盲目的决定，盲目的开展新工作，以为自己是个勇者，敢做市场的弄潮儿，可是，结果却是做了市场大浪的陪葬者。

诚然，公司的发展有时候的确需要做出重要的选择，但是，一个转身，遇见的可能是成功，也有可能是失败，这不仅仅是一个幸运与否的问题。市场最不相信眼泪，市场只认实力。如果你没有在冒险之前对自己进行深入的剖析，你就根本不会知道自己是否适合这个新的领域，你就不会有太大的把握，而这样的前提，市场是不会为你买单的。

管理心理学启示

盲目的冒险，通常都是短时间做出的决定。但是凡事都是心急吃不了热豆腐，一口气吃不成胖子。作为企业的领导者，你要在做出决定之前，对自己的公司进行深入的了解，对要发展的新领域做出深入的调研，在有了第一手资料之后，你才能够做出是否冒险的决定，这样你的冒险才有把握，你才有胜利的可能。

006 认清果断决策的五大障碍

作为企业的领导者，谁都想做事情能够果断做出决策，节约时间和精力。但是，现实情况总会有许多阻碍他们做出果断决策的因素。有的时候，领导者不能认清状况，果断地做出决定，一方面是由于自身的性格、心态原因，另一方面也有可能是因为来自外界的障碍。下面我们就来谈一谈摆在果断决策面前的五大障碍。

第一条，完美主义者。有些领导者，对人对事都是绝对的完美主义者，什么事情，都下不了决心，就像有选择困难症的人在买衣服的时候，很难决定是买红色还是蓝色一样，因为他觉得红色有红色的好，但是却太过扎眼。而蓝色端庄大方，却又不能满足他衬托肤色的要求。有些领导就是这样，在做决定的时候，总是觉得这个方案不错，但是还有缺点，具体什么缺点，其实他也说不出来，只不过他觉得还不够完美，还有细枝末节上的问题。但是，世界上没有完美的事情，一个人也不可能做事情永远正确。人非圣贤，孰能无过，为什么要对自己这么严苛要求呢？即使是你犯了错误，只要能够及时改正，从错误中吸取教训就好，也比你将来留有遗憾要好。追求完美，那是一种理想，却不能够让它影响你的行动。我们追求把事情做得尽善尽美，但是我们要敢做，敢于迈步，而不是因为想要完美而在那里犹疑不决，踟蹰不前。

第二条，主观客观混淆不清。我们都知道物质决定一切，物质基础决定上层建筑，我们做任何事情之前都要考虑具体的客观条件。你的决策一定要建立在坚实的基础之上，而不能够建立在你的感觉之上。如果你分不清客观现实和主观想法，那么你就会像站在天平的中间似的，摇摆不定，而这种情况下，即便你快速做出了决定，也非常有可能是错误的决定。

某公司的一位人事部经理，有比较严重的洁癖，所有知道他这个缺点的员工们都格外注意和他交往中的细节。但是公司刚刚招聘来的一位新人并不了解这一情况，一次在和这位人事经理吃过午饭之后，他很随意地拿出了自己的烟斗，抽起烟来。当时，那位人事经理的脸就绿了，但是他并没有直接说出自己的不满，可是在他的心里，已经认定了这个新员工是个没有素质、不讲卫生的人。因此，回去后的第二天，该人事经理没有和任何人沟通，就直接辞退了这名新员工。而这名新员工可是一位非常有商业管理头脑和实践能力的人才。公司因为人事经理的个人喜好，而错失了一位优秀的人才。

果断决策的前提不是你的主观印象，而要依靠实打实的数据、事例。优柔寡断的人，分不清应该听从自己的内心，还是应该尊重眼前的事实，这是管理的大忌。

第三条，在不了解情况的前提下仓促做出决定。也许有人会问，仓促做决定也是速度的表现啊？但那同时也是鲁莽。人通常在什么情况下会仓促地做出决定呢？答案是在没有充分了解的情况下，在已经犹豫不决了好久之后，才会索性破罐子破摔，随便做出一个决定，草草交差。

麦克刚刚成立了一家公司，公司刚建立的时候，麦克的朋友就给他介绍了一个绝佳的投资机会，但是存在一定的风险。麦克这个人，思前想后，还是害怕赔钱，不想把这么多的钱都投进去，犹犹豫豫，最终也没有参加。结果，麦克的朋友们都赚了大钱，而他却失去了发财的机会。

可能有人会说，麦克不了解那个项目，犹豫不决不是情有可原吗？但是，你不了解，可以努力去了解啊，如果从一开始，你就积极地去搜集相关的情报信息，你就不会因为无知而感到恐惧，从而失去赚钱的机会了。所以，果断的前提也是要有充分的了解。

第四条，总是太过在意他人的眼光。很多领导者不能够迅速、果断地做出决定，很多时候也是由于他们自己总是在担心自己做了这个决定之后，同行们会怎么看自己，下属们会怎么看自己，消费者又会怎么看自己，他们害怕自己的行为得不到他人的认可，害怕被他人嘲笑、议论。这种人，渴望得到别人的认可，但同时，他们受不了批评的声音。可是，这对于企业的发展来说是不对的，正因为有了批评，企业才能够进步。再说，别人的批评不见得都对，为什么你要为了不确定正确与否的意见而否定自己的想法，在那里瞻前顾后呢？你的决定你负责，别人说得再多他也无法给你分担你的事业。太在意别人的眼光，你就永远活在壳子里，永远不会有进步。

第五条，逃避责任。做决定，往往就意味着责任。有些人面对责任，会感到软弱无力，他觉得责任就像是一堵墙，把自己围困在内。所以，他们很恐惧这种感觉，于是，在该做决策的时候，就在那里拖来拖去。但是，要知道你的身份是企业的领导者，你的肩上本来就应该扛着责任，没有责任感，你怎么担任领导？责任，让一个人成熟，也是一个人不可逃避的。正视它，扛起它，你才能够果断地做出决定。

管理心理学启示

无论做人做事，拖拉都是一个很严重的弊病，这往往是一个人的惰性心理在作怪。当然，每个人都会有不同程度的心理缺点，这无可厚非。但是，作为领导者，你所处的位置不同，所以你要尽量克服你的心理缺点和障碍，该下决心的时候就要毫不犹豫地下决心，不能让这五大障碍影响你前进的步伐。

007 优柔寡断是做管理者的大忌

优柔寡断，这一成语出自于《韩非子·亡征》：“缓心而无成，若茹而寡断，好恶无决，而无所定立者，可亡也。”大致意思就是说，一个人做什么事情都没有主见，犹豫不决，那他定将失败。作为企业的管理者，做事情优柔寡断，是管理上的大忌。下面，我们来看一个因为优柔寡断而失败的例子。

秦朝末年，秦二世暴政导致民不聊生，反秦的武装力量不断出现，其中两只最强的部队，一支是首举义旗的陈胜领导的农民武装，另一支是响应陈胜而发动楚人起事的项梁领导的武装。而最终这两支部队都以失败告终。之后，项羽继承了项梁的事业领导楚兵，农民武装则归到刘邦手下。项羽在河北，刘邦在河南，两支队伍分别攻打秦，刘邦的兵力虽然不如项羽，但因为地理优势，先项羽攻入咸阳，项羽得知后，勃然大怒，随后也攻入咸阳，到达鸿门，而刘邦则在霸上驻军。刘邦的左司马曹无伤派人在项羽旁打小报告，说刘邦要在关中称王，项羽得知后更加愤怒，下令将士们吃好喝好，准备打一场大仗。

项羽的叔父项伯知道此事不易轻举妄动，不能听信小人之言，于是就将此事告知了刘邦。刘邦知道后，十分惊讶，赶紧给项伯敬酒，希望他能为之说情。于是，项伯就答应了，还让刘邦来给项羽请罪。

项羽从项伯那里听到刘邦对自己的敬重，内心十分高傲自大，决定设酒款待刘邦，迎接他对自己的朝拜。而项羽的亚父范增则认为这是绝佳的时机，建议杀掉刘邦，攻占咸阳，称王天下。

在这场被后人津津乐道的鸿门宴上，项羽被他人对自己的奉承吹昏了头。一开始的时候，他还是想着要斩草除根，拔去刘邦这颗眼中钉。但是这酒喝着喝着，却被刘邦的一个部下樊哙吸引住了。这樊哙在宴会上拔刀而起，掩护刘邦，当着项羽的面大口吃肉，大口喝酒，还为刘邦说好话，诘问项羽。一下子，项羽就又被樊哙给问住了，又下不去手杀刘邦了。于是，刘邦趁此机会，逃离宴会，扬长而去。而后知道真相的亚父范增气得拔剑将玉斗摔碎并大骂项羽。而项羽却还是犹疑不决，不知这刘邦该不该杀。

事实证明，刘邦当然该杀，那是个绝佳的时机，被项羽错过了。之后，刘邦十面埋伏，迫使项羽乌江自刎。而刘邦成为最后有生者。

项羽可谓是历史上响当当的人物，论武力，十个、八个的将士也不是他的对手。并且，项羽的兵力在当时比刘邦还要强，打败刘邦，完全有可能。但是历史为何没有这样上演？原因就在于项羽真的不是一个好的领导者。他在可以杀死刘邦，夺得天下的机会面前犹豫不决，优柔寡断，那试问他又怎么会抓得住其他的机会呢？

成功人士的突出特点就是性格果敢，多谋善断。而缺乏果断性格的人，遇事优柔寡断，做决定时，迟迟不定，做了之后，又不立即执行，最终只能是错失良机。

历史上做事果敢不优柔寡断的人，值得称道的一位，非诸葛亮莫属了。当时，蜀国的街亭被司马懿夺走了，之后司马懿派驻了十五万大军去夺取诸葛亮驻守的西城。而当时整个西城中只有2500多名老弱病残的士兵。一座空城，却面临了十五万大军，如此悬殊的敌我对比，战就是送死；守，又如何守得住呢？在这千钧一发的时刻，诸葛亮没有迟疑，毫不犹豫地选择隐藏兵马，不让对方看出自己的实力，然后命人将城门打开，再叫上几个老兵装作平民百姓的样子打扫街道。他自己，则登到城楼上，面对城外而坐，弹起古琴，浅酌小酒，怡然自得。

司马懿看到这一场面，心中犯了嘀咕，是进是退，他自己也拿不定主意了。他知道诸葛亮是个足智多谋的人，他如今这么的悠闲，定是这城中有什么埋伏，所以，司马懿最后选择撤兵。

城楼上，诸葛亮已吓出了一头的汗，但最终却成就了历史上著名的

"空城计"。

如此危急的关头，如果身为主帅的诸葛亮慌了阵脚，不知所措，犹犹豫豫，那么最终的结果可想而知，2500多名士兵的性命都将失去，西城也将失守，他自己恐怕也会成了敌人的刀下鬼。正因为诸葛亮的临危不乱，果敢有担当，做事不犹豫，才上演了这么一出好戏。

如何克服优柔寡断的性格弱点？首先你要拥有广博的知识和丰富的经验。果敢的决定来自内心的强大和自信，而自信又来自于自身的实力积累。像例子中的诸葛亮，正因为他对司马懿非常了解，知道他是个多疑的人，所以才敢用这招空城计。其次，克服优柔寡断的弱点，还要对现实情况进行客观分析，认真研究之后再做决策。

管理心理学启示

优柔寡断的人不会得到别人的信任，作为企业的领导者，你需要的就是员工和客户对你的信任。因此，你不能优柔寡断地做事，而要果敢，但是果敢并不是莽撞冒失，而是要经过深思熟虑，充分地调查了解，然后抓住时机，才能一发即中。

008 管理者做决定时要听取下属意见

我们常说"独木难成林"，我们又说"三个臭皮匠赛过诸葛亮"，这都是在说团队的力量。一个人想事情，往往不是那么的全面，可能会遗漏一些重要的细节，这个时候，你要允许别人给你提意见。作为企业的领导者，可不是圣人，不可能从不犯错误。领导，更不应该觉得自己工作经历多，工作能力强，职位高，说什么就是什么，不把员工放在眼里。

古人云："智者千虑必有一失"，"当局者迷，旁观者清"。这就告诉我们，一个人再深思熟虑，都难免会有疏漏和不到之处。尤其是在做重要的决定的时候，忙碌的工作，紧绷的大脑，都有可能让领导者失去明亮的双眼，疏忽一些细节。如果这个时候，没有人提醒你，那么这个小小的错误就有可能带来巨大的损失，反之如果下属给你提了出来，那就会避免一些重大损失。

李开复曾经在给大学生的建议中说过，一个人所犯的错误首先会被别人看到，而在别人的眼里，问题会显得更加客观和透彻。基于这样的认识，我们大家没有任何理由拒绝别人的批评和建议。虚心听取他人的意见是自省进步的先决条件，不能听从他人的建议和批评，就无法汲取到有利的东西，也就不会取得更大的进步。

世界上那些成功的管理者，通常也是很棒的倾听者。在美国，有一家大型公司的销售经理，当他刚进入到这个行业的时候，他对行业内的所有知识都一窍不通，当他的推销员在工作中需要他给出一些建议、指导时，他却无法给出中肯有效的建议。因为他自己都不知道该如何去做。但是他却愿意去倾听别人的意见，所以，不管别人问了他什么，他总是会说："你认为该怎么做?"当推销员听到这句话后，就会将自己的一些想法说出来，他认真地听取后，总会点点头，微笑着说："很好，这就是我想跟你说的。"推销员听后，总是会心满意足地离开，心里还会十分佩服这位经理。

这便是听取他人意见的一种好处，一是解决了你可能不懂的尴尬，二是你给了对方信心，对方会因为跟你的想法一致而感到骄傲，工作的积极性也会被调动起来。这便是一种用人的艺术。有些事情，根本不需要你亲自动手去解决。善于倾听，会让对方感到你对他的重视，那么他便会义不容辞地为你解决问题。

许多公司不注重听取下属的意见，没有好好利用下属的意见，结果在员工心目中留下了不好的印象。某家保险公司的代理商说，他们的公司完全忽视了地方代表所提供的意见，因此，他们的观念变成了"不会再费心提任何建议了。"因为他们觉得自己的意见根本得不到重视，每当自己提出建议的时候，总是会被打击，被无视。这种行为，不仅会导致丧失听取下属意见的机会，而且还严重损害了下属的士气和信心。销售人员们的工作积极性也会随之下降，销售业绩逐渐下滑，而且出现了问题之后，再也没有人给公司提建议，这将会导致问题越来越大，最后公司成了烂摊子。

领导通常都是居于高位，当公司发展成为庞大的系统的时候，你很难照顾到公司的每一个层面。所以，不是所有的事情你都清楚了解，这个时候，你就必须听取员工的建议，才能避免决策的失误。

领导者要学会倾听下属的意见，这其中有一些值得注意的点。首先便是你在倾听的过程中要给予对方足够的注意，让其感受到你对他的重视。直视对方的眼睛，就是一个很好的方法。第二，还要善于和员工平等地讨论问题。许多管理人员在和员工建立老板和雇员的关系时往往都犯了一个错误，那就是将这种关系定义为一种老师和学生的关系。虽然老师一直被认为是站在高高的神坛上，无法被质疑，但是真正的好老师，是懂得平等和学生交流，耐心倾听学生想法的老师。优秀的领导者也应如此。如果你扮演一个权威的角色，不容大家质疑，那么双方往往到了最后就会演变成一种敌对的状态。所以，要站在同一水平线上去看待每一个员工。第三点，作为一个领导者，需要重视倾听每一位员工的意见。虽然每个人所说的意见不一定多正确，但是你也要公正地对待，不能有偏心，因为偏袒会增加员工的负面情绪，会打击员工建言献策的积极性。只有公平地对待每一个员工的意见，他们才会掏心掏肺地为你、为公司奉献自己的智慧。

管理心理学启示

一个人的智慧是有限的，一个人对于事物的认识也是有限的，即便你是领导者，你的经历比别人多，你的学历比别人高，但是你也不可能对所有的事情都了解。而只有不断地从他人的建议中吸取合理的有益的成分，才能弥补自己的不足，才能减少失误，取得最后的成功。善于倾听别人的意见是每一个有志成功的人必须具备的品质。

009 不偏听，不偏信

汉代《潜夫论·明暗》中说过这样一句话："君之所以名者，兼听也；其所以暗者，偏信也。"所谓的"兼听"，即听取多方面的意见，这样才能明辨是非，正确地认识事物。而单听信一方面的话，就会糊涂，犯片面性的错误。很多事情都是非常复杂的，不是一眼就能够看清楚的，对于一件事，不同的人从不同的角度看，可能会有不同的理解和认识。每个人都会受限于自身的知识水平和经验，所以一些见解难免会有偏差，可是如果能够将这些意见综合起来，进行比较、鉴别，去真伪，得到的自然就会是公正合理的选择。

偏听偏信的一个缺点就是，你会听到谗言。所谓的谗言，就是今天我们所说的"小报告"。其实，谗言并不可怕，可怕的是作为领导，你是一个听信谗言的人。不分是非曲直，偏听偏信，谗言就会变成一种武器，杀人于无形。

南宋末年，金军南下攻打南宋，南宋大将岳飞率领岳家军屡屡击退金兵，使得金兵对岳家军是闻风丧胆。岳飞的英勇杀敌得到了民众的支持和拥护，百姓都十分爱戴岳家军。岳飞的声望提高了，朝中大臣秦桧非常嫉妒。他就想方设法地要陷害岳飞。

绍兴和议之后，兀术派使者送密信给秦桧，说："你天天向我们求和，但是留着岳飞，我们不放心，一定要把他除掉。"其实，这场战役如果岳家军继续攻打下去，是完全可以打败敌人的。但是秦桧怕岳飞的势力越来越大，盖过自己，于是就在宋高宗面前说岳飞的坏话。说现在岳飞功高盖主，百姓都爱戴岳飞，不敬仰宋高宗，这是对天子的不敬，如果再让岳飞打了胜仗，那他定会更加嚣张，所以，一定要铲除这个心腹大患。如果宋高宗能够在听到秦桧的话后存有一丝怀疑，能够再多了解一些事实，也就不会有南宋的灭亡了，可惜的是，宋高宗就是这样一个偏听偏信的皇帝。他听信了秦桧的话，一道圣旨就将还在战场上的岳飞叫了回来。

岳飞忠心耿耿，明知回来有难，也奉旨归京。谁知道，回来之后，就被秦桧派人捉到了大理寺。原来秦桧早就勾结了岳飞的两名部下王贵和王俊，让他们诬陷岳飞。到了大理寺后，岳飞遭到了严刑拷打，但是岳飞依然不屈不挠，笑着对秦桧说："上有天，下有地，会证明我是无罪的。我没有做过对不起国家的事情，你们掌管国法的人，可不能诬陷忠良啊！"狱卒们听此都流下了眼泪，说："哎！谁让你落在了奸臣手中，而今天的皇帝又是个听信谗言的人呢?"

秦桧拿不出确凿的证据，而岳飞拒不认罪，秦桧逼迫岳飞写供词，最后岳飞在纸上写下："天日昭昭，天日昭昭。"气急败坏的秦桧，最终竟然以"莫须有"的罪名将岳飞定罪。一代名将就这样惨死在奸臣的手里。

对于这个典故，我们往往都会谴责那个丧尽天良的奸臣秦桧，但是，试问，如果他没有得到宋高宗的允许，能这么肆无忌惮吗？如果宋高宗能够多听取一些下属的意见，岳飞能遭此横祸吗？历朝历代都会有奸臣小人的出现，但是这些奸臣小人遇见了偏听偏信的帝王就如鱼得水，忠臣就会遭到迫害。而如果他们遇到的是公正、公平的明君，他们就会受到应有的惩罚，不会得到好下场。所以，问题的关键在于帝王。

公司管理也是同样的道理，公司里面什么样的员工都有，能不能够发现真正的人才，考验的是领导者的眼力和智慧。不偏听不偏信，你才能得到最正确的意见。

某皮鞋制造厂的厂长，自己厂子的生产遇到了瓶颈，他很着急。他见市面上另外一家皮鞋制造厂生产的皮鞋做得很好。于是，在没有进行过任何深入调查的前提下，就回到厂里，对员工们说："大家注意了，你们看看某某的厂子，他们的鞋子样式做得多好，销售方式也很新颖，你们有些都是老员工了，怎么做的还不如人家呢？你们在下面多向人家取取经，学习学习。"大家伙听了厂长的话，脸都绿了。因为，大家心里都清查自己厂子和那家厂子之间的区别，根本没有可比性，人家做的是童鞋，他们做的是成年人的鞋子，销售群体都不一样，和人家学什么？

上面例子中的这位厂长，片面地看到别的厂子的销售业绩，以为自己照搬照抄也能收到同样的成效，但是具体问题具体分析，两家厂子的实际情况根本不同，怎么能盲目地学习呢？这就是偏听偏信，也不听取多方面的意见，结果就是做事不得要领，最后以失败告终。

偏听偏信会给员工带来心理上的伤害，而且对领导本人来说会让他养成独断专行、傲慢、自大的坏习惯，试问，这样的领导如何能够管理好一个公司？

管理心理学启示

对员工来说，领导偏听偏信，会使他们内心感到气愤、失望、无助，明明自己说的才是事实，却被奸人算计；明明可以证明自己的实力，却要被老板训斥。长期得不到重视，那些真正有实力，有见解的员工就会离你而去。所以，不偏听，不偏信，一视同仁，让员工感受到你的公正，你的温暖，这样，你的企业才能在正确的道路上稳步前进。

第十一章

DI SHI YI ZHANG

制度心理学：制度才是真正的老板

企业的管理，不可能依靠人盯人式的古板方式，管理者也无法做到这一点。每个企业都有自己的组织机构，它需要一套行之有效的规章制度。“无规矩，不成方圆。”制度才是真正的老板，可以管理人于无形之中。用对了制度心理学，你的管理将变得容易，你的公司将变得固若金汤。

001 火炉法则：让下属在制度的约束下达到自觉

一个企业，人员构成少说也有五六个，多者甚至会达到成百上千。当一个企业还只是小作坊式的初级阶段时，人管人的方式也许会有效，管理起来也会比较顺手。但是，当一个企业已经发展到几十人甚至更多人的时候，企业的领导层就不可能一对一地监督管理员工了。

也许，你会觉得人管人，面对面的管理会增加领导的威严，管理起来会更加挥洒自如，但是当人数太多的时候，这种管理方式就无能为力了。此外，如果没有统一的规章制度约束，那么整个队伍就如同一盘散沙，毫无凝聚力。因此，严格的制度，可以保证企业运转的稳定和效率。在优秀企业里，员工素质不是依靠领导一句一句训导出来的，而是依靠合理有效的制度来约束，从而达到自觉，渐渐培养起来的。

王强在改革开放之前，在事业单位工作。改革开放之后，王强选择下海经商，他开办了一家毛巾厂。刚开始的时候，厂子只有大概十几个人，并且一大半是王强的各种亲戚，七大姑八大姨等。因为都是亲戚，王强在平时的管理中，也不会太过严苛。亲戚们也都很卖力工作，常常超时工作，也没有什么怨言。

由于王强的厂子生产的毛巾质量好，价格低廉，再加上人脉广泛，所以很快就赚到了下海后的第一桶金。王强是一个很懂得感恩，并且讲究亲情的人，在赚了钱之后，他给大家分了许多，亲戚们都很高兴。

之后订单越来越多，王强不得不扩大厂房，招聘更多的员工。但是，公司一大，人一多，各种从前没有遇到的问题就都出现了。

先是亲戚们以老员工、亲信的身份自居，开始排挤新员工，指使新员工多干活儿，这在新员工里引起了很大的不满。其次，由于没有明确的奖惩制度，所以大家的工作积极性都不高，有些人做得多，也没有得到更多的报酬，有些人只不过是在王强面前献了献殷勤，就可能拿到奖金。越来越多的抱怨在员工中蔓延，导致产量下降，王强也发现自己鞭长莫及，无法管理到每一个人，他甚至都无法认出厂子里的每一个员工。这时他这才意识到，从前的那一套管理方式已经无法实行了，正好此时他也接触到了西方的制度化管理，因此，他决定改革。

王强找来了专业经理人，制定了一套规章制度：奖惩制度分明，工作量化，按件计酬，加班有加班费，迟到、失误都要扣钱。同时，不再有新老员工的差别对待，一视同仁，按制度办事。无法按照制度办事，则会被无情地辞退。

这一管理方式改变之后，起先是王强的亲戚们很不满意，因为他们没有了所谓的“特权”，但是时间长了，每个人都发现这套制度比以前要好得多。大家规规矩矩工作，钱一分不会差，每个人都是凭借自己的劳动赚钱，没有差别对待。大家的积极性被调动起来，工作效率逐渐提高，产量大增。厂子也不再需要王强每时每刻地盯着，工人们养成了自觉性。王强从心底里赞成制度化管理。

受到中国传统人治思想的影响，今天许多管理者对制度建设认识不足，结果严重影响到公司的长远发展。显然，人治观念不被打破，那么科学的制度管理就很难推行。因而，我们有必要了解一些，在21世纪的今天，人治究竟是有多么不合时宜。

首先，一个人的知识水平和精力是有限的，《论语》也曾说：“人非圣贤，孰能无过。”为了在日常管理过程中避免出现各种差错，就需要推行制度管理，从而避免人治的风险和误区。

其次，“人治”往往是管理者一人说了算，这就会造成管理的随意性，与科学管理的原则背离。此外，管理者今天有这种想法，明天有另一套想法，没有科学的计划安排与固定的管理模式，就容易令员工无所适从，最终大大降低管理效率。

再次，人治很难逃出人情关。在中国许多公司里，任人唯亲的现象非常明显。这样做会造成公司用人的不公平，引起其他员工的不满，从而使整个公司失去凝聚力。

最后，“人治”在管理上治标不治本，无法为组织发展建立一套行之有效的管控系统。当管理者变更时，原有的规则被打破，会让公司发展陷入混乱，这是许多企业功败垂成的一个重要原因。因此，制度化的科学管理才是保证公司长远发展的明智选择。

制度会建立一种框架，在这个框架里工作，刚开始的时候，可能会有不适应，但是时间长了，人们就会形成自觉性，自觉地在这个框架中工作，这样就会免去许多管理上的麻烦。

管理心理学启示

人虽然在心底里渴望自由，但是人同时也是社会性动物，也是需要制度来约束的，制度会给人带来心安，制度会给人带来自觉。

我们从原始社会到奴隶社会，到封建社会，到资本主义社会，再到今天的社会主义社会，社会的制度层面一直在发生变化。企业的管理也是一样，不可能一成不变，随着社会的发展，现实的需求，管理制度化已经是大势所趋。

002 二流企业用人管人，一流企业用制度管人

人人崇尚自由，人人不希望被管理。管人，在被管理者听来，会觉得不舒服。但是企业就像一座大楼，没有管理，就仿佛没有设计稿一样，那么钢筋、水泥只能是随意的堆砌，建造出来的大楼必然也经不起风吹雨打。企业的建立，需要管理制度和岗位纪律，这是维持一家企业正常有序运行的必要条件，是员工的行为准则。

在企业规模尚小的时候，可能管理者们还能够使用言传身教，一对一的管理模式，俗称“人管人”，但是，当企业到达一定的规模之后，“人管人”的方法就行不通了，那不是一流的企业会采用的方式。用制度管人，

才是一流的做法。

企业制度，是一个企业内员工的行为规范，它可以使企业有序地组织各种活动，它可以保证基本的大框架不会动摇。企业有了制度，仿佛是削弱了管理者的地位和权力，但是你收获了稳固的基础，长远的发展，管理者也可以从中抽出更多的时间来做更重要的事情。

《红楼梦》很多人都读过，相信很多人都会对小说中的王熙凤这个角色印象深刻。不见其人，先闻其声。泼辣、果敢，办事效率高，做事手腕多，她可谓是贾府的头号经理人。在荣国府里，王熙凤是没少尽心尽力，宁国府出了事，她也是忙前忙后，并且都做得有条有理，靠的就是她自己建立的人事管理制度。

宁国府的贾蓉的妻子秦可卿死了之后，需要大办丧事，这么大的家业，认识的人那么多，前来吊唁的人是络绎不绝，这前前后后、里里外外的事情，真是多不胜数。而宁国府又没有这么一位能够掌事的人物，于是就想到了荣国府的王熙凤。贾蓉的父亲贾珍赶紧把这位能管事儿的主儿给请到了家里，拜托王熙凤打理丧事的所有事宜。王熙凤最喜欢别人抬高她了，只要别人一夸奖她能干，那她就势必要干下去了。于是，王熙凤来到了宁国府。

到了宁国府之后，王熙凤先做的不是训人树威风，而是先建立一套自己的人事管理制度。制度规定，每一个人都有自己应该做的事情，各司其职，各尽其责，互相之间不能推诿，哪里出了问题，就找对应的人，奖惩分明，有条有理，让这些下人们无话可说。宁国府可不是小户人家啊，这王熙凤手里边可是管理着一二百人啊。但这么多人，就是在王熙凤的管理制度下有条不紊地进行着各自的工作，没有出一丁点的差错。

除了人事管理制度之外，王熙凤还建立了一套考勤制度和物品管理制度。考勤制度为的是解决府里头下人懒惰的问题，什么时候点名、吃早饭、午饭、晚饭，都规定得清清楚楚，谁要是做不到，那就要按照规章制度走，接受惩罚。物品管理制度针对的是当时每当有这样大的事情的时候总会有丢失物品的现象，谁要拿什么东西，拿多少，从哪里拿的，用到哪里去，都要做记录，这样就杜绝了有些人趁机浑水摸鱼，占小便宜。王熙凤的管理制度，收到了良好的成效，使这场丧礼办得体面又大方，井井有条，无人不称赞。

王熙凤的做法给了当今一些新上任的领导很重要的启示。新官上任，最重要的就是如何让手底下的员工信任你，如果王熙凤没有制定这一系列的规章制度，事情就没那么简单了。她也很明白，虽然自己有本事，但那是在荣国府，不是在宁国府，到了人家的府上，虽是请来的，但是光用嘴说，是不会有人听的，只有把这些规矩给他们定下了，他们才会敬重你，事情也才会顺利进行。

公司的领导层不可能永远不变，而如果公司使用的是人治的方式，那么当一批领导退居二线之后，他们还带走了公司的精神支柱，公司的行为规范。而这个时候，新的领导层就需要再重新建立自己的管理模式，但是员工却不是那么容易就会买你的账的，毕竟上一批领导的领导模式对他们的影响是根深蒂固的。这个时候，公司管理制度的意义就彰显出来了。人走了，制度不会走，员工是按照制度在工作，所以即便公司领导层如何更迭，员工的心不会散，公司不会乱，大家还是能够照章办事，这是一家公司稳定的基础。

管理心理学启示

一家公司，一个领导者，要实现企业的目标，个人的理想，就必须要在公司内形成组织管理制度。战场上，再好的将军也不可能靠一个人，一张嘴就统领千军万马和敌人作战，也需要有军队严明的纪律作为基石，才能把将士们凝聚在一起，同仇敌忾，众志成城，战胜强敌。企业也是如此，人管人，始终还是管理的初级阶段，只适用于几个人的小作坊式企业，那不过是二流的企业才使用的管理方式。

而真正一流的企业，是要靠完善严谨的制度来管理数十人甚至上百、上千人的队伍的。我们不怕人多了不好办事，不怕人多了心就容易乱了，因为我们有制度，有了制度，无论再来多少人，大家都是按照一套规矩办事，都是走在同一条直线上，再多人也不会乱，不会散。

003 奖要奖得心花怒放，罚要罚得胆战心惊

中国人做事情讲究一个“度”字，说的就是凡是都不能过，点到为止。做事情不能太过极端，看问题也要一分为二，辩证地对待。当我们评价一个人的时候，通常，我们不能将他夸得像个圣人一样，一点毛病都没有。也不能将他贬低到尘埃里，弄得对方永无翻身之日。任何事情，如果过分地强调一个方面，那么就会导致天平的失衡。

这一点，在公司的管理中是同样的道理。公司的规章制度的制定，需要牢记住这一点，不要有失偏颇，而要做到公平和严格。

先给大家讲一个“一条鞭子”的故事。在很早以前，英国的剑桥大学里，有一位非常著名的校长，治校有方，培养出很多优秀顶尖的人才。人问他，他是如何将学校管理得这么好。这位校长微微笑了一笑，回答说，那是因为我用一条鞭子来惩治那些不听话、不上进的学生。他还开玩笑说，如果给他一把手枪，他会将学校管理得更好。

还有一个事例，在北京，某个购物中心为了提高营业额，出台了政策，重奖销售业绩排名靠前的职工。刚开始的时候，员工们并没有把这件事情放在心上，没有意识到这条制度的严肃性。而当这个月末总结的时候，当月销售业绩第一的员工果然受到了嘉奖，并且还是 2 万元的高额奖金的时候，所有人都意识到了这条规章的严肃性。从此之后，每一名员工都非常重视自己的业绩，想方设法地要把业绩提高。公司的效益很快就上去了一大截。

上面的两个例子，给了我们很好的启示。首先第一个故事，“一条鞭子”只是一个隐喻，他代表的是学校的科学严格的管理制度，并且有了制度就要坚决执行，方能培养出优秀的学生。企业也是如此，公司制度的制定，不仅仅规范企业中员工的行为，为员工的行为画出一个合理的受约束的范围，同时，也保障和鼓励员工在这个范围内自由的活动。严格的惩罚

机制，可以有效地刺激员工高要求约束自己，从而提高组织管理效率，使整个公司的氛围环境是严谨、严肃的。

第二个例子中，体现两个道理，一是对待员工，惩罚的制度要有，奖励的制度也要有。并且奖励更要说到做到。当奖励的制度制定出来之后，员工们可能会存在疑虑，究竟公司能不能够给我们这么大的奖励呢？当员工心中有这个疑虑的时候，他的工作的积极性就不可能被完全地调动起来。而如何让员工信服，那就必须严格地去执行，让员工看到奖励制度的严肃性，给员工信心，用事实让员工记住。这比你费尽口舌地要求员工提高业绩有效得多。

在法国，有一家有名的餐厅叫做马克西姆餐厅。这家餐厅从卫生到服务，都有严格的规定，谁都不能违反。其中有一条规定是，任何人都不能对顾客提出的任何问题回答“不知道”，遇到不清楚的事情时，应该向顾客说明，然后马上去询问，给顾客一个满意的答复。而有一次有一个员工刚到，对于这一规章不以为然，恰好那天有个顾客问他为什么今天他们位置上面的灯光很暗，而他随口就说“不知道”。顾客很不高兴，向经理投诉了他，然后他便受到了严厉的惩罚。惩罚过后，他就意识到了，一句“不知道”，有时候真的会造成顾客的不满，一句不知道，真的会给自己带来这么严重的惩罚。

在北京的马克西姆餐厅开业的时候，从法国来的工作人员中有一位年纪较轻的组长。虽然他年纪轻，但是毕竟在法国已经从事了好几年的工作，经历还是很丰富的，因此，当他刚到北京的时候，面对着中国的合作伙伴，不免有些骄傲，常常在工作中指手画脚，颐指气使，这引起了大家的不满。有一回，是在餐厅营业之前，员工正在铺台布，但是台布面积太大，他一个人不是很方便。于是这位法国人便指使正和经理谈工作的领班去协助那名员工，经理当场便制止了他，并质问他，一个组长如何能够指挥他的上级工作？之后，这件事被公司老总知道了，马上停了那位法国人的工作，将其调回法国。而那位法国人，几经协商，才保住了饭碗，但是他还是受到了严重的警告。正是马克西姆餐厅这样严格的态度，才使得他们在餐饮业名声大震。

除了惩罚之外，马克西姆餐厅在奖励员工上也毫不吝啬。这家餐厅的工作人员要比同类餐厅拿到高出10%到20%的福利，并且可以在餐厅免费吃午餐和晚餐，每年餐厅还会组织员工去旅游。这样的奖赏，使得员工的满意度大增，对餐厅的忠诚度也就提高了，工作的热情被调动，工作的状态到位了，客源自然而然就多了。

奖惩有度，奖罚分明，对于员工的管理来说是一种张弛有度的方法。任何人都不能够生活在完全紧绷的状态下，那样太过压抑。也不能够生活在完全放松休闲的状态下，那样太过舒适，容易出错。

管理心理学启示

公司的管理制度，要讲究奖罚分明，奖要奖得员工心花怒放，对公司产生极大的归属感和忠诚感。罚就要罚得胆战心惊，让员工意识到公司制度的严肃性，感受到企业的威严和纪律，这样才能树立良好的风气，为企业赢得荣誉和良好的形象。员工在一张一弛的管理中，也会更容易接受，心理承受能力会增强，对于工作的满意度也会增加。

004 依赖“英雄”不如依赖机制

一家公司在初创时期，的的确确是更加依赖一个领导者的领导能力，还有魄力，在这一时期，企业的领导者通常都会被看做是英雄式的人物。一个人，单枪匹马，在商业的战场上，挥斥方遒，指点江山。这个时候的领导者也很容易被大家崇拜，被员工依赖。

但是，任何一家公司都要经历从小到大的过程，而在这个过程中，势必有一些东西就要发生变化，这种变化是进步的表现，是顺应时代潮流的要求。

公司规模小的时候，创始人势必要事必躬亲，亲力亲为，公司的每一件事，每一笔钱，每一个客户都需要自己去敲定。这样的积累下来，你便会成为一个什么事都能做到的大英雄。但那是因为公司还小，事情还少，当企业的规模变大的时候，事情会变多，员工也会变多，再伟大的英雄也不能够面面俱到，什么事情都自己动手。这个时候，企业的管理就必然要进行一次过渡，由依赖“英雄”过渡到依赖机制。

世界著名电子公司松下的创始人松下幸之助先生，在松下刚刚建立的时候，每天都要参与公司几乎每一项业务，每天不是在和客户谈话就在泡在车间和工程师们探讨技术的突破口。正是由于松下幸之助的勤勉，给员工留下了深刻的印象，给了员工极大的动力和支持。大家都非常佩服、敬重他。工程师们也都非常仰仗他，什么事情都要寻求松下幸之助的意见。因此，他的每一天都是非常繁忙而又辛苦的。

随着时间的流逝，松下也逐渐从一家规模不大的企业发展成为世界级的大公司，松下先生意识到自己能做的不是太多了，自己始终都是要退出企业这个舞台的，而为了松下公司的长远发展，松下先生决定，给公司制定一个长达50年的发展规划。这个规划从制度到发展方向，面面俱到，细致入微。为的就是有一天松下先生不在了，松下公司还能够按照稳定的规章制度坚定地走下去。

从松下先生行为的改变和松下公司的转变中，我们可以看到二者是有着潜在的联系的。具有一定规模的公司老总和比较小规模的公司老总之间的差别就在于小老板管事，大老板管人。企业经理人的最高修为就在于用制度去管人。经理人会变，员工会变，但是制度短期内却不会变，这便是企业运行的基石。

依赖“英雄”不如依赖制度，那么应该依赖什么样的制度呢？当然不是随随便便制定的制度都有可操作性，都有价值。公司要想有条不紊地发展，制度也要做到层次分明。

现代化的管理制度有着鲜明的层次，从大的层面来看，一家公司有决策层、管理层、执行层等具体层面，而每一个层面所对应的职责就应该有所区别。譬如，决策层主要负责公司的战略性问题，企业发展的规划还有大的方向和任务的制定；管理层主要的责任便是计划管理和组织生产；执行层，顾名思义，主要的工作就是执行操作。当各个层面都能够做到各司其职，互不干扰的时候，公司才能够稳固，如果，每个层面之间出现越级现象，就会打破这种层次，会使公司陷入混乱。

一家化工厂的厂长，做事情雷厉风行，但就是眼睛里容不得一丁点的沙子，见到什么不对的事情，就要立刻将自己的火气撒出来。譬如，他看到有员工上班迟到了，那他就会马上走到那名员工的身边，狠狠地将其训斥一番。又比如，他看到厂里的员工在对待客户态度不是很好时，就会直接走过去，将那个员工批评一番。表面上来看，该厂长是一名负责任、有威严的领导。但事实上，他的这种做法非但不能够收到他想要的员工做事效率提高、有规矩的效果，反而会造成员工间的怨声载道，更重要的是，这很有可能会损害中层管理人员的威信，使得他们的管理受阻。

为什么这么说呢？因为，一个厂子里的员工，他们无论是做哪一个具体部门的工作，都只能最直接地接受直接上司的管理和命令。这是一种指挥原则。该厂长就是触犯了这条原则，犯了越权指挥的错误。虽然你是一厂之长，但是员工的考勤不是你应该管理的范围，而应该归车间主任管理。员工接待客户的态度，也不是你厂长的职责所在，而应该是办公室主任的工作。

也许你会觉得，一个厂长，连自己员工的错误都不能够训斥，那还有什么威严？这个厂长还有什么意义？这种想法是大错特错。这便是现代化的公司管理制度的优势所在，他不需要最高层的领导去管理最基层的工作，高层有高层该做的事情，比如企业的经营战略、生产规划，这些是中层、基层人员做不到的事情。而高层领导的管辖人员应该是各个车间及职能科室的负责人，即中层干部。高层领导者越级去管理了基层员工，非但不能够彰显你的威严，反而会让员工认为自己的厂长整日没事做，悠闲的只能是管理我们这些基层员工。

作为领导者，高层管理者，并不是你管得越多、越细就越会有效，越会赢得员工的信任，制度的建立，就要靠每个人自觉地遵守，领导更应该带好这个头。而且，这个制度一定是要讲究层次的，不能今天这个领导来了看见什么就想批评两句，明天那个领导来了又想批评两句，一会儿总经理说几句，一会儿主任说几句，员工到头来都不知道该听谁的了。这样就会造成管理的混乱，而成熟的管理者绝不允许这样的事情发生，一定要依赖有层次的管理制度。

管理心理学启示

我们崇拜英雄，但英雄不可能永远存在。再伟大的领导者、企业家也有卸甲还田、退居二线的一天。当他们走后，能够给企业留下什么，那才是一个企业真正的财富。英雄式的管理，只能造成走了一个英雄，就消失了一个时代。而英雄走后，留下一套制度，那才是一家企业继续发展下去的保护伞。制度的存在，可以凝聚人心，能够稳定大局，无论人如何改变更替，大家都会在统一的制度下，将公司推向下一个时代。

005 让刚性的制度变得有弹性

虽然我们说制度是刚性的，是不可违背的。但是毕竟制度是由人建立的，而且我们生活的大环境、小环境也在不停地发生变化，因此，在企业的管理过程中，并不是要求领导者一丝不苟地死守着制度，毫无情面可言，而是要求企业的管理者们能够做到灵活运用刚性的制度，必要的时候，特殊的情况下，也要使其变得有弹性。

譬如，我们举最常见的例子，就是公司在处罚犯了错误的员工的时候，做到公平、公正很重要，如果你不能做到一视同仁，那么就会在其他员工心中造成同样消极怠工的心理，并且还会让员工对你丧失信任度。可我们所说的这些，都是大的方向，根本的行为准则，却没有包含特殊的情况，所以，这并不代表，公平公正，就一定要不讲情面，事情可以弹性地解决。

说到 GE 公司，著名的国际大公司，现在一说起它，我们想到的往往是杰克·韦尔奇，但是还有一位被我们遗忘的人物，也曾为 GE 的发展做出了杰出的贡献，特别是在公司的制度管理方面，那就是雷杰·H·琼斯。

20 世纪 70 年代，琼斯接任了 GE 公司董事长一职，并且一干就是 9 年。在这之前，他曾是 GE 公司的一个下属企业的小主管，在他当小主管的时候，做事情就非常有方法、有头脑。在工作中，琼斯发现有一个叫彼得的员工近期总是工作不能全神贯注，生产的零部件合格率也非常低。这个时候，作为主管，大可以按照规章制度去处罚彼得。但是琼斯没有这么做。因为琼斯知道，彼得平常的时候工作都很认真，表现都很好，对于这样的员工犯了错，不能够只是简单地按照规章制度走，还要去寻找背后真正的原因。琼斯经过调查发现，原来彼得的妻子意外出了车祸，从医院回来后瘫在床上，都是彼得在照料。家中还有年幼的孩子，一下子所有的事情都落在了彼得的身上，他在工作上就难免要分心了。

这是个棘手的事情，彼得的的确确是在工作上犯了错误，违反了公司的规章制度，公司应该一视同仁，不能够徇私枉法。所以，琼斯还是忍痛将彼得解雇了。但是琼斯并没有对彼得不管不顾，而是又亲自给彼得介绍了一份新工作，工作待遇和之前都差不多，也为彼得写了推荐信。

琼斯的做法，既维护了公司的规章制度，又表达了对于员工彼得的关怀，严法中也有情怀。彼得很是感激，没有觉得琼斯不近人情。其他员工也深深佩服琼斯的做法，也看到了公司制度的威严，也体会到了公司的人文关怀。因此，大家都更加努力地工作。

公事公办，说起来是非常有道理，非常正确的事情，但是在执行的时候，却总是会遇到人情的难关。但是作为领导者，决不能因为人情而忽略制度，然而制度的执行也不是亘古不变的，人做事情要学会变通，要懂得如何在制度之外给予员工需要的东西。

我们讲有弹性地执行制度，其实说白了就是给员工一次机会，只要员工犯的不是原则性的错误，没有给公司造成严重的损失，作为管理者，可以在解雇这个员工之前给以警告，这既不违背制度，又能体现公司对于员工的关怀。

小张是一个性格非常活泼，交友广泛，兴趣爱好也非常多的小伙子，大学毕业之后，来到北京，在一家广告公司工作。由于小张丰富的业余生活，给了他更多的想法和点子，因此他总能在开会的时候提出惊人的创意，创意总监对他非常喜爱。但是有一点，由于小张的业余活动非常多，下了班也总是在各种朋友圈中游荡，视野是开拓了，人脉也扩展了，但通常都要到凌晨两三点才能回家休息。

小张居住在北京五环开外，每天都要坐上一个半小时的地铁才能到公司，因此，九点上班打卡的他一定要在七点半就出门，所以，小张最晚也要在七点就起床了。可是由于前一天晚上小张通常都是聚会到非常晚，这就直接导致第二天根本无法七点起床。定了再多的闹钟对于只睡几个小时觉的小张来说根本不够。起得晚，那就自然要上班迟到了。

有一周，小张五天迟到了四天。人事部实在看不过去了，经理亲自找到了他。经理对他说："小张，我们知道你们年轻人业余活动多，但是你不能让你的业余生活影响你的工作，这周你已经迟到了四次，严重违反了公司的规章制度，应该给予你严厉的惩罚。但是，公司的领导们看你是个人才，值得培养，所以决定给你一次机会，这一次，就严重警告一次，罚款 300 元，如果你再迟到一次，那可连神仙都保不住你了。"

小张听后，先是吓了一跳，然后又非常感激公司。自那之后，小张上班再也没有迟到过了。

这就是弹性化管理制度，制度说员工迟到多次可以开除。但是这个多次却不一定要有一个统一的标准，具体的员工要具体对待，只要力度到了，时机对了，员工都会感受到公司制度的严肃性，也就都能够遵守。

管理心理学启示

一根线绷得太紧太直，很容易就断了。人脑中的一根弦绷得太紧了，时间太长了，很容易让人崩溃、垮掉。管理也要讲究张弛有度，有松有紧，有弹性的管理才能更加长久，也更加符合人的心理需求。弹性管理，让制度弹性化，员工的积极性会提高，管理也会更加奏效。

006 你不讲制度，别人就会跟你讲条件

中国讲究依法治国，具体有四点要求，“有法可依，有法必依，执法必严，违法必究”，这四点要求，应用在企业的制度化管理上，也是有着异曲同工之妙。公司的管理要做到依制度管理，具体的要求也要做到，“有制度可依，制度必须被执行，执行制度时必须严格，违反制度必须受到严惩”。

国家没有法律会乱，有了法律不去按法办事，那么法律的威严就会丧失，社会依然还是混乱。企业也是同样的道理，有了管理制度之后，如果不能够去执行，那么就形同虚设，问题始终无法从根本上解决。你不讲制度，别人就会跟你讲条件。

我们都知道岳家军的故事，南宋初年，金兵南下进犯南宋，由岳飞带领的岳家军北上抗敌，屡屡获胜，使得金兵闻风丧胆。而岳家军之所以能够对金兵战无不胜，其主要原因就在于岳家军有严明的军队纪律。纪律是什么？纪律就是制度，纪律就是铜墙铁壁，有了他，敌人就很难攻破。在金兵中流传着这样一句话：“撼山易，撼岳家军难。”这难以撼动的岳家军靠的就是严明的军法。

另外一个例子讲的是三国时期的诸葛亮挥泪斩马谡。马谡和诸葛亮私交甚好，肝胆相照，但是，即便是二人关系再好，当马谡由于个人失误痛失战略要地街亭的时候，诸葛亮也并没有对他网开一面，而是一视同仁，军法处置，将其斩首示众，从而稳固了军心。

制度的建立，不是摆放一个花瓶。公司里，制度就是灵魂，如果你将公司的灵魂抛掉，那么你的公司就形同行尸走肉。好像岳家军没了纪律，马谡犯了错也不必军法处置一样，那样带来的后果只能是军队溃败。有了制度，就一定要执行，严格地执行，否则，你不讲制度，别人就会跟你讲

条件，你就会陷入被动，受制于人。

不久前有一则社会新闻，报道某家公司财务处发现财务室被撬开，室内的保险柜赫然打开，柜内的20万现金不翼而飞。这听起来，真像是某部好莱坞大片。可是，财务处、保险柜，再加上人，这重重的保护，怎么还能让窃贼如此轻易得了手呢？并且，该公司使用的还是世界一流的保险柜，柜子上面还配有报警器和密码装置，密码系统由电脑控制，还能产生电击，如此复杂的防盗措施，还是让窃贼得了手，难道他有通天的本领吗？

经过调查，事实上根本不是这名窃贼有多么大的本事，而是问题出在使用保险柜的出纳身上。这名出纳是出了名的马虎精。平时办事情就丢三落四，迷迷糊糊。虽然公司对于财务室的保卫制定了一整套的规章制度，但是这位出纳却视而不见，充耳不闻。当上司要求他使用这台刚刚花高价钱买回来的先进的保险箱时，他跟上司讲条件，说，“这保险柜是不错，但是使用起来太麻烦。”

上司听了之后，觉得也在理，竟然就这么过去了，没有再要求。过了很久，就在这起事件发生的前两周，这位粗心的出纳将老保险柜的钥匙弄丢了，他这才想起来这个新保险柜。于是他又把它从遗忘的角落里请了出来。但这个出纳还是个胆小鬼，担心遭电击，所以不敢接电源。因为马虎、记性不好，又不敢设置复杂的密码，于是就按照数字的大小顺序编了个“123456”的最简单的密码。又担心自己再把钥匙弄丢了，于是就索性将钥匙扔在了办公室的抽屉里。

当法官问窃贼是如何窃取的时，窃贼说，他直接进去之后，翻开抽屉，看见了钥匙，打开了保险柜，看了看使用说明书，三下五除二就把保险柜打开了，然后就拿了钱走了。

试想，如果该公司的老板，最开始在这名出纳跟他谈条件的时候，就能拒绝他，呵斥他，让他明确自己的错误，那么也就不会有后面的悲剧了。制度的建立，就是要求每个人去遵守，如果每个人都有各种各样的理由去推脱，那么制度究竟还有何用呢？

严明的制度和纪律不仅能够维护团队整体的利益，而且能够保护团体成员的根本利益。如果一个人犯了错误，触犯了制度，但是却没有受到应有的惩罚，又或者是处罚无关痛痒，那么制度就不会产生威慑力了。久而久之，员工就会养成犯了错也无所谓的心态，时间长了，真的遇到大事的时候，就后悔莫及了。所以，不要让你的员工跟你在制度上讲条件，无条件地执行，这是唯一的选择。

管理心理学启示

当一个人跟你讲条件的时候，他就是在逃避，他就是在抵触。条件不是不可以讲，什么事情都可以商量，但是在制度上，就像在法律上，人人平等，毫无条件可讲。当一个人讲条件成功之后，他个人会在心理上产生下一次讲条件还行的心态，从而在工作上会更加地无视制度。其他人在看到有人不遵守制度却没有受罚之后，在心理上会产生一种效仿心态。

没有人是自觉自愿地去遵守制度的，当有人不遵守之后，他们就找到了一个口子，一个人钻了出去，其他人就会紧跟着也钻出去，口子便会越来越大，最后篱笆就失去了它约束的作用。所以，制度一定要严格地执行，不要让员工跟你讲条件。

007 完善培养接班人制度

企业在招贤纳士的时候，都会有“储备人才”或“后备力量”这么一说。因为，一家企业的长足发展，离不开人的作用。用电影《天下无贼》里的话说，“21 世纪什么最值钱？人才！”人才战，在每家公司之间激烈进行。在这样的局面之下，如何留住人才就是企业的当务之急了。而人才的获得通常是不容易的，并且还具有不确定性，而这个时候，稳定的人才资源，应该是自己培养出来。人才的培养，需要完善的培养制度，这样才能培养出合格的公司接班人。

我们讲“管理人”“培养人”，其实说起来是非常含糊的概念。当我们问一个管理者他是否在管理人时，他可以回答“对，我管着三十几号人呢”，他也可以回答“没有，我管什么人啊”，足以见得，大家对于管理和培养并没有明确的认识，也没有理解培养的目的。

其实，培养的最终目的在于使一个人具备企业人或社会人的成熟程度。培养一个人才，绝不是一件容易的事情，一个人接受了十几年的学校教育，能够成为人才的都寥寥无几，所以，公司培养人才，必须要有完善的制度，才能有的放矢，事半功倍。

虽然培养人才制度听起来很让人头疼，但是凡事只要分清了主次，明白了前后，做起来也就豁然开朗了。

首先，我们应该明白这样一个定义，即所谓的培养，实质上就是让对方发生变化。我们为什么培养一个人，因为他目前还不具备我们所需要的素养，通过一定的培养制度，让员工成长蜕变为公司所需要的人才，这才是培养的意义所在。这种改变当然是向着好的方面，当在制定自己公司培养接班人制度的时候，可以从下面这三个改变的立足点，或者说叫方向来考虑。

首先第一点，在制度中一定要体现的就是改正员工的毛病。一个人可以有毛病，但是不能太多，并且员工的毛病不能和公司利益冲突，至少不能严重影响工作。作为管理者，你要去主动接近下属，发现他们身上的缺点和不良习惯，然后你就要抱着坚定的信念，去改变他们，帮助他们，让他们必须将这些陋习改掉，否则，一个再有才华的人，若是品质不好，放在公司也绝对是一颗定时炸弹。

第二点，培养员工新的技能。一个一成不变的人在今天这个市场是不被需要的。每一天都在改变，如果一个人只是简单地重复昨日的工作，那就很容易被社会淘汰。因此，在员工的技能开发上投入是绝对必要的。并且，公司对个人能力的提升，通常还会被看做应聘者选择的理由之一。

第三点，改变员工的态度。这种态度，具体是指员工对待事物的想法和办事情的方式。一个员工刚进公司的时候，可能还比较年轻气盛，少不经事，工作中可能还比较莽撞，只懂蛮干。又或者是初出校园，胆怯害羞，这些稚嫩的态度，需要公司的制度去磨炼，去帮助他们成长，从而使他们更加成熟地面对工作。

企业培养接班人制度的完善，需要创新的机制。中港疏浚公司属于国内大型专业化水上施工企业，主要从事港口、航道的开挖和维护，承包境外港口和航道工程及境内国际招标工程等业务。近几年来，随着企业发展步伐的加快，规模在不断地扩大，设备增多，项目增多，员工也增多了。新老员工之间的交替，使得公司不得不面临人才的断层，专业岗位人员的能力素质与企业的运行发展之间出现了不适应。员工的结构也出现了问题。越来越多的年轻人走上了重要部门，大批“90后”步入职场，他们思想活跃，学习能力强，接受新事物的速度快，是企业未来发展的基石，公司的持续发展离不开这帮年轻人。但与此同时，他们也存在着诸多问题，比如专业水平和业务素质还有待提高，并且他们大多没有吃过苦，没有经历过什么挫折，心理承受能力较弱。再加上这一代独生子女较多，思想上比较特立独行，不讲究团队意识，对企业的忠诚度和执行力都不如老员工。

这样的员工结构，给企业的人才管理机制带来了难题。为了适应新的员工结构，中港疏浚公司开拓创新，以企业不同的发展阶段的战略目标为依据，以专业的人力资源管理制度为工具，相关职能管理制度部门的配合为支持，结合企业实际，以构建科学合理的人才培养制度作保障。

中港疏浚公司的做法很快就收到了成效，新老员工的状态都达到了公司的要求，产量陡增。培养制度，不能一成不变，也要学会改革创新，符合实际情况的要求。

管理心理学启示

现在找工作是一个双向的过程，不单单是企业在招聘人才，人才也是在挑选企业。优秀的人才，肯定多家公司争抢，这个时候的主动权就掌握在人才的手里。而每个人对于个人的发展是有要求的，聪明的人肯定不会只看眼前的蝇头小利，个人的长远发展才是他们考虑的重点。因此，完善的培养接班人制度，人才管理制度，会对应聘者产生巨大的吸引力。因此，公司注重提高、完善培养接班人制度就非常有必要，且应该得到应有的重视。

008 不要过度控制细节

管理者对于员工的要求，总是希望对方能够做到事事完美。但是，我们很清楚，世界上哪里有十全十美的事物。即便我们以为达到了百分之百的完美，在别人的眼中，都可能不那么尽如人意。所以，工作中，不要总是去要求员工做到完美，更不要将这写入公司制度之中，因为这会给员工带来巨大的压力。虽然说有压力不是什么坏事，但也要看这个压力是否能够转化为动力。

不是所有的人都是完美主义者，都想竭尽全力地达到完美。更多的人想做到的无非就是“很好”“不错”，这样的要求反而会更加激发他们的斗志。因此，在企业的管理制度上，作为管理者，不要过度控制细节，否则会适得其反。

作为领导，很容易陷入这样一个怪圈，那就是对员工的苛求，希望员工能够做到尽善尽美。站在领导者的角度上，可以被理解，但是这种做法却不应该被提倡，而应该被调整。领导这么做的目的无非是想要员工为自己制造出更大的经济效益，但达到同一目的的方法可不是只有一种。苛求不行，因为每件工作都以一百分的标准去要求员工，反而会影响工作效率。那么这就需要管理者转换一种管理方式，别太在意无关的细节。

当然，我们这里所说的别太在意细节，并不是说让领导不注重员工的细节。而是说，领导在管理下属的时候，要根据具体的对象进行具体的分析，有些事情必须注意细节，一丝一毫都不能错，譬如公司的报表、账单，这些数据就马虎不得。而在其他一些方面，就大可不必那么紧张，比如一些无关大局的具体行为。

有些领导在管理下属的时候，就太在意那些对于工作其实并没有太多影响的地方，最后反而导致事情延误，买卖失败。

一家日化公司的老总，是一个非常注重细节的人，公司大厅里角落处的一根头发丝他都能给你找到，然后就会训斥清洁工，如果让他发现了第二次，那就会开除该清洁工。这样的老总对员工要求未必太苛刻了。

这一季度，该公司联系到了一家大型连锁超市来销售他们生产的洗衣粉。但是事情还在继续谈判中，因为同一时间有多家公司都在接洽这家超市。这位老总了解到，该超市的总经理是一个书法爱好者，特别欣赏字写得漂亮的人。该老总知道这一点后，就向给该超市递交合同的员工要求：他们产品的介绍必须用手写，而且不能有错别字，也不要有涂改，关键是字体一定要漂亮，他甚至还要求该员工去模仿该总经理的字体。这可着实难为了这名员工，虽说自己的字写得不难看，但是这自动化办公这么久了，提笔就忘字，老板又催得这么急，产品介绍那么多内容，全部手写，岂不是很浪费时间？但是这位老总非常固执，认为这种方法会让自己的公司在众多竞争者中脱颖而出。该员工没有办法，只好硬着头皮去做。

第一遍，写了没两页就抄串行了，没办法，只好重写。第二遍，写了大半部分，结果老总一看，说这字根本入不了人家总经理的法眼，让重写。第三遍，又有错，就这样反反复复，修修改改，该名员工都快要崩溃了，老板还是不满意。这一边，超市要产品报告催得急，其他的公司早就呈交上去了，该家公司还什么动静都没有。最后他们错过了交报告的日期，日化公司的老总愤怒万分，把责任都推在员工身上，责备他写字太慢。可后来他们听到，那家超市的总经理根本没有看到任何一家日化公司的书面产品报告，都是由下面的员工看完之后，简要复述给他的。所以，字写得好不好看，一点影响也没有。就这样，该公司因为老板的偏执，过度注重细节，错失了这么一笔买卖。

报告是手写还是机打，字写得好看不好看，这对于买卖的谈成与否根本没有关系，一味地在这样的事情上纠结，不但会让员工烦躁不安，还会因此错过更多的机遇。

公司里面的事情千千万，对每件事情都要求员工做到一百分，是不现实的。在这样的要求下，一定会出现许多错误，那么你需要指责、修正的地方就会非常多。领导的个人喜好也不尽相同，有的爱整洁，看不得员工办公桌上一片狼藉，但有可能那就是他的一种工作状态。有的领导爱朴素，受不了员工穿的花哨、艳丽，但那是他的爱好，这样的穿着能够让他心情愉悦。如果，你在这样的事情上都要约束，那么你得到的只能是下属的厌恶，下属对于你的批评其实也就是相视一笑，不以为然。

管理心理学启示

我们承认“细节决定成败”，但是我们不主张无节制、过度地讲究细节。因为人不是完美的，每个人或许都有懒惰、松懈的弱点，而每个人也都有自己的个性需求，太多的细节要求，只会给人啰嗦的感觉。并且过度地注重细节，会给员工的心理上带来压迫感，他们会担心一个微不足道的事情就会影响自己的前途，当员工把心思都放在这些不重要的事情上的时候，他哪里还会有精力去做本应该做的事情？这就会造成本末倒置，主次不分的现象。因此，作为管理者，不要过度地注重那些无关紧要的细节。

009 用利益吸引员工，不如用企业文化

21 世纪的竞争是人才的竞争，任何公司的发展，都离不开人才的作用。高精尖的人才更是凤毛麟角，是众多大企业争夺的对象。因此，如何寻找人才，留住人才，每家企业都绞尽脑汁。有的企业在招聘人才的时候，开出高薪，甚至用解决户口、分房等等物质条件来吸引员工。而这究竟是不是一个行之有效的办法呢？

其实，在职场上，人员的流动性非常大，他会因为你开出的优厚条件而选择你，也会因为别人开出的更好的物质条件而抛弃你，所以说，用利

益来吸引员工，顶多是暂时的吸引，而要想让他长久地忠于你，为你工作，那还是要用企业文化。

何为企业文化？它指的是一个组织由其价值观、信念、仪式、符号、处事方式等组成的其特有的文化现象。企业文化，是在一定的条件下产生的，企业生产经营和管理活动中所创造的具有该企业特色的精神财富和物质形态。具体包括，文化观念、价值观念、企业精神、道德规范、行为准则、历史传统、企业制度、文化环境、企业产品等。其中，价值观念是企业文化的核心。

企业文化具有稳定性和持续性，一旦形成，很难改变，它具有强大的吸引力，是一家企业的灵魂，是推动企业发展的不竭动力。

在一家企业的发展中，企业文化是不可或缺的一部分，优秀的企业文化能够营造良好的企业环境，优秀的企业文化能够提高员工的文化素养和道德水准，对内能够形成凝聚力、向心力和约束力，形成企业发展不可或缺的精神力量。为什么说企业文化要比经济利益更有吸引力呢？首先，一套完整有体系的企业文化，能够在员工内部形成一股强大的向心力。使得员工步调一致，劲儿往一处使。再次，优秀的企业文化，无形之中就是对员工的一种激励。良好的工作氛围，自然会让员工感受到愉悦的心情，如果一家企业的企业文化让员工之间勾心斗角，做事情互相推诿，那么员工就会感觉不快乐，工作上就不会用全力。而和谐的企业文化环境，能够调动和激发员工的积极性、主动性和创造性。人在舒服、和谐的环境中，潜力会被激发，工作效率会增加。

当一个人在选择多个公司的时候，他也是在对自己的未来进行选择，每个人都希望自己的未来是光明有前途的，自己所选择的公司是有竞争力的，是能够发展长远的。而公司发展能否长远，不是你给员工多点钱就可以，好的企业文化，才可以带动企业的健康发展，企业文化，是企业软实力的重要标志。

有一家小型企业，建立也有十多年了，刚开始的时候不太重视企业文化、企业形象，近两年才开始注意这方面的培养。企业在形象和业务的定位上有了一定的突破，想要往个性化、时尚化方向发展。于是公司招聘了一批高学历的大学生，建立了企业网站，业务也开始实行网络化管理。公司对于这些高薪聘请来的员工给出了优厚的工资待遇。但是人事部还是依然连续不断地接到这些新员工的辞职信。两年多的时间里，第一批招聘的人基本上都已经走光了。这家企业也很着急，但是却无从下手。

之后，该公司找了一家咨询公司进行了管理方面的咨询，得到的结论是该公司急需建立完善的企业文化，这样才能够留住高素质的人才。该公司听后，回去之后进行了一些企业文化建设，但是半年过去了，员工们只是会在开早会的时候喊喊口号，并没有什么实质性的内容。老员工们对于公司宣传的企业文化，更是一问三不知。

没有企业文化，找不到人才，没有优秀的企业文化，留不住人才。就像上面的企业，意识到了企业文化的重要性，但是却没有形成优秀的企业文化，结果还是留不住人才。

企业和员工的关系是靠着两种契约来维系的，一是劳动契约，规定双方的权力、责任、利益关系；另一种是心理契约。企业的核心价值观是企业的一种“德”的标准，员工以此与企业形成一种心理契约，将个人目标和组织目标凝结在一起。

让我们站在员工的角度上考虑一下，一个人找工作究竟真正需要的是什么？当一个人，清早被闹铃叫醒，慌乱地洗漱，然后睡眼惺忪地冲出家门，在路口买根油条，挤上人头攒动的地铁和公交车，难道仅仅就是为了这份工资吗？当一个人全身心地投入到一份工作之中，主动加班加点的时候，他仅仅是为了完成上级的任务吗？马斯洛需求理论很容易让人产生这样的错觉，一个人的需要是阶段性发展的，从生理需求、安全需求、社会交往需求、爱的需求到自我实现需求。其实，一个人在同一时期，追求的不仅仅是钱，他更希望事业和金钱达到一种平衡。所以物质鼓励和精神鼓励是人力资源管理的一把秤，加重精神激励的砝码，企业和员工才能达到一种和谐的状态。

管理心理学启示

优秀的企业文化会让人才有认同感、成就感、归宿感。当一个人在一家企业有了家的感觉时，就有了实现自我价值的平台。人不是机器，不可能不被外在的环境所影响，好的企业文化可以创造出人性化的氛围。当一家企业有了感情时，员工也会对其产生感情，而这种感情就会成为一种力量，一种磁力，从而吸引更多的人才，使这股力量越来越大，公司也越来越坚不可摧。

010 信任是团队一切工作的基石

任何制度的建立，都离不开信任这个前提。许多的研究都表明这个道理，自信是促使人们在工作中实现有效性的最重要的因素。员工的自信，一方面来自自身素质、学识，另一方面，也来自领导的信任和认可。我们需要有自信的员工，但不是那样飞扬跋扈的“自信”，那其实叫做自负。信任的公司环境，会使得周围的同事们能够以合作的精神完成共同的工作。这样良好的氛围，会让整个公司显得生机勃勃。

帮助员工树立自信，激发他们的工作热情，作为领导，能够做到的就是给予员工最大的信任，因为，信任是团队一切工作的基石。当人被别人信任的时候，特别是被自己的上级信任的时候，都会产生一种幸福感和满足感，从而激发出自己内在的潜力。领导对于员工的信任，是会被员工所接收到的，他们会被打动，也会被领导的品格所折服。

什么事情都是相互的，你对别人信任，别人也会忠诚于你。一个真正做到了信任员工的老板，也一定能够获得员工的真诚信任。只有当你充分信任员工，放开手将工作交给下属时，下属们才会投桃报李，带着极大的责任心和自信心，认真地去完成工作。在互利的环境下，工作才能顺利地进行。

如何在你的管理过程中给员工信任的大环境，方法有很多，形式也比较灵活，只要用心，收获更多的支持者并不是一件难事。

譬如，在公司重大的场合下，在人数比较多的情况下，作为领导，刻意地去制作出一种隆重的气氛，然后在这个场合下，将最困难，或者是最光荣的工作交给某个下属，那么这名下属就会感觉到领导对于他的重视和期许，他会感觉到领导对他的极大的信任。并且，在这么多人面前，他的虚荣心会得到满足，积极性会提高。

还有，当你听到其他人在背后对另一名员工进行非议的时候，无论这件事情真伪，你都一定要当即制止，予以驳斥。然后还要一如既往地任用这名员工。为什么这样做？因为，如果事情是虚假的，你不驳斥、制止，那就是对那名员工的不信任，就会让其伤心，觉得自己受到了伤害，从而影响工作，甚至迫使其辞职。如果事情是真实的，那么你的行为就会让那名员工无地自容，人都有羞耻心。反之，你在了解事实的基础上，私下里提醒他改过，他就会感激你的做法，就会痛改前非，比以前更加努力。

再有就是领导不要一棒子打死一船人，员工做错了一件事，就抹杀他所有的功绩，甚至怀疑他的能力，这样的做法是不妥的，而应该给予他们关心和支持，做他们坚强的后盾，给他们信心。

一家公司里的员工来自五湖四海，他们的知识水平、性格爱好、为人处世的方式都不尽相同。如何发挥他们各自的特长，如何将他们的心都凝聚在一起，首先需要给予他们信任的环境，以心换心。

日本企业的管理模式在国际上都非常有名，日本公司也一向以严谨、认真、忠诚而著称。美国麦肯赛公司驻东京办事处的主任保罗恩曾经这样评价日本人的管理制度，他说："日本人用了最简单的方法管理着最复杂的机构。日本企业的成功在于：第一，他们把人看做是组织的成员而非雇员；第二，他们采用价值分工，而不使用严格的程序和控制来指导工作；第三，他们把远大思想观念置于企业策略之中；第四，他们乐于听取所有人的意见。"把保罗恩的话总结一下，就是，日本企业在经营和生产过程中贯彻了以人为本的精神，使企业中的每个员工都把自己当成企业的主人。这种状态的基石就是彼此之间的信任。

松下幸之助非常懂得经营的哲学，他认为那就是爱护职工、关心职工，心里时刻想着职工。人是事业的根本，组织和手段在经营的过程中固然重要，但是所有的一切都要依靠人来完成，因此如果你的员工感受不到你的信任，那么他就不会拿出真心去工作。

日本索尼公司的前总裁盛田昭夫曾经写过一本书，叫做《日本造》，在书中，他提到，所有成功的日本公司，他们都有一个共同的法宝，既不是什么理论，也不是什么计划和政策，而是人，爱人，爱员工。和员工达成信任的关系，建立一种情感，员工的忠诚度便会提高。

任何事情都是建立在信任的基础上的，没有信任，就不会有忠诚的员工，没有忠诚的员工，也就不会有伟大的公司。

人与人之间需要信任，个人与企业之间更需要信任。不是说严格的管理制度，不近人情的纪律就要求能够收获员工的真心付出，过分严格的监管其实是很难创造出优秀的东西的。人只有在身心和谐的情况下才能发挥出最佳水平。

管理心理学启示

管理者在管理过程中容易犯的一个错误就是，过分地强调纪律、制度而忽视了个人的情感因素，片面地认为，提高员工工作效率的方法就是科学的工作程序和严格的管理。

新时代我们提倡的是人性化管理，人们在从事大量的创造性的工作的时候，心中不应该被消极的情绪所阻碍，而应该在信任的大环境下舒服地工作。员工与企业之间的相互信任，会给企业创造出无法估量的价值。

第十二章

DI SHI ER ZHANG

危机心理学：管理者要善于应变，学会未雨绸缪

中国自古就讲究不打无准备之战，凡事要未雨绸缪。晴天要想雨天的事，夏天要想冬天的事，一步计划不到就有可能会挨饿挨冻。居安思危的道理，我们一直在讲，没有完全太平的日子，生活中总会有不期而遇的险阻，作为企业的管理者，面对的是复杂多变的商业市场，必须要善于应变，在心理上做好充分准备。

001 不但要敢于冒险，而且要善于回避风险

自从 1978 年中国进入改革开放以来，市场经济的浪潮一拨接一拨。随着企业经营环境的变化，机遇与挑战并存，利益与风险同在。随时随地都可能会出现的危机是所有的企业都无法逃避的。但是，这并不是说，作为企业，就只好安于现状，那样只能被社会所淘汰。企业的发展，还是要靠一股拼搏的精神，一种敢于冒险的魄力，没有探索，就不会有新知，你就无法走在别人的前面，做行业的领头羊。

不过，我们这里所说的敢于冒险，并不是一股冲劲儿，只逞匹夫之勇，而是要做好冒险前的准备。既然我们已经知道了前方有暗礁、有险滩，那么我们为什么不准备好罗盘，修整好船只，准备好救生物品再上路呢？聪明的领导，不做无用功，敢于冒险，也善于回避风险。

对于企业来说，如何处理好企业的危机，或者如何在危机还未到来之前，就将其解决呢？这往往需要领导者具备良好的危机意识。如果我们总是抱着危机发生时再来解决的态度，兵来将挡水来土掩，那么只能暂时地解决危机，并且需要付出较大的代价。所以，如何防微杜渐，防患于未然，才更加明智的选择。

企业的危机管理一般分为三个层次，第一层，事前预防。一件事情的发生，不可能一丁点苗头都没有，如果你没有看到，那只能说明你没有一双慧眼，没有发现罢了。危机管理的成功与否就在于事前是否做了充分的准备。面对危机，不能坐以待毙，不能让自己陷入被动状态。应该在危机发生之前，就对各种可能发生的危机做到通盘的考虑，这样才能避免危机，或者在危机到来时从容面对。如何锻炼这种能力？可以学习军队的演习，设计一个突发状况，测试危机小组的应对能力，然后再总结过程中的得与失。类似于这样的仿真练习有助于让员工积累经验，磨炼其心智。

第二层，危机控制。危机发生的时候，不要慌张，尤其作为企业的领导者，你乱了，底下的员工们就更不知所措了。首先，你要在第一时间找到危机的根源，并且尽快地向公众宣布真相。永远不要欺骗大众，真实坦诚的态度才是解决危机，特别是信任危机的灵丹妙药。

第三层，善后处理。谁都不想让危机发生，但是当危机无法避免地发生时，也不要刻意去隐瞒、回避，消极对待将会对企业形象造成严重的影响。积极正面地面对、解决问题，才能将危机转化为转机。

接下来讲一个如何做好提前准备，成功回避风险的事例。

某公司位于广州，专门承接大批量新鲜热带水果的运输工作。有一次，北京一家客户通过这家公司预定了一大批热带水果，要求一天内必须送达。水果，通常情况下都是航空运输，因为速度快，毕竟水果的保质期是非常短的。这一次的运输，本来也是打算走航空运输，但是，最后老板却决定放弃飞机。为什么呢？

当所有的水果都装箱完毕之后，大家都以为还会和以前一样，走航空运输，但是老板却告诉大家，这一次要走高铁。大家很疑惑，高铁要七个多小时才能从广州到北京，这样，为了确保水果第二天中午到达北京，员工就必须前一天晚上加班。而飞机只需要三个多小时，大家第二天上午装箱上车就行。所以大家很不理解老板的这一做法。老板笑笑说，“听我的，没错！加班费一分都不会少你们的。”大家没有办法，只好照做。

前一天夜里，大家忙着将所有的水果装箱运上火车，后半夜高铁准时开往北京。之后大家都回家休息了，但心里还是有些不解。就在这天早上凌晨 4 点多的时候，广州突降暴雨，之后雨势丝毫未减，后来还转化为雷暴，所有的航班都被取消，并且无限期往后延时。这下子，员工们都理解了老板的做法。原来老板早就对广州近几天的天气做好了调查，知道广州可能会下暴雨，飞机可能会被延误，到时候就真的违约要赔钱了。还不如大家加加班，走高铁，更加保险。

上面这个例子中的老板可谓是做到了未雨绸缪。做运输的，就要时时刻刻关注天气的变化，随时改变运输方式，有效地规避风险。如果这个时候，明知道可能会下大雨，你还是想赌一把，那么这种冒险就会风险太大，代价太高，聪明的人都不会这么做。

当我们在建造一座城市的时候，我们通常都会重视地面建设。他的高楼大厦，它的绿化交通，但是却很少重视地下的问题。当一场大暴雨降临在北京，当陶然亭地铁站成了“水帘洞”，当莲花桥下的汽车都变成了“潜水艇”时，真正检验这座城市的时刻来临了。这就是未能做好未雨绸缪的后果。企业的管理也是如此，表面上的光鲜并不代表内里不会出现差错。做好未雨绸缪，才能回避突然如其来的风险。

管理心理学启示

有人可能会问，风险、危机一定会出现，那为什么还要去想方设法地规避它呢？这涉及人的心理问题。试想，当你面对突出起来的洪水的时候，你的状态会是什么样的？恐慌、不知所措，慌乱逃窜，最后的结果不但是家财尽失，甚至还可能搭上性命。

但是，如果你提前做好了准备，转移了贵重财物，上了保险，备好了救生物品，那么洪水到来的那一刻，你的内心肯定会镇定很多。人的心理决定人的行为，镇定的内心，才能给你明智的行为，才能让你在灾难中把损失降到最小。这便是未雨绸缪、规避风险的意义。

002 预见危机，把问题消灭在萌芽状态

市场就像一望无尽的大海，企业就像是航行在大海上的一艘艘轮船。表面上风平浪静，实际上海洋底下已经是暗潮涌动。航行在大海上的轮船想要平稳顺利地航行，就需要一个好的瞭望者，也就是说企业的领导者要能够看得更远，这样才能够更早预测到危机，才能够及早地转变航向。因

此，对于一家企业来说，遇见危机前把问题消灭在萌芽状态具有非常重大的意义。

今天的世界是开放的，我们同呼吸共命运的意思当然也包括共同面临危机。1997年亚洲金融危机从泰国发起，立即波及韩国、马来西亚和香港，数之不尽的财富一夜之间化为泡影，灰飞烟灭，多少人因受不了这突如其来的经济灾难，在破产之后，选择自杀。即便如今这场经济危机过去已有18年，但是当人们谈起它的时候，还会心有余悸。对于这场经济危机原因的讨论，各种声音都有，但最终都落在仅仅依靠廉价劳动力低效投入的狂奔式增长模式上，这种模式只能成为沙滩上的城堡。

如今，十多年过去了，很多事情都发生了变化，经济危机是不是可以避免呢？是不是可以从上一次的经验教训中学到一些，可以让今天的企业做好准备，把危机消灭在萌芽之中？

如今经济上的危险因素其实并没有发生什么变化，美元霸权依然强大，美联储继续充当着“世界央行”的角色，但却并没有发挥它的作用。欧洲也没有解决社会公平和效率的平衡问题。日本的社会结构，传统对于创造力和想象力的束缚还没能打破。面对这么多我们已经了解的情况，我们应该对症下药。

企业的竞争力的灵魂就在于制度和人才，人们对于新世界越来越迅速的改变和竞争感到恐惧，它要求你必须建立完善的制度，使用更加优秀的人才，提高自己的竞争力，提高自己的创新能力，这样才能将经济危机消灭在萌芽状态。

下面我们来看一个公司面对危机时具体是怎么做的。

2003年6月，国家质量监督检验检疫总局通报称，由四川省百事可乐饮料有限公司生产的一箱“七喜”柠檬味汽水二氧化碳指标显示为“偏低”。之后各家媒体马上就进行了相关报道，一时间，“国家质检总局抽查饮料质量，三种饮料今夏别喝”，“百事一款‘七喜’汽水上黑榜”等标题占据了各大报纸的头版头条。这在消费者和经销商中引起了轩然大波。

百事可乐的销量迅速下滑。甚至还有媒体深入挖掘，写出了深度报道《百事“质检事件”曝黑幕，卖浓缩液赚超额利润》，这就如同一颗炸弹，在社会上炸开了锅，一时间，山雨欲来风满楼，乌云压城城欲摧，如果不能很好地处理这件事，那么事态就会一发不可收拾。面对这场硬战，百事可谓是表现出了跨国公司的大家风范，上演了一堂活教科书。

百事使出的第一招就是召开紧急会议，对处理危机进行部署。俗话说得好，好事不出门，坏事传千里。这一消息经过媒体的大肆宣传，后果有多严重，众所周知。因此，百事公司在事情发生的第一时间就立刻成立了紧急小组，召开紧急会议，对危机处理的各种工作都做了有条不紊地安排，从而争取到了时间上的主动权。

百事使出的第二招是公司最高层亲自面对媒体，向媒体表明公司的重视程度。这件事情发生之后，百事中国投资有限公司董事长亲自面对媒体，表示百事将“杜绝类似事情发生”。公司高层出面，正视问题，让大众看到了公司的真诚，最大限度地赢得了媒体和公众的原谅。

第三招百事与国家质检部门沟通，申请进行复检，以还自己清白之身。这就是问题从哪里开始就要从哪里结束。再一次的抽检，全部合格，事实给了大众一颗定心丸。

第四招，启动检测系统，防患于未然。这件事情的发生归根到底还是百事内部没有自己的检测系统，结果未能及时发现问题。所以在启动了检测系统之后，公司就可以在商品未上市之前就对其进行了各方面的检测，确保产品的合格。

第五招，百事向公众解释通报结果，减少公众的恐慌。事情发生之后，已经在民众中间引起了不小的恐慌，因为毕竟有很多孩子也在喝百事，大家都非常担心这对于孩子的健康影响问题。百事选择在第一时间向公众公布所有的消息，这满足了大众的知情权，消除了他们的恐慌。

第六招，动员媒体进行正面宣传。一件事情，经过媒体的作用，不管是好事还是坏事，都能够达到放大的作用。大众传媒的宣传力度非同一般。企业只有与媒体保持良好的互动关系，才能够赢得媒体的支持，所以百事非常配合媒体的工作，因此，在事情开始的时候，媒体只是客观地报道事实，并没有在标题上指名道姓地说是百事公司。在后来的报道中，媒体也在积极地报道百事承认错误、改正错误的表现。

最终，在百事的多招组合拳下，公司的形象得以挽回，销量回升，损失被降到了最低。

实事求是地说，一场危机的发生，不可能对百事毫无影响，品牌的形象肯定会有所受损。但是由于百事的高效率，仅仅用了三天，就使得公司化险为夷。百事的办事核心就是把消费者放在第一位，开放的态度面对危机，积极地面对。这样就有效防止了危机的扩大化，在危机还在萌芽中的时候就将其消灭了。

管理心理学启示

哲学上讲，事情具有可预见性，因为事情的发展都有前因后果，通过以前的经验，或者细致的观察调研，都可以发现一些端倪。发现了端倪，我们就可以对症下药，让那些对自己不利的事情消失在萌芽状态。作为企业的管理者，不要存在侥幸的心理，而是要踏踏实实，发现问题，解决问题，消除问题发生的条件，不要等问题来来临时，束手无策。

003 打破规则，才能有所突破

“没有规矩，不成方圆”，这是自古传下来的道理，但有时候，它也像一个牢笼一样束缚着人们的思维，让我们在一个框架之中走不出去，无法创新。而当今世界是一个急需创造力，急需创新的时代，墨守成规往往要被淘汰。世界变化莫测，只有敢于打破规则，才能在原有的基础上有所突破，取得实质性的进步。

可能大家都听过山羊过独木桥的故事。当两只山羊都要过河，但是桥却只是独木桥的时候，仅仅能够容纳一只山羊过去，通常情况下也只能选择一只山羊过桥。但是有一次，两只山羊打破了这个规则，彼此相互抱住，转身换位，全都顺利过了桥。有时候事情并不是只有一种解决方法，也不是只有按照制定的规则才能够完成，换个思维方式，换个处理方式，也许就会收到意想不到的结果。

参加过《中国达人秀》的无臂钢琴王子刘伟，用自己的行动向世人说明了一个道理：谁说弹钢琴一定要用手，用脚也能弹奏出美妙的音乐。在很小的时候，刘伟就有一个当音乐家的梦想，可是现实非常残酷，一场突如其来的车祸无情地夺去了刘伟的双臂，使他永远失去了用双手弹奏钢琴的愿望。

车祸之后的几年里，刘伟的内心非常痛苦，很难接受这个事实，对于生活几乎失去了希望。过了好长时间，在家人和朋友的鼓励和帮助下，刘伟终于重新燃起了对音乐的热爱，让刘伟没有放弃本来的梦想。不能用手弹钢琴，那就换个方式。有谁规定弹钢琴一定要用手？虽然没有了手，但是还有脚啊。

当时，刘伟这样安慰、鼓励自己，当看到有失去双臂的人依然可以用脚写字、吃饭的时候，刘伟内心无比激动，他决定尝试一下。接下来的日子里，刘伟承受了比一般人多得多的磨难，脚可不像手那样灵活，拿筷子都非常困难，何况是弹钢琴呢？但是刘伟没有放弃，既然决定了，就要义无反顾地去努力。

最终，功夫不负有心人，在无数汗水洒尽之后，刘伟凭借自己的勤奋和天赋，弹得一脚好钢琴，最后弹琴都弹到了维也纳金色大厅。刘伟用自己的双脚弹奏出了自己别样的人生，他向所有的人证明了，没有什么事情是固定的，打破规则一样可以创造奇迹。

规则不过是人们的一种习惯，但却并不是一成不变的，人不必被死的规则束缚。就像刘伟一样，没有人说没有双手就是给自己的音乐梦想关上了大门。企业也是一样，只要是在不违法的前提下，打破规则，很有可能使自己脱颖而出。

现在风靡全球的苹果手机，在乔布斯刚刚设计它时候，世界移动通讯领域还是诺基亚横行的年代。乔布斯没有畏惧强敌，没有因为诺基亚是老前辈就退缩，也没有遵循老一代电子产品大鳄的发展模式，而是打破常规，打破常规思维，创造出了独一无二的苹果手机。

苹果的出世，一下子就给手机市场带来了一股独特的风格，立刻就吸引了大众的注意。苹果手机采用全新的界面，打破了以前所有手机的外观样式和主题界面，打造出了只属于自己的 IOS 系统。苹果手机一经上市，就获得了大家的好评，苹果的全球销量猛增。现在，手机通讯业，苹果依然独领风骚。

企业的发展，不能依靠模仿，模仿不是长久之计，要想有自己的一席之地，就要有自己有特色的地方，而按照既定的规则，是很难有所突破的。因为已经有公司做到了业界的水平，如果你还是照着老路去走，那不过是在走别人走过的路，很难在激烈的竞争中脱颖而出。另辟蹊径，杀出一条血路，才是生存的真理。

一个富于创造力的人，即使在不景气的时候依然可以突破困境，开创新机。但是一个只会模仿别人的企业，当碰到真正的困难的时候，就束手无策了。

试想，如果一个老板，只知道按部就班，几十年如一日地从事生产经营，不重视信息时代的大环境，不紧跟时代潮流、消费者的需求，那么传统的旧工艺、传统的产品，就会因为和社会脱节而被淘汰。所以，现在有很多的传统企业都在谋求创新。全球统一口味的肯德基在进入中国市场之后，都调整了自己的配方，并新推出了符合中国人口味的豆浆、油条早餐搭配。

中国传统老字号瑞蚨祥，也开始放弃单一的丝绸旗袍工艺，加入了西方蕾丝工艺，设计出更符合当代人审美的服装。这些都是打破常规，敢于创新的事例。对于现在的企业来说，不创新，就灭亡，这可能一点都不夸张。因为时代在改变，企业必须做出调整。

管理心理学启示

现在的市场，竞争越来越激烈，激烈的竞争环境下，想要突破重围，求得生存，创新是企业发展的最佳手段。而创新就是要打破现有的规则，开动脑筋，解放思想，敢于异想天开，走别人没走过的路，开发未被竞争对手发现的新大陆，创造出新的市场，新的产品。

人都有猎奇、好奇的心理，对新鲜事物充满了兴趣，任何一样东西，时间长了，人都会产生厌倦。高速发展的社会，需要企业不断地做出改革、创新，生产出新的产品。这是时代所需，作为企业的领导者必须适应时代的要求，敢于打破常规，出奇制胜。

004 突发事件的心理疏导

公司在经营和发展的过程之中，无法避免地会遇到一些突如其来的事情，遭遇一些风险，这些都是不可控的因素，尤其是对于那些刚刚起步，实力还比较单薄的公司来说，当突发事件发生的那一刻，公司的领导是慌乱的，员工的内心也是焦急的。而这样的状态是根本无益于问题的解决的。

作为公司的领导，在遇到突发事件的时候，你首先不要慌乱，在平时的时候，你就要时时刻刻提醒自己：风险无处不在，无时不在。一种紧迫危机感，能够让你做好应对危机的一些准备。当事情真的发生了之后，你要做那个领头人，找到解决问题的方法，并且还要安抚好你的员工，因为不是每一个员工的心理都能够那么强大，他们在经历了一次突发事件之后，很有可能心有余悸，心理会留下阴影，这些都会导致他在下一次的工作中产生畏惧的心理，做事情会变得畏手畏脚。

对于一个企业来说，一种和谐的劳动关系和员工健康的心理环境，是企业能否在商战中脱颖而出，走向更广阔发展之路的重要因素。现在的竞争激烈，工作压力大，员工的身体和精神都承受着比过去重得多的压力。这些压力中，精神上的压力很难被释放出去，会直接影响到员工的心理健康，进而影响他们的工作状态。作为企业的领导者，你需要去关心你的员工，帮助他们进行心理疏导，和他们一起度过企业面对的突发事件。

最好用的一招心理疏导的方法就是告诉员工们“阳光总在风雨后”，用事实、用行动去给你的员工以信心。

1982 年，美国强生公司遭遇了公司建立以来最大的一次危机。当时，在芝加哥这个地区，有七个人因为服用了“泰诺”退热净失去了生命。这一事件出来之后，整个公司都人心惶惶，因为这对于一家药物生产公司来说，简直就是重磅炸弹。强生的市值立刻贬值缩水，强生公司损失了超过一亿美元。后来在公司的调查之下，发现是有人（不是强生的员工）对瓶装的“泰诺”做了手脚，在药物中加入了氰化物。

当下，强生公司立马收回了全美市场上所有的“泰诺”胶囊。并发动公司 2500 人向公众宣传，公司生产的药物没有任何问题，此类事件不会再发生第二次了。并且强生公司还借助了《华盛顿邮报》这个大媒体，对这次的危机进行了详细深入的报道，向公众表明自己的态度：我们愿意做一切正确的事情，不管付出多大的代价。

强生用自己的行动和态度解决了这次危机，也给了员工强大的信心，告诉员工不用害怕，只要我们坚持顾客利益至上的理念，就没有过不去的坎儿。员工看到了公司的行动取得的成果，他们的心也就自然安定了下来，恐慌消失，信心就又会回来。

心理疏导具体指的是什么，可能有的人还是不太清楚。疏导，即“疏通”和“引导”。“疏通”，是指医患之间广开信息交流之路，通过信息收集和信息反馈，有序地把病人心理阻塞症结、心灵深处的隐情等充分表达出来。“引导”，即在系统获取信息的基础上，抓住主线，循循善诱，改造病人的认知结构，把各种不正确的认识和病理心理引向科学、健康的轨道，这也是病理心理向生理心理的转化过程。

“疏通”和“引导”是辩证的关系，“疏通”是为了正确的引导，是引导的前提。“引导”是疏通的目标。“心理疏导”是指在工作中，帮助员工进行一定的心理调适，使其不良情绪得到宣泄，心理压力得到缓解。并且在疏通的过程中，引导员工走向正确、健康、积极的道路。

作为企业的领导者，首先不要对于心理疏导有误解，不能将其等同于思想教育，也不能将其看做是给员工治病。更不要觉得给员工进行心理疏导是对其的物质补偿。心病还需心药医，加强与员工的交流，帮助他们走出阴影，这才是心理疏导的意义所在。企业的发展离不开员工，只有符合员工利益的、符合发展规律的，才能得到员工的支持，只有员工心理健康了，企业才能发展进步。

管理心理学启示

哲学上讲客观决定主观，但是心理学上讲，主观感情会影响客观行为。当一个人的心理出现了问题的时候，他的行为也必然会受其影响。

企业的发展程度，取决于企业的生产力发展水平。而员工是企业生产力中最活跃、最富有创造性的因素，为了最大限度地激发员工积极向上的力量，必须构建和谐的劳动关系，让每一个员工都有一个健康积极向上的心理状态。

005 真诚沟通，减少企业负面影响

在企业的经营管理和日常事务中，由于人与人之间、部门与部门之间缺乏沟通和交流，常常会遇到一些摩擦、矛盾、冲突和误解。这种负面的

情绪会影响到整个公司的氛围，使企业难以形成一致对外的凝聚力，然后给外人不团结，一盘散沙的印象。

试问，有谁会信任这样的公司？这种对于公司的负面影响是非常大的，所以，企业的文化建设中，要着重注意公司内部的真诚沟通。

任何一个企业都是由一个个单独的个人组成的。每一项工作都需要人去调研、决策、执行、反馈。人是企业最宝贵的资源，但同时也是最不稳定的资源。因为人有情感，有喜怒哀乐，他们的行为是受到观念和情感的支配的。现在的企业管理倡导的是人性化管理，因此，内部沟通的意义就更加地凸显出来。

任何问题得不到合理的解决，都是源于没有良好的沟通。沟通有利于企业文化氛围的形成，有利于各个部门之间的协作配合，有利于员工达成共识，形成统一的价值观和凝聚力，有利于满足员工的心理需求。有利于公司内部资源的合理流通，也有利于建造一支团结奋进的工作队伍。

有的企业不重视员工之间沟通的重要性，一门心思放在产量上，结果却事与愿违，发展不利。

某公司在春季招聘会上，面试了许多刚毕业的大学生和研究生，他们也正是企业人才招聘的主要来源之一。但是该公司却没有对这个群体有充分的了解，只是看到了大学生、研究生身上的学历、专业知识，而忽略了这个人群的特点就是成功欲望非常强，期待获得别人的认可，非常急于把自己的所学运用到实践中去，因此渴望受到较少的限制，希望拥有更大的自由空间。但是由于该公司没有了解到这群人的心理要求，也没有进行一定的沟通，所以在企业和新员工之间存在鸿沟。

当这批新人入职之后，表现出来的就是理论脱离实际，想法理想化，做事情比较急躁，重视结果，而忽略过程。企业的管理者看到这一面，对于这一批新员工非常不满意，认为这些新人难当大任。所以，人事部将这批新人全都辞退了，决定才重新招聘。可是下一次招聘的大学生还是出现了一样的状况，公司陷入了困境，新员工们对于企业也颇有微词。最后，这家企业因为长期找不到人才，没有发展的动力，不得不关门大吉了。

对于一个企业来说，需要有新鲜血液的注入，这才是企业竞争力所在。如果只是因为新人们身上暴露出来的一些缺陷，你就放弃了这批人，那就损失了更多的招聘成本，并且这批人离开公司之后，是带着不满的情绪的，这会给企业形象带来负面影响。对待新人，企业必须做出合适的新员工导入机制，加强管理者和员工之间的沟通，了解员工的真实想法，帮助员工快速地成长。

一个企业如果没有良好的沟通氛围，企业的领导是有很大的责任的。因为，沟通是领导的基本素养，是管理工作的基本内容。尤其是现在这个价值观多元化的时代，沟通更需要科学的技巧和正确的方法。

首先要通过现代企业文化建设，打破等级制度，树立全员沟通理念，创造人人能沟通、时时能沟通、事事能沟通的良好氛围。再次，还要建立健全有效的沟通渠道。有时候员工的上下级观念是很严重的，一般情况下不会主动找上级领导去沟通自己的问题。所以，这需要企业领导者、部门主管带头沟通，在公司内形成民主的氛围，可以通过召开座谈会、报告会、联欢会等形式，来加强上下级之间的联系，通过日常的沟通交流，加强彼此之间的信任，了解对方的状况，使得上下级之间没有隔阂，团结一致。

企业的领导和员工沟通的时候，要采用同心理思想沟通。不管是个人与个人，还是部门与部门，都要学会做到换位思考，进行自我批评，领导也要放下架子，开阔心胸。另外，领导还要做到公正地解决问题。当员工之间出现矛盾的时候，作为领导，应该做到不偏不倚，在了解事情的来龙去脉之后对症下药，分别沟通，最终解决问题。

管理心理学启示

企业形象对于企业来说，是企业的灵魂和核心价值。企业员工也是企业形象的一部分，企业员工对企业的整体感觉和认识就是企业的内部形象。内部形象的树立靠的就是企业员工之间的沟通与交流。沟通产生内在精神，内部形象会使得企业的整体形象更为饱满。在外部人看来，企业也会更加有活力，值得信任。

真诚的沟通，是一种内在力量，沟通会让未知的事情明了，会让误解消散，当员工的心里没有了因为不了解而产生的猜忌，没有了因为误解而产生的不满，他们的心情就会变得愉悦，工作的状态会得到改变，工作的积极性、创造性都会被激发出来。当一家企业的内部环境是其乐融融，团结和谐的时候，就形成了一种良好的企业形象，外部的消费者是能够感觉到的，他们会因此而信赖你，因此而选择你。

006 对手的恶意攻击也会给企业带来危机

企业危机的出现，有时候是由于企业的内部出现了状况，未能得到及时解决，最终导致事态严重。还有一种就是危机来自外在的大环境，比如亚洲金融危机对于中国中小企业的影响，就像是“蝴蝶效应”一般。还有一种危机不得不提，那就是来自于你的竞争对手。

在现在的市场经济条件下，竞争通常都非常残酷，有些公司甚至为了达到自己的目的，不惜动用一些卑鄙龌龊的手段，比如说对竞争对手进行恶意的攻击。有些企业对此不以为然，认为反正竞争对手是在造谣，我清者自清，不和他争辩，这样反而是给对方钻了空子，认为你是在默认错误。因此，对于竞争对手的恶意攻击，千万不能忽视，而且还要重视，不要让这样的惨剧发生。

下面让我们一起来看看什么是恶意竞争，恶意竞争究竟能够给企业带来哪些后果。在中国的纯净水市场上，早些年一直都是农夫山泉和康师傅在争夺天下。但是，两家公司一直都是井水不犯河水，各自相安无事。但是 2008 年却打破了这种平静。

2008 年，农夫山泉公司拿水源做文章，刻意抹黑康师傅，提出康师傅的水源有假，存在严重污染问题，根本不是他们口中所说的纯净水。这件事情，只是来自农夫山泉的一面之词，但是却在媒体上传播开来，在社会上闹得沸沸扬扬。事情发展的最后，也没有任何权威部门拿出任何有说服力的证据，证明康师傅的水源有无问题。但是这件事情，却让康师傅的销售额大幅度下滑，品牌形象一落千丈。

俗话说得好，“出来混，迟早要还的”，2009 年中的时候，农夫山泉也遭受到了史上最严重的信任危机。为此，农夫山泉在全国开展了大型的寻源活动，邀请了 2000 名消费者，进行了三天两夜全程免费地寻找农夫山泉水源地的活动。而这次活动的起因，正是因为农夫山泉的水源质量问题也遭到了新的竞争对手的质疑，从而导致消费者也产生了疑虑。农夫山泉为了维护自己的形象，拿出了数千万的费用，联合全国上百家电视、报纸、网络、电台等媒体，进行地毯式的宣传。

而农夫山泉面临的危机还不止这一个。除了水源问题遭到质疑之后，农夫山泉一直提出的“买一瓶水捐一分钱”的慈善活动也遭到了竞争对手的质疑，然后经过煽风点火，在消费者心中燃起不满的情绪。

在上面这个案例中，农夫山泉和康师傅都遭受到了来自竞争对手恶意攻击带来的危机，都遭受到了一定的经济损失。事出有因，农夫山泉和康师傅孰是孰非，在这里我们不想讨论。但是如果真的存在问题，那损失的惩罚也就无可厚非。但是如果是无事生非，那带来的就是两败俱伤，长期下去，甚至整个瓶装水行业都会受到重创。

为什么有的企业会对同行使出恶意攻击这一招呢？而且明明知道这是不正当竞争的行为，还要这么做。主要是因为，在市场经济条件下，企业之间的发展趋势和实力差距越来越大，强大的逐渐越来越强，同行的小企业嫉妒竞争对手占有大量的市场份额，赚了太多钱，而自己的公司却盈利甚微。另外，就是通过正常的竞争手段，是根本竞争不过对方的，因此，就采用恶意攻击的方法。这种企业也存在一种侥幸心理，认为抹黑了对手，自己就能够抢占市场份额了。

但是，实际上，无论是恶意攻击的施方还是受方，都会在恶意竞争中遭到损失。因为事情出来之后，大家都要投入大量的资金来进行危机公关，2008 年，康师傅的销售额大幅下降，农夫山泉收获了什么呢？相隔不久还不是一样遭到了同样的危机，几千万的真金白银花出去，可不见收到什么成效。

一个行业的整体繁荣，才能带动行业内的每一个企业个体更好的发展，任何一家企业都不可能脱离行业而独自发展。恶意攻击对手，给对手的形象抹黑，其实就是在给这个行业抹黑，你身在其中，怎么会不受其害？到头来，还不是大家一起承担后果，付出代价。

管理心理学启示

为什么企业要重视竞争对手的恶意攻击？从消费者的心理角度来说，消费者一般都有“宁可信其有，不可信其无”的心理。当负面消息传播出来的时候，不管是真是假，消费者通常都会先选择观望，但是行动上会选择拒绝继续使用该产品。人的心理都会害怕万一，万一传播的是真的呢？

所以，企业要十分重视来自竞争对手的恶意攻击。严格要求自己，尽量做到让竞争对手找不到攻入口，另一方面，时刻做好准备，在恶意攻击发生的时候，迅速地予以应对。

007 事态紧急时，领导者要全权掌握

我们把企业的领导者比喻做一艘航行在大海上的轮船的船长，我们在电影中经常可以看到，船长的形象一般都是端着一杯咖啡，悠闲自在地站在甲板上，望着平静的海面，和朋友谈笑风生。似乎这艘船上的所有事情都和他无关一样。事实上也差不多，真正的船长很少会管理船上的所有事

情，有大副、二副，有水手，许多事情本来就不需要船长亲自操劳。但是，当这艘轮船在航行的过程中发现了冰山的时候，舵手会第一时间告知船长，这个时候，全船的人都要听从船长的指挥。

作为企业的领导者，也面临着同样的境况。在平时企业的正常运行中，不太需要领导者的过多参与，权利可以适当地下放。但是，当真的遇到紧急事态的时候，领导就一定要做到全权掌握，这样才能保证公司顺利渡过难关。

企业领导的管理范畴，如果按照管理对象来划分的话，可以分为业务管理和行为管理。所谓业务管理就是更加侧重于对组织的各种资源的管理，比如说财务、材料、产品等相关的管理。行为管理指的即是更加侧重于对组织成员行为的管理，以此而产生了组织的设计、机制的变革等等。企业的业务管理和行为管理要结合起来，相辅相成。

现代企业管理中，有时候拼的就是速度。谁的决策快，就会夺得经营的主动权。对于企业来说，市场行情瞬息万变，同行之间的竞争日趋激烈，如果一家企业跟不上市场的需求，永远跟在竞争对手的后面，那就只能被市场淘汰。所以，当企业面对紧急情况时，需要在第一时间做出决策，而这种决策，是不能够由员工来做出的，首先因为他们的能力有限，很有可能面对突发状况，自己已经慌了阵脚。还有就是员工只是来公司打工的，他们并没有那么大的职能、权利来做出可能事关企业生死的决定，没有人愿意，也没有人能够担此大任，只有领导者才能做到这一点。

我们强调企业的领导要做好全权掌握，但并不是说领导要将企业的所有权利都集中在自己的手里，集权就会带来专制，专制就会带来压迫，压迫就会带来反抗，这不是一家企业想要的结果。所以，领导还要学会授权这门艺术。现代企业管理活动相当复杂，任何一个精力充沛的领导都不可能做到事必躬亲，有些事情完全可以放手给下属去做。但是授权的范围一定要适当，授予的权利太小，你还是会被许多小事烦扰，授予的权利过大，你又会失去对于企业的掌控，因此，领导要做到，大权集中，小权分散。形成良好的制衡机制，企业才能高效地运行。

2008 年全球发生经济危机的时候，很多企业都遭受到了前所未有的重创，生产资料过剩，销售不出去，许多企业面临着倒闭的风险。大多数的企业，尤其是中小型企业，面对着积压的大批量的产品，能做的仅仅是减少产量，疯狂促销，甚至有些牛奶厂，直接将成吨的牛奶整车地倒掉。面对这样的紧急危机，企业的员工能做的是什么呢？这个时候他们想得最多的不过是自己千万不要被炒鱿鱼，公司千万别倒闭，除此之外，你还能指望他们能够拯救整个公司吗？越是在这种危机的关头，越是要体现企业领导者的作用和意义。

由于受到经济危机的影响，某汽车生产厂商传统汽车产量滞销，企业面临倒闭，上千名员工面临失业的压力。这个时候，大家都以为这家公司没救了，会和其他的厂商一样关门大吉。但是没有想到的是，该公司的领导者，放弃了原有的汽车生产线，做了充分的市场调查，然后根据市场的具体情况，适应消费者的需求，调整产品结构，新开辟出一条生产线，推出了小排量的节油汽车和太阳能汽车，这一举措恰是符合国家的低能环保的新要求，得到了政府的补贴支持，企业获得了重生，所有的员工都保住了饭碗。

像上面这家公司，在经济危机的大浪之中，做出这种战略性上的调整，真的就不是任何一个员工能够担当起来的。这样的掌控全局，必须是企业的领导者。因为，只有企业的领导者，才有这个能力和魄力，才有这个权利和责任，才会被下属们认可。危机之中，底下的员工们更加地需要领导的力量，有了领导的带领，他们才不会恐慌，他们才会鼓起重生的勇气，看到未来的希望。

管理心理学启示

作为企业的领导者，在进行企业管理时，要充分了解员工的心理。其实员工的心理很简单，他们只是希望小权在手，能够自由地按照自己的想法做成一些事情，给公司带来效益，给自己带来荣誉。同时，他们也希望大权在领导，因为当一个人选择一家公司的时候，他们就像是一棵小草找到了一棵大树作为依靠，他们希望自己能够茁壮成长，但是他们更希望在狂风暴雨来临的时候，这棵大树能够为他们遮风挡雨。因此，当企业面对紧急危机的时候，企业的领导者，当之无愧的掌舵人，必须把握全权，带领所有人走出困境。

008 不好的消息要当面确认

一家企业从建立到起步，到发展得稍有规模，再到辉煌，一定不会是一帆风顺的。没有经历过失败，或者挫折的企业，是不存在的，是不会走得长远的。既然选择了做企业，就要做好面对坏消息的心理准备。

当然，没有人愿意听坏消息，当我们看见不美好的事物的时候，都会扭过头假装没看到一样。但是企业的经营管理并不是这样的。不好的消息传来了，危机发生了，不是你逃避就能够解决的。你再假装看不见它，它也是的的确确地发生了，它对于企业的影响已经造成了。这个时候，如果作为企业领导者的你，不能够当面确认，正面应对，那么只会让事态变得严重，最终导致事情一发不可收拾。

一个企业的形象，有的时候并不是在你顺风顺水的时候才彰显出来的，而是在危机面前才能更好地表现出来，你对危机的态度和处理方式最终决定你的企业形象。下面我们具体看一下，企业面对危机时的处理措施。

第一，态度决定一切，无论面对多么大的坏消息，无论这个坏消息给公司带来了多么大的损失，作为公司的领导，一定要保持诚实的态度，千万不能撒谎狡辩，谎言迟早会被揭穿，揭穿之后，公司将完全失去消费者的信任。我们中国人讲究的就是要以德服人，公司出了事情之后，消费者本身就会带着一种刻薄的态度去看企业的一言一行，如果这个时候你的表现稍有差错，就会被人家抓住小辫子。因此，企业危机出现之后，企业的态度非常重要，既不能盲目道歉，因为有可能有人恶意诽谤，并非事实，道歉就代表你承认了一切；也不能态度蛮横，盲目为自己辩解。要带着真诚的态度，有条不紊地面对、解决问题。

第二，主动弥补错误带来的损失，敢于承担责任。一家企业的发展难免会出现偏差，当坏消息出现，错误真的在企业一方的时候，就一定要勇于承担。

有一家生产铡草机的厂子，他们的机器一直都卖得很好，没有出现过任何问题，但是有一次，一个村庄购买了六台该厂的铡草机，出现了三起村民在铡草的时候受伤的事情，有的人是断了手指，还有的人失去了一只手。事情发生之后，村民们上访找到了这家厂子，要求其进行赔偿。当时，村民们一开始就没有带着友好协商的态度，而是拉条幅，静坐在厂子的门口，大声叫嚷，这在当地引起了媒体的注意。事情经过媒体的传播，发酵开来，越来越多的舆论压力向该厂子袭来。

事情发生后的第一时间，该厂立即派专业技术人员调试，发现原来是事故产品在出厂的时候，漏检了一项，结果对村民造成了严重的伤害。厂长知道这个结果之后，坦诚地走出工厂，面对这些村民们，满怀歉意但又斩钉截铁地说："各位父老乡亲，非常对不起，造成这样的悲剧，完全是我们的过失。我们厂子将会承担所有的责任，请你们一定要相信我们，会给大家满意的结果。"厂长的主动认错，让村民们的心软了，之后，厂长支付了三个村民的所有医药费，另外对每个人还都支付了一大笔赔偿金，并且给全村重新换了六台质量合格的铡草机。村民们对于该厂的做法非常满意，媒体将此事的来龙去脉报道之后，该厂的形象非但没有受损，反而得到了更多的信任，订单多了起来。

转危为安，化危机为转机，就是遇到危机时，敢于正面应对，勇于承担责任。

当坏消息突如其来的时候，企业的领导要有清醒的认识，一定要从企业的长远利益出发，不要舍不得眼前一点利益的损失，否则你将会失去更大的利益。

中国有句古话，叫做“今日事，今日毕”，面对不好的消息，当面确认就类似于此。如果今天，作为企业的领导，你得知了一个企业的坏消息，你很苦恼，你知道这件事情非常棘手，所以，你产生了畏惧心理，不想面对，这是通常人都会有的心理。但是，你要明白自己的责任，企业的领导者，如果连你都不去当面确认这件事情，那还会有谁去正面应对呢？如果，你表现出畏缩、懦弱、拖沓的态度，那试想，你的下属会是怎样的一种状态呢？人有多高的职位，就有多大的责任，就要承受多大的压力。没有人愿意直面坏消息，但是总要有人去解决事情，这个人就是企业的领导者。

管理心理学启示

我们常说，困难像弹簧，你弱他就强。事实的确如此，当不好的消息传到你的耳边的时候，当你被它所吓到的时候，那就是困难在向你发起进攻。这个时候，如果你退缩了，害怕了，不敢直接面对了，那么困难就会得寸进尺，你就会更加被动。而反过来，如果你当面确认坏消息，勇敢地面对时，你就会发现，其实它也坏不到哪里去，事情也并没有你想象的那么糟。

人有的时候，不是被恐惧的事情打败，而是被恐惧本身打败。鲁迅说，“真正的勇士，敢于直面惨淡的人生，敢于正视淋漓的鲜血。”有一颗强大的心，任何问题都不是问题。

009 越是危机，越不能轻易抛弃下属

中国人讲究“患难见真情”，在大灾大难面前，正是需要人团结一致、众志成城，体现大爱的时刻。在平常的企业管理中，有可能你会因为某个

员工失职的表现，或者是工作效率的低下而将其开除，而当企业面对前所未有的危机的时候，作为企业的领导，你反而不应该抛弃任何一个人，而应该选择和他们站在一起，把自己和下属紧紧拴在一起，让员工体会到你的真诚和决心，激发员工的斗志，形成凝聚力，一起渡过难关。

大难临头各自飞，抛弃员工的做法，将会给自己，给企业带来超乎想象的损失。反之，如果管理者识大体，能够在危急时刻不抛弃下属，自然能够得到对方的回报，日后收获更多。道理很简单，经营者付出越多，得到的回报越大，若只想别人给予自己，自己却难舍小利，那么“得到”的源泉终将枯竭。

1933 年，经济危机笼罩着整个美洲大陆，许多企业纷纷破产，人们陷入巨大的恐慌中。在这种危机四伏的时刻，哈理逊纺织公司发生了一起大火灾，整个厂区沦为一片废墟。这对哈理逊公司来说无疑是雪上加霜，3000 名员工悲观地回到家里，等待着老板宣布公司破产和失业风暴的来临。

在不安而漫长的等待中，大家终于等来了老板发来的一封信。令人吃惊的是，信里只是告诉工人们在每月发薪水的那天，照常去公司领取这个月的薪金。在整个世界一片萧条，人人都在自保，不管他人死活的时候，能有这样的消息传来，员工们大感意外。老板亚伦·傅斯在心理上抚慰大家：公司虽然损失惨重，但你们更苦，没有工资救你无法生活；所以，只要能弄到一分钱，也要发给大家。

显然，3000 名员工一个月的薪水是一笔数额非常巨大的资金，更何况纺织公司已经化成一片废墟，别说是处在经济萧条期，就是在经济上升期也很难恢复元气。既然恢复无望，还要掏自己的腰包给已经没有用的工人发工资，人们都说亚伦·傅斯疯了。

更令人意外的是，到了下一个月，正当员工继续为眼前的生计犯愁时，他们又收到老板的第二封信，信上说再支付大家一个月的薪水。3000 名员工接到信后情不自禁，泪水早已夺眶而出。在失业席卷全国，人人生计无着，上班都拿不到工资的时候，能得到如此的照顾，谁能不感念老板的仁慈与宽待呢？

亚伦·傅斯终于感化了大家，并有了回报。随后，员工们陆陆续续走进公司，自发地清理废墟，擦洗机器，还有一些人主动去南方联系中断的货源，寻找好的合作伙伴。仅仅用了三个月，哈理逊公司重新运转了起来，在当时的环境下这简直就是一个奇迹。这一切，都是亚伦·傅斯在危机时刻没有抛弃下属，大家共度难关的结果。

当初，曾经有人劝说亚伦·傅斯领取保险公司的赔款，然后一走了之。可是，他傻乎乎地用钱给工人发工资，绝对超出了众人的预料。亚伦·傅斯的经历提醒管理者，舍得施恩，就会有回报，而且是出乎意料的回报。尤其是在下属困难的时候，你的慷慨会让人感动，获得超出平时的高回报。

事实上，管理者的职责是带领全体员工，将公司发展得更好。当危机发生的时候，员工已经产生了恐慌心理，而你的存在，本来就是要给员工以信心，给他们镇定的力量的。如果你做不到这一点，还要抛弃他们，结果会如何呢？

不难想象，你在危机关头抛弃了大家，那还会有谁愿意为你工作？你的企业还如何生存？危机的出现，正是一次考验，是对企业团结性的考验，是对领导领导力的考验，也是对员工忠诚度的考验。在这次考验中，首先要做好工作的就是企业的领导者，你要经得住考验，员工才能相信你。

管理心理学启示

对于一个企业来说，什么时候才是树立领导威严，团结下属，形成一种独有的企业精神的绝佳时机？答案是，当企业出现危机的时候。因为，在和平的时候，在平稳发展的时候，员工和公司很难产生一种生死与共的感觉，当一个人没有面对生存危机的时候，他很难对什么产生感激之情，归属之感。而危机的出现，恰是对人的心理的一种考验。

在危机中，员工的心容易慌，容易散，但是他们渴望被领导呵护，渴望公司像一个妈妈一样能够庇护他们。而如果你将他们抛弃，那是对于他们心灵的一次重创，他们会对你产生恨意，并且很难消失。所以，越是在危机出现的时候，作为企业的领导者，你越是要和你的员工站在一起，你是领头人，你的行动决定公司上下能否形成一股绳，能否渡过难关，迎来曙光。